Robert Koch

Der
Geist Gottes
im
Alten
Testament

PETER LANG

Frankfurt am Main · Bern · New York · Paris

Die Deutsche Bibliothek - CIP-Einheitsaufnahme

Koch, Robert:

Der Geist Gottes im Alten Testament / Robert Koch. - Frankfurt
am Main ; Bern ; New York ; Paris : Lang, 1991
    ISBN 3-631-43885-0

ISBN 3-631-43885-0

© Verlag Peter Lang GmbH, Frankfurt am Main 1991
Alle Rechte vorbehalten.

Printed in Germany 1 2   4 5 6 7

Inhaltsverzeichnis

VORWORT

Robert Koch hat schon vor Jahren mit seiner Monographie GEIST UND MESSIAS (Wien 1950) ein spezielles Thema der wissenschaftlichen Theologie für sich entdeckt und seitdem in vielen Untersuchungen weiter verfolgt. Er hatte dadurch nachhaltigen Einfluß nicht nur auf die katholische Theologie, sondern auch in der ökumenischen Diskussion. Auf dem Gebiet der wissenschaftlichen Exegese und ihrer akademischen Vermittlung hat der Verfasser an den Ordenshochschulen der Redemptoristen in München und Köln und an Universitäten in Mailand und Rom sich einen Namen erworben. Seine Verdienste waren besonders groß in bezug auf die biblischen Grundlagen der katholischen Morallehre, wie sie an der Accademia Alfonsiana, einem Institut der Päpstlichen Lateranuniversität in Rom, gelehrt wird. Diese Aussagen des Verfassers über den Geist Gottes in den biblischen Texten hatten ihre Wirkung auch in den Diskussionen des II. Vatikanischen Konzils. Durch die immer stärkere Bedeutung der pneumatischen Bewegungen in allen christlichen Kirchen der Gegenwart erhalten sie ein besonderes Gewicht.

Daher werden es viele begrüßen, daß Robert Koch die seit einem halben Jahrhundert durchgeführten Forschungen hier noch einmal für den Bereich des Alten Testamentes zusammenfaßt. Wir danken der Accademia Alfonsiana, die ihrem langjährigen Professor Zeit, Raum und materielle Unterstützung gegeben hat, um dieses Buch fertigzustellen und zu publizieren. Wir gratulieren dem hochverdienten Verfasser mit einem Wort der Ermunterung zur weiteren Arbeit. Nichts benötigt unsere Theologie mehr als die rechte Erleuchtung, nichts unsere Kirche mehr als die Gaben des Heiligen Geistes.

Mit besonderer Freude habe ich den Druck dieser Arbeit meines Kollegen und Mitbruders betreut. Ich bitte um Verständnis dafür, daß aus technischen Gründen bei der Transkription hebräischer und griechischer Vokabeln Kompromisse notwendig waren. Zu danken habe ich vielen Helfern in Mainz und Frankfurt, die das Manuskript fertiggestellt haben. Unser Dank gilt vor allem dem Verfasser und liebenswerten Menschen Roberto, dem wir noch viele Jahre und großen Erfolg wünschen.

Mainz, 1. März 1991

Prof. Dr. Wilhelm Pesch

EINLEITUNG

Vor mehr als 50 Jahren hat ein französischer Bischof ein Buch mit dem anklagenden Titel veröffentlicht: "Le divin Méconnu"[1]. Er meinte damit den Heiligen Geist, der in der katholischen Theologie der letzten Jahrhunderte fast gänzlich in Vergessenheit geraten war. Noch 1979 klagte ein bekannter deutscher Theologe: "Immer wieder wird gegenwärtig die Geistvergessenheit, ja Geistlosigkeit der Theologie beklagt und eine Erneuerung der Theologie des Heiligen Geistes gefordert. Viele versprechen sich davon entscheidende Anstöße für das christliche und für das kirchliche Leben, für die ökumenische Annäherung der Kirchen und auch für den Dialog mit dem neuzeitlichen Denken".[2]

Dieser Vorwurf dürfte aber nicht so sehr die Exegeten treffen als vielmehr die Theologen selbst. Eine Reihe von Alt- und Neutestamentlern haben ihnen ein reiches Material zur Verfügung gestellt. Es sei nur erinnert an die Gesamtdarstellungen der *Geist-Gottes-Lehre im Neuen Testament* von H. LEISEGANG (1919), F. BÜCHSEL (1926), H. KLEINKNECHT - W. BIEDER - E. SJÖBERG - E. SCHWEIZER, in *ThWNT* VI, 1959, 330 - 357, 366 - 453, von M.-A. CHEVALLIER (1978) und E. SCHWEIZER (1978). Auf katholischer Seite warten wir neben vielen Einzeluntersuchungen *theologischer Art*, wie z.B. die bekannte Studie von H. MÜHLEN (*Una mystica persona. Eine Person in vielen Personen*, Paderborn 1964), auf eine umfassende *bibeltheologische* Pneumatologie des Neuen Testamentes.[3]

Wir beschränken unsere Studie auf den Geist-Gottes-Begriff im *Alten Testament*.

Die *protestantischen* Schriftausleger hatten sich bereits um die Jahrhundertwende auf den Weg gemacht, und der *alttestamentlichen* Geist-Theologie neuen Aufschwung gebracht. Es sei nur verwiesen auf die grundlegenden Studien von J. KÖBERLE, H. GUNKEL, P. VOLZ und D. LYS[4]. Die bekannten Theologien des Alten Testamentes geben der Geist-

---

[1] M. LANDRIEUX, *Le divin Méconnu*, Paris 1921. Der Prälat war Bischof von Dijon.

[2] W. KASPER, *Gegenwart des Geistes. Aspekte der Pneumatologie*, Freiburg-Basel-Wien 1979, 7.

[3] Vgl. die fast erschöpfenden Angaben von Einzeluntersuchungen in *ThWNT* VI, 1959, 330 - 333. Ferner R. KOCH, *Geist*, in *BThW* I[3], 1967, 503 - 506.

[4] J. KÖBERLE, *Natur und Gnade nach der Auffassung des Alten Testamentes*, München 1901. - H. GUNKEL, *Die Wirkungen des heiligen Geistes nach der populären Anschauung der apostolischen Zeit und der Lehre des Apostels Paulus*, Göttingen [3]1910. - P. VOLZ, *Der Geist Gottes und die verwandten Erscheinungen im Alten Testament und im anschließenden Judentum*, Tübingen 1910. - D. LYS, *Rûach. Le Souffle dans l'Ancien Testament* (EHPHR, N. 56), Paris 1962. Hierher gehören auch J. H. SCHEEPERS, *Die Gees van God en die gees van die mens in die Oud Testament*, Karpen 1960. - L. NEVE, *The Spirit of God in The Old Testament*, Tokyo 1972. Über die Monographie von P. VOLZ urteilt H. GUNKEL: "Auf jeden Fall... wird dieses Buch schon wegen seines umfassenden Materials von niemand ohne Nutzen gelesen werden und sicherlich in der Geschichte der *rûach*-Forschung einen ehrenvollen Platz behaupten", in *TLZ* 38 (1913) 805. Die Studie ist allerdings

Gottes-Lehre einen breiten Raum: so bereits E. KAUTZSCH (1911), A. B. DAVIDSON (⁹1955, 1904), E. JACOB (1955), Th. C. VRIEZEN (o.J. = 1956), W. EICHRODT (II/III⁴, 1961), G. VON RAD (I³, 1961; II, 1960), O. PROKSCH (1950), L. KÖHLER (1936), W. ZIMMERLI (1972). - Einen Niederschlag dieses reichen Schrifttums findet man in KITTELS *ThWNT* (VI, 1959, 330 - 387: H. KLEINKNECHT, F. BAUMGÄRTEL, W. BIEDER, E. SJÖBERG), ferner in *RGG* (II³, 1958, 974 976: J. FICHTNER, 1270 - 1272: G. GERLEMAN), in *ThBLNT* (I, 1967, 479 - 487: E. KALAH), in *THWAT* (II, 1976, 726 - 753: R. ALBERTZ - C. WESTERMANN).

In den Studien über den Geist Gottes im Neuen Testament wird in der Regel auch eine Abhandlung über den Gottesgeistbegriff im Alten Testament vorausgeschickt in der richtigen Erkenntnis, daß der Weg zur Erfassung der neutestamentlichen Geisteswirkungen über die alttestamentliche Grundlage geht⁵, und nicht in der Welt des Hellenismus⁶ oder des Parsismus⁷ zu suchen ist.

Die *katholische* Forschung hat etwas später eingesetzt. Die Päpste haben die Wege geebnet. Um die Jahrhundertwende hat der heilige Pius X. die Christenheit aufgerufen, zur reinen und unversieglichen Quelle der Heiligen Schrift zurückzukehren: *Revertimini ad fontes!* Mit dem freien und befreienden Rundschreiben über die zeitgemäße Förderung der biblischen Studien "*Divino Afflante Spiritu*"⁸ hat Pius XII. das biblische Quellenstudium mächtig gefördert. Das Zweite Vatikanische Konzil hat in der wohl schönsten und reichsten aller dogmatischen Konstitutionen über die göttliche Offenbarung "*Dei Verbum*" alle Christen zum reich gedeckten *Tisch des Wortes Gottes* geladen, in dem "solche Gewalt und Kraft west,

---

noch ganz von der wellhausenschen Entwicklungslehre beherrscht, wie P. VOLZ selber gesteht: "Der ganze Entwicklungsgang veranschaulicht den allgemeinen Prozeß der Vergeistigung und der Versittlichung, den die isrealitische Religion durchlebte", *Der Geist Gottes*, 194. Eine kurze Inhaltsangabe und Kritik des Buches bietet R. KOCH, *Geist und Messias*, Wien 1950, XX-XXIII.
⁵ Siehe u.a. H. GUNKEL, *Die Wirkungen des heiligen Geistes*, 31 - 34. - F. BÜCHSEL, *Der Geist Gottes im Neuen Testament*, Gütersloh 1926, 1 - 36. - M. A. CHEVALLIER, *Souffle de Dieu. Le Saint-Esprit dans le Nouveau Testament*, Paris 1978, 19 - 80. - E. SCHWEIZER, *Heiliger Geist*, Stuttgart-Berlin 1978, 19 - 42. - Vgl. noch R. PENNA, *Lo Spirito di Christo*, Brescia 1976, 25 - 57. - F. YVES - M.-J. CONGAR, *Je crois en l'Esprit Saint*. Tome I., Paris 1979, 19 - 32.
⁶ So H. LEISEGANG, *Pneuma Hagion*, Leipzig 1922. Zu diesem vollständig mißglückten Versuch bemerkt K. PRÜMM: "Dieser in so unerhörtem Sinn gemeinhellenistische Gattungsbegriff: Der Heilige Geist, wie ihn Leisegang einführt, ist eine Erfindung seines Urhebers" (*Der christliche Glaube und die altheidnische Welt* II., Leipzig 1935, 114). Zur gleichen Ablehnung gelangt G. VERBECKE, *L'évolution de la doctrine du Pneuma du Stoïcisme à Saint Augustin*, Paris-Louvain 1945.
⁷ So P. VOLZ, *Der Geist Gottes*, 175 - 179. Die Gathas des Avesta sprechen von einem "Heiligen Geist", dem Spenta Mainyu, dem Urprinzip des Guten. In seinen Wirkungen auf Welt und Mensch ist der Heilige Geist das Prinzip des physischen und sittlichen Lebens, der Vermittler des Wissens und der Gotteserkenntnis. - Trotz einer gewissen Ähnlichkeit zwischen der Auffassung des Heiligen Geistes im Parsismus und im AT ist nicht an ein Abhängigkeitsverhältnis zu denken. Denn eine derartige Berührung könnte erst für die hellenistische Zeit in Frage kommen, wo das AT längst eine eigene stark ausgeprägte Geistestheologie besaß. Ferner, die Verselbständigung des "Heiligen Geistes" ist in der persischen Religion mehr und mehr zurückgetreten, um schließlich in Ahura-Mazda aufzugehen, während die alttestamentliche Entwicklung der Geistidee in umgekehrter Richtung verlief. Vgl. W. EICHRODT, *Theologie des Alten Testamentes* II/III, 39.
⁸ Vom 30. Sept. 1943, in *AAS* 35 (1943) 297 - 326; *EB* Nr. 538 - 569.

daß es für die Kirche Halt und Leben, für die Kinder der Kirche Glaubensstärke, Seelen-speise und reiner, unversieglicher Quell des geistlichen Lebens ist".[9]

Diese Rückkehr zu den biblischen Quellen hat dann zwangsläufig zur Neuentdeckung der *Geist-Gottes-Theologie* geführt. Im Zug der Ökumene hat zudem die seit eh und je wache Pneumatologie der Ostkirche die Lehre des Heiligen Geistes in der lateinischen Kirche be-fruchtet.[10]

Als erster hat der Belgier P. VAN IMSCHOOT dem Problem des Gottesgeistes eine Reihe aufschlußreicher Artikel in verschiedenen Zeitschriften gewidmet, so in *Revue des Sciences Philosophiques et Théologiques* (1934), *Revue Biblique* (1935 und 1938), *Ephemerides Theologicae Lovanienses* (1936 und 1939), *Bible et Vie Chrétienne* (Nr. 2, 1953; Nr. 6, 1954). Eine zusammenfassende Darstellung von Geist und Geist Gottes bietet er in seiner *Théolo-gie de l'Ancien Testament* I, 1954, 183 - 200; II, 1956, 26 - 35). - Hierher gehören auch die mehr oder weniger ausführlichen Studien über den Geist des Herrn im Alten Testament von R. KOCH, D. COLOMBO, J. GUILLET, C. TRESMONTANT, J. SCHARBERT, O. SCHILLING, H. CAZELLES - P. EDVOKIMOV - A. GREINER, H.U. VON BALTHASAR, H. MÜHLEN; die Festschrift für Mgre G. PHILIPS, C. LARCHER, G.R. MANTAGUE, R. LAURENTIN (Hrsg.), W. KASPER (Hrsg.), D. COPPIETERS GIB-SON (Hrsg.)[11].

[9] Vom 18. Nov. 1965, Nr. 21. Siehe die französische Übersetzung mit dem wichtigen Kommentar von R. SCHÜTZ - M. THURIAN, *La parole vivante au concile*. Texte et commentaire de la constitution sur la révélation, Taizé 1966.

[10] Vgl. N. EVDOKIMOV, *L'Esprit Saint dans la tradition orthodoxe*, Paris 1970 (Trad. italiana: Lo Spirito Santo nella tradizione ortodossa, Roma 1971). - S. BULGAKOV, *Il Paraclito*, Bologna 1971. - R. RÜSCH, *Die Entstehung der Lehre vom Heiligen Geist bei Ignatius von Antiochia, Theophilus von Antiochia und Irenäus von Lyon*, Zürich 1952. - P. EVDOKIMOV , *L'Esprit-Saint pensé par les Pères et vécu dans la Liturgie*, in *Le Mystère de L'Esprit-Saint*, Tours 1968, 69 - 109. - ID., *Le Sa-cerdoce royal Etat charismatique du chrétien*, *ibid.*, 111 - 140.

[11] Vgl. R. KOCH, *Geist und Messias*, Wien 1950. - Ders., *La théologie de l'Esprit de Yahvé dans le livre d'Isaïe*, in *Sacra Pagina* I., Paris Gembloux 1959, 419 - 433. - DERS., *Charisma und Heiligkeit im Alten Testament*, in *Imago Mundi* Band V, Innsbruck 1975, 87 - 174. - DERS., *Die Gotteserkennt-nis der Propheten*, in *Studia Moralia* XV (1977) 323 - 344. - M. COLOMBO, *Pneuma Sophias eiusque actio in mundo in Libro Sapientiae*, in *Studii Biblici Franciscani Liber Annuus* 1 (1950/51) 107 - 160. - J. GUILLET, *Thèmes Bibliques*, Paris 1954, 208 - 255. - C. TRESMONTANT, *Essai sur la pensée hébraïque* (Lectio Divina, 12), Paris [3]1962, 89 - 117. - J. SALAVERRI, *Fleisch, Geist und Materie* (SBS, 19), Stuttgart 1966. - O. SCHILLING, *Geist und Materie in biblischer Sicht* (SBS, 25), Stuttgart 1967. - E. HAULOTTE, *L'Esprit de Yahvé dans l'Ancien Testament*, in *Mélanges H. de Lubac* I, Paris 1963, 25 - 36. - H. CAZELLES/P. EVDOKIMOV/A. GREINER, *Le mystère de l'Esprit-Saint*, Tours 1967. - H.U. VON BALTHASAR, *Spiritus Creator*, Einsiedeln 1967. - H. MÜHLEN, *L'Esprit dans l'Eglise* (Bibliothèque Oecuménique, 6). 2 Bde, Paris 1969. - *Ecclesia a Spiritu Sancto edocta. Lumen Gentium*, 53, in *Mélanges théologiques*. Hommage à Mgr. GERARD PHILIPS (Bibliotheca Ephemeridum Theologi-carum Lovaniensium, XXVII), Gembloux 1970, 3 - 219 = A.M. CHARUE, *Le Saint-Esprit dans "Lumen Gentium"*, *ibid.*, 19 - 39; Y. CONGAR, *Pneumatologie ou "Christomonisme" dans la tradition la-tine?*, *ibid.*, 41 - 63; S. DOCKX, *Esprit-Saint, âme de l'Eglise*, *ibid.*, 65 - 80; N. AFANASSIEFF, *L'Eglise du Saint-Esprit*, *ibid.*, 91 - 115; G. THILS, *La "locutio ex cathedra" et l'assistance du Saint-Esprit*, *ibid.*, 117 - 126; L. MALEVEZ, *L'existence chrétienne dans sa relation à l'Esprit*, *ibid.*, 127 - 140; PH. DELHAYE, *L'Esprit Saint et la vie morale du chrétien*, *ibid.*, 141 - 152; J. G. GEENEN, *Ecclesia a Sancto Spi-ritu edocta*, *ibid.*, 169 - 199. - C. LARCHER, *Etudes sur le Livre de la Sagesse* (Etudes Bibliques), Paris

Erwähnt seien noch die Beiträge in den biblischen Wörterbüchern: *LThK* (V , 1960, 108 - 113: R. HAUBST), *Catholicisme* (IV, 1956, 474 - 497: J. Le Guillou), *HThG* (I, 1962, 646 - 647: I. HERMANN), *BThW* (I³, 1967, 474 - 486: R. KOCH), *VThB* (1970, 390 - 401: J. GUILLET).

Aus diesen Literaturangaben geht hervor, daß die Geist-Gottes-Theologie des Alten Testamentes vor allem seit dem Zweiten Vatikanischen Konzil an Breite und Tiefe gewonnen hat. Zahlreiche Abhandlungen haben sich mit der Darstellung der Wirkungen des Gottesgeistes in der alttestamentlichen Heilsordnung befaßt. Die von den Propheten verheißene wunderbare Geistausgießung in der *messianischen Zeit* ist noch kaum zusammenfassend dargestellt worden[12].

Das Neue der endzeitlichen Gabe des Gottesgeistes gipfelt in der Vertiefung und Allgemeinheit der alttestamentlichen Geisteswirkungen. Damit wird ein Höhepunkt der alttestamentlichen Geistvorstellung, ja der alttestamentlichen Theologie überhaupt erreicht.

In einem *ersten* Teil soll die *Grundbedeutung* der *rûach* (Kap. 1) und das Wirken der *rûach Jahweh* in der Welt des Charismas und der Sitte dargestellt werden (Kap. 2).

Im *zweiten* Teil gilt es, den reichen Schatz von Geisteswirkungen zu heben: im Messias (Kap. 3), in der messianischen Heilsgemeinschaft (Kap. 4) und in deren einzelnen Gliedern (Kap. 5 und 6).

1969, 329 - 414: *"La Sagesse et l'Esprit"*. - G. T. MONTAQUE, *The Holy Spirit. Growth of a Biblical Tradition*, New York 1972. - R. LAURENTIN (Hrsg.), *L'Esprit Saint* (Publications des Facultés Universitaires Saint-Louis, 10), Bruxelles 1978. - W. KASPER (Hrsg.), *Gegenwart des Geistes. Aspekte der Pneumatologie* (Quaestiones Disputatae, 85), Freiburg-Basel-Wien 1979. - P. SCHÄFER, *Die Vorstellung vom Heiligen Geist in der rabbinischen Literatur* (Studien zum Alten und Neuen Testament, XXVIII), München 1972. - Y. CONGAR, *Je crois en l'Esprit Saint* I. L'Esprit Saint dans l' *"Economie"* révélation et expérience de l'Esprit, Les Editions du Genf, Paris 1979. - II. *"Il est Seigneur et Il donne la vie"*, Paris 1979. - III. *Le Fleuve de Vie (Ap 22,1) coule en Orient et en Occident*, Paris 1981. - FR.-X. DURRWELL, *L'Esprit Saint de Dieu*, Les Editions du Cerf, Paris 1983. - *Credo in Spiritum Sanctum. Atti del Congresso Teologico Internazionale di Pneumatologia* in occasione del 1600° anniversario del I Concilio di Costantinopoli e del 1550° anniversario del Concilio di Efeso. Roma, 22-26 marzo 1982, 2 vol., Libreria Editrice Vaticana, Vatican City 1983. Neben Beiträgen über die Pneumatologie in den alten Konzilien, die Bedeutung der Geist-Theologie für Kirche und Welt von Heute, wird im Abschnitt über die biblische Geist-Lehre in zwei Aufsätzen von L. CARNECALE und H. CAZELLES (I, 709 - 727) gehandelt.

[12] Eine zusammenfassende Studie über die *endzeitlichen* Wirkungen des Gottesgeistes stammt aus der Feder von P. VAN IMSCHOOT, *L'Esprit de Jahvé et l'alliance nouvelle dans l'Ancien Testament*, in *ETL* 13 (1936) 201 - 226. Vgl. noch J.F. WALVOORD, *The Eschatology of the Holy Spirit*, in *BibSt* 99 (1942) 418 - 427.

I. TEIL

1. Kapitel

GRUNDBEDEUTUNG DER RUACH

In der Theologie des Alten Testamentes nimmt der Geistbegriff eine Schlüsselstellung ein. Auf dem Geiste (*rûach*) und dem Worte (*dabar*) Gottes ruht wie auf zwei Pfeilern das ganze Gebäude der alttestamentlichen Offenbarung[1].

Begriff und Sprachgebrauch des Wortes rûach im Alten Testament näher zu bestimmen, ist nicht so leicht, wie es auf den ersten Blick erscheinen mag. "Wohl auf allen philosophischen und theologischen Gebieten werden die schwersten Fragen da angerührt, wo vom 'Geist' die Rede ist. Diese Schwierigkeit wird noch bedeutend gesteigert, wenn es sich um den 'Geist' in der Literatur des Alten Orients handelt, dessen Denk- und Vorstellungsformen von den unseren gar so weit entfernt sind"[2]. Wenn die biblischen Verfasser oft und gern von der *rûach Jahweh* reden, so wollen und können sie nach echt semitischer Art die rûach weder definieren noch systematisieren, sondern ihre Erfahrung der göttlichen Wirklichkeit ausdrücken, "daß der überweltliche und übergeschichtliche Gott mit dem Menschen in Verbindung treten und in seiner Geschichte wirksam und erfahrbar werden könne"[3].

Die sinnliche Wortbedeutung ist einer primitiven Naturanschauung entnommen, und wohl deshalb ist "der Geist und die Art wie der Umfang seines Wirkens... im Alten Testament eine Größe mit eigentümlich fließenden, undeutlichen Umrissen"[4].

Daß die rûach im Alten Testament eine ganz überragende Stellung einnimmt, geht allein schon aus der Häufigkeit, mit der der Ausdruck in mannigfachster Bedeutung verwendet wird, hervor. Das Wort kommt in den meisten Büchern des Alten Testamentes vor, mit Ausnahme von Levitikus, Obadja, Nahum, Zefanja, Rut, Hoheslied und Ester.

Im hebräischen Text trifft man das Wort 378 mal an, wozu sich noch 11 aramäische Texte gesellen[5]. Die LXX hat rûach 274 mal mit *pneuma* wiedergegeben, 50 mal mit *anemos*, 5 mal mit *thymos*, 4 mal mit *pnoè*, 2 mal mit *psychè*, 1 mal mit deilinion usw.[6]

---

[1] On peut dire sans exagération qu'une certaine représentation de ce que l'hébreu nomme rûach a été l'un des supports fondamentaux de la pensée juive ancienne", J.-P. AUDET, in *RB* 68 (1961) 295.

[2] G.E. CLOSEN, *Die Sünde der "Söhne Gottes"*, Rom 1937, 40.

[3] I. HERMANN, *Heiliger Geist*, in *HThG* I, München 1962, 643.

[4] L. KÖHLER, *Theologie des Alten Testaments*, Tübingen 1936, 103.

[5] Vgl. R. KOCH, *Geist und Messias*, 3. *Rûach* kommt in den geschichtlichen Büchern 105 mal vor (besonders bei J, E und P), in den prophetischen Büchern 169 mal (bes. Jes I = 17 mal; Jes II = 20 mal; Jes III = 14 mal; Jer 11 mal; Ez 52 mal usw.), in der lyrischen Dichtung 40 mal, in der Weisheitsliteratur 75 mal.

14 R. Koch, Der Geist Gottes

In 9/10 der Fälle ist das Wort *rûach* weiblichen Geschlechts. Damit geben die Verfasser zu verstehen, daß die *rûach* nicht als Person aufgefaßt werden darf, sondern als unpersönliche Kraft[7].

Wir sind noch in der Lage, die der *rûach* zugrundeliegende Bedeutung zu erfassen: *rûach* hat ja immer, wie auch das griechische *pneuma*, den Sinn von "Wind" bewahrt und darin sowohl die bewegte Luft draußen in der Natur als auch den Hauch im Menschen eingeschlossen.

I. Windhauch

Der ursprüngliche Sinn von *rûach* ist allerdings nicht mehr mit völliger Sicherheit festzustellen. Wenn *rûach* auch anfänglich nach dem *Hauch* benannt wird, so fragt es sich, ob in erster Linie das Wehen des Windes oder der Atem des Menschen gemeint ist. Wie dem auch sei, es entspricht der semitischen Denkart, nichts auszusagen über die *Natur* des "Windes" oder des "Atems", sondern im Wind- und Atemstoß lediglich eine sich äußernde *Kraft* zu sehen, deren Woher und Wohin rätselhaft bleibt[8].

1. Die meisten alten und neueren Erklärer deuten die *rûach* zuerst als *Luft, Wind, Sturm*. "Ehe der Mensch den eigenen Atem beobachtet, spürt er den außer ihm wehenden übermächtigen Luft- und Windstrom"[9]. Diese ursprüngliche Bedeutung liegt dann der ganzen weiteren Entwicklung des Begriffs zugrunde, wenn sie auch am Ende nicht mehr empfunden wurde.

Diese Urbedeutung von *rûach* dürfte durch den ganzen westsemitischen Kulturkreis bestätigt werden, in dem das ugaritische *rh* den "Wind", den "Duft" bedeutet, das aramäische *rwh* den "Wind", den "Geist", das arabische *rih* den "Wind" und *ruh* den "Lebensodem"[10]. Im Hebräischen versteht ein Drittel die rûach einfach als *Wind*, und zwar schon in den ältesten Texten.

1.1. So bedeutet rûach das leiseste *Lüftchen*. Dieser Sinn liegt bereits vor im jahwistischen Sündenfallbericht von Gen 3,8 (vgl. Jes 57,13; Ijob 4,15). Der große Dichtertheologe be-

---

Siehe die Übersicht bei D. LYS, *Rûach*, 16 - 18, 330 - 336. Die Verteilung der *rûach* auf die biblischen Bücher siehe bei R. ALBERTZ/C. WESTERMANN, in *THWAT* II, 1976, 727 - 728.

[6] Siehe L. KÖHLER, *Lexicon in VT libros*, Leiden 1958, 877.

[7] "La prédominance manifeste du féminin est en faveur de l'interprétation qui voit dans la ruah une chose ou une force impersonnelle", P. VAN IMSCHOOT, *Théologie de l'A.T.* I, 195. Ebenfalls D. LYS, *Rûach*, 48: "*rûah* est toujours féminin... Ainsi pour parler de Dieu... en employant le terme *rûah*, l'auteur prend garde à ne pas employer le masculin: nous nous trouvons devant une dépersonnalisation consciente du terme, dès l'instant où il veut désigner Dieu lui-même, comme dès l'instant où il ne sert qu'à désigner le vent, simple élément créé: ceci paraît être paradoxal mais s'explique fort bien." Das Thema "böser Geist" wird in einem eigenen Exkurs behandelt werden.

[8] "Rûach n'est rien si non mouvement; en sorte qu'à proprement parler il n'y a pas d'être du rûach", D. LYS, *Rûach*, 336. Vgl. R. ALBERTZ/C. WESTERMANN, in *THWAT* II, 728.

[9] P. VOLZ, *Der Geist Gottes*, 60. Vgl. R. KOCH, *Geist und Messias*, 5 Anm. 6. - W. EICHRODT, *Theologie des AT* II/III, 24. - I. HERMANN, in *HThG* I, 642. - H. KLEINKNECHT, in *ThWNT* VI, 333. - D. LYS, *Rûach*, 337 Anm. 3. - R. ALBERTZ/C. WESTERMANN, in *THWAT* II, 728. Nach D. LYS kommt "Wind" 113 mal vor im AT (S. 334).

[10] Vgl. R. ALBERTZ/C. WESTERMANN, in *THWAT* II, 726 - 727.

schreibt da mit einfachsten Stilmitteln das Erwachen des Schuldgefühls: "Da hörten sie die *Stimme (qôl)* Jahweh-Elohims der sich im Garten beim *Windhauch* des Tages *(rûach)* erging *(mithallek)*". So lautet die gewöhnliche Übersetzung. Jahweh Elohim spricht noch nicht; erst in V. 9 ertönt seine Stimme. Sie hörten höchstens das "Geräusch" seiner Schritte. Es geht in dieser Theophanie um etwas viel Tieferes als nur um die Idylle eines Spaziergangs in Eden. Die *qôl* meint hier das Geräusch, das Rauschen der Blätter, die das Kommen Jahwehs anzeigen. "Da hörten sie die Stimme Jahweh Elohims, d.h. das Rauschen im Blätterwald, das sich durch den Garten beim Windhauch *(lerûach)* des Tages fortpflanzte". Das Zeitwort *mithallek* kann sich grammatikalisch auch auf *qôl*, die Stimme, beziehen und meint das Geräusch des Windes, der zwischen den Blättern hin- und herweht[11]. Die gleiche Satzkonstruktion nimmt auch der Holländer VAN DEN OUDENRIJN an: "Da hörten sie die Stimme Jahweh Elohims durch den Garten rollen"[12], gibt aber *qôl* den Sinn von *Donnerstimme*, wie das tatsächlich in manchen Theophanien der Psalmen der Fall ist (vgl. Ps 29,3-6; 46,7; 68,34; 77,18; 104,7; Jes 30,30)[13]. Doch beim kühlen Tageswind rollte wohl nicht der Donner durch den Garten, sondern das Rauschen im Blätterwald zeigte das Kommen des Herrn an.

Eine ähnliche Theophanie im kleinen erfährt auch David vor der Schlacht: "Hörst du ein Geräusch *(qôl)* von Schritten in den Wipfeln der Bakabäume, so brich los; denn alsdann ist der Herr vor dir ausgezogen, das Heer der Philister zu schlagen" (2 Sam 5,24). In der berühmten Theophanie am Horeb ging der Herr an Elija vorüber. Aber Jahweh war nicht in den Naturgewalten des Sturmes, des Erdbebens und der Blitze, wie in Ex 19, wo sie Vorboten des Vorübergangs Jahwehs sind, sondern im "Flüstern eines leisen Wehens" *(qôl demamah daqqah)* (1 Kön 19,11-13). Auch wenn das Wort *rûach* in den zwei Schilderungen nicht vorkommt, so setzt *qôl* das Wehen des Windes doch voraus.

Der Herr offenbart sich den Stammeltern, dem Propheten Elija und dem König David im *Flüstern eines leisen Wehens*, im *Säuseln des Windes.* Dieses Naturgeschehen versinnbildet den vertrauten und geheimnisvollen Umgang des Menschen mit seinem Gott[14].

1.2. In manchen Texten bezeichnet *rûach* den *Sturmwind*, machtvoll in seinen Wirkungen und geheimnisvoll in seinem Ursprung (z.B. Gen 1,2; Ex 10,13; 14,21; 1 Kön 19,11; Jes 32,2; Jer 4,11.12; 22,22; Ez 13,11; Hos 4,19; Jon 1,4).

Auf der Flucht vor der gottlosen Königin Isebel, die ihm nach dem Leben trachtete, wanderte Elija in der Kraft von Brot und Wasser vierzig Tage und vierzig Nächte von Beerscheba bis an den Gottesberg Horeb. Auf Geheiß Gottes erklomm er den Berg:

Dort ging er in eine Höhle hinein und blieb darin übernacht. Und siehe, da erging an ihn das Wort des Herrn: Was tust du hier, Elija? Er antwortete: Geeifert habe ich für den Herrn, den

---

[11] 113 mal nach D. LYS, *Rûach,* 334.

[12] Vgl. A. VACCARI, in VD 21 (1941) 141 - 145. - H. RENCKENS, *Urgeschichte und Heilsgeschichte. Israels Schau in die Vergangenheit nach Gen. 1-3,* Mainz ²1961, 249 - 250.

[13] M.A. VAN DEN OUDENDRIJN, *De Zonde in den Tuin,* Roermond-Maaseik 1939.

[14] Zu 1 Kön 19 bemerkt R. DE VAUX: "Ouragan, tremblement de terre, éclairs, qui manifestaient en Ex 19 la présence de Yahvé, ne sont ici que les signes avant-coureurs de son passage; le murmure d'un vent tranquille symbolise l'intimité de son entretien avec ses prophètes, mais non pas la douceur de son action; les ordres terribles donnés aux VV. 15-17 prouvent la fausseté de cette interprétation pourtant commune", in *BJ,* Paris 1973, 400a.

Gott der Heerscharen! Denn Israel hat dich verlassen... Er aber sprach: Geh hinaus und tritt auf den Berg vor den Herrn! Siehe, da ging der Herr vorüber: ein großer, gewaltiger Sturm, der Berge zerriss und Felsen zerbrach, kam vor dem Herrn her; aber der Herr war nicht im Sturm (rûach). Nach dem Sturm (rûach) ein Erdbeben; aber der Herr war nicht im Erdbeben. Nach dem Erdbeben ein Feuer; aber der Herr war nicht im Feuer. Nach dem Feuer das Flüstern eines leisen Wehens. Als Elija dieses hörte, verhüllte er sein Angesicht mit dem Mantel (1 Kön 19,11-13a; vgl. Ex 3,6).

Dieses sehr alte Stück aus dem Elija-Zyklus hebt Jahweh deutlich ab von den Naturgewalten des Sturmes (rûach), des Erdbebens und der Blitze, den Vorboten der Gotteserscheinung. Mit dem Bild von Sturmwind und Gewitter haben die Propheten "die Erfahrung der heiligen Unnahbarkeit und schreckenden Gewalt des Bundesgottes"[15] ausdrücken wollen.

Im Siegeslied von Ex 15, das man das *Te Deum* der Hebräer genannt hat, ist die älteste Formulierung des Gotteswunders am Meer in V.21 im Kultus mit immer neuen Zügen bereichert worden. Die Teilung der Fluten des Roten Meeres durch den glühenden Ostwind im Prosakapitel Ex 14 (V.21) wird in Kapitel 15 mit hohem dichterischen Schwung und großer schöpferischer Kraft dem "Odem der Nase Jahwehs" zugeschrieben:

Durch den Odem deiner Nase (bⁱrûach 'apäka) türmten die Wasser sich hoch,
standen aufrecht wie ein Damm die Wogen,
erstarrten die Fluten mitten im Meer (Ex 15,8)[16].

Ähnlich vergleicht der königliche Sänger das Brausen und Tosen des Sturmwindes mit dem "Schnauben der Nase Jahwehs":

Da wurden sichtbar die Tiefen des Meeres,
und aufgedeckt wurden die Gründe der Erde
vor deinem Schelten, o Herr,
vor dem Schnauben des Odems deiner Nase (rûach 'apäka) (Ps 18,16 = 2 Sam 22,16).

Dieses Danklied für einen großen Sieg Davids oder eines andern Königs geht wohl in seiner Urgestalt bis ins 10. Jahrh. zurück, trägt aber auch Züge späterer Neuformulierung[17].

Als die Heimführung aus Babel vor der Türe stand, erhob Deuterojesaja auf den Befehl Jahwehs seine Stimme, um das erschütterte Vertrauen des zerschmetterten Volkes neu zu wecken: "Alles Fleisch ist Gras und all sein Pracht ist wie die Blume des Feldes" (Jes 40,6), d.h. alle Völker, in erster Linie natürlich Babylon, sind wie Gras, das vertrocknet, wie eine Blume, die verdorrt. "Alle menschliche Macht ist wie jene Frühlingswiesenpracht, die eine große vitale Kraft entfaltet, aber nach Jahwehs Willen vergeht"[18].

Dieser Vergleich wird in V.7-8 weiter ausgeführt:

Das Gras verdorrt, die Blume welkt,

---

[15] W. EICHRODT, *Theologie des AT* II/III, Stuttgart-Göttingen ⁴1961, 3.

[16] Eine so hohe Dichtkunst darf man nicht dem Stegreif zuschreiben; sie setzt eine lange Entwicklung voraus. "On peut donc songer à une composition..., développée sur le thème du chant de victoire du V.21 et qui englobe la marche victorieuse d'Israël jusqu'à Jérusalem", B. COUROYER, *L'Exode* (La Sainte Bible), Paris ²1958, 78a. Vgl. M. NOTH, *Das zweite Buch Mose. EXODUS* (ATD 5), Göttingen ²1961, 96 - 98; A. CLAMER, L'Exode (La Sainte Bible. Tome I, 2ᵉpartie), Paris 1956, 147 - 148.

[17] Vgl. H.-J. KRAUS, *Psalmen* (BKAT XV/1), Neukirchen ⁵1978, 285 - 287. - A. DEISSLER, *Le Livre des Psaumes* (Verbum Salutis AT I), Paris 1966, 90 - 91.

[18] K. ELLIGER, *Deuterojesaja* (BKAT XI/1), Neukirchen 1978, 25.

wenn der Odem des Herrn (rûach Jahweh) darüber weht.
Das Gras verdorrt, die Blume welkt;
aber das Wort unseres Gottes bleibt in Ewigkeit (Jes 40,7-8).

Im Nu wird die aufgeblühte Blumenpracht versengt, wenn schirokkoartige Winde über die Felder dahinbrausen und die Hitze der Wüste ins Kulturland tragen.

Doch darf man hier den Begriff *rûach* nicht zu materiell nur als Wind nehmen. Wie in Psalm 147,18 der "Wind Jahwehs" (*rûach Jahweh*) parallel zu seinem "Wort" (*dabar*) steht, so führt das "Wort unseres Gottes" in V.8 über den materiellen Sinn von *rûach-Wind* hinaus: die *Trostbotschaft*, die zwei Engel auf Jahwehs Befehl ausrichten, wird nicht leer verhallen; sie wird nicht vergehen wie das Gras, sie wird nicht verwelken wie die Blumen des Feldes oder wie die Machthaber Babels; denn sie ist getragen von der Kraft des allmächtigen Gotteswortes. Jahweh allein ist Herr der Geschichte[19]!

1.3. In den meisten Texten bedeutet *rûach* einfach den *Wind* (z.B. Gen 8,1 (Num 11,31; 2 Kön 3,17; Jes 7,2; 41,16; 57,13; 64,6; Jer 18,17; Ez 19,12; Hos 8,7; Hab 1,11; Ijob 28,25; Ps 1,4; 35,5; 135,7; Koh 1,6). Der Mensch des Alten Morgenlandes empfand eine ehrfurchtsvolle Scheu vor dem Geheimnis und der Macht des Windes als einer auf den Herrn zurückgehenden und in seiner Verfügung stehenden Kraft. Für den Bauern und Hirten des alten Orients war der Wind als Regenbringer lebenswichtig; er wurde aber nicht als bloße Naturkraft noch als autonomes göttliches Wesen aufgefaßt, sondern folgerichtig auf den Schöpfer und Erhalter des Lebens zurückgeführt. "Darum bleibt der Wind das Grundmodell für die Erfahrung des göttlichen Wirkens überhaupt"[20].

Der Wind führt im Auftrage Gottes das Ende der Sintflut herbei (Gen 1). Zur Zeit der ägyptischen Plagen trug der *Ostwind* die verheerenden Heuschreckenschwärme ins Land der Pharaonen, und der *Westwind* warf sie ins Meer (Ex 10,13. 19). Auf dem Wüstenzug trieb ein starker *Wind* ein Wachtelheer vom Meer herbei und einen Mannaregen vom Himmel herab für das hungernde Volk (Ex 10,19; 16,13-16; Num 11,31; Ps 78,24-28)[21].

Neben Jeremias (2,24; 4,11; 5,13; 10,13; 13,24; 18,17) und den Psalmen (Ps 1,4; 11,6; 35,5; 55,9; 83,14; 103,16; 104,3-4) trifft man diese Bedeutung besonders beim Proto-Jesaja an. Auf 28 rûach-Stellen bezeichnen an die 10 Texte die Macht des Windes, der ganz im Dienste des Geschichtsgottes stehe (z.B. Jes 4,4-6; 7,2; 11,15-16; 17,12-14; 30,27-30; 33,9-11).

Als die siegreichen Armeen Sennacheribs 701 gegen Jerusalem zogen und das Volk auszulöschen drohten, hat Jahweh sie verjagt wie Spreu vor dem Wind:

Ha! Ein Tosen vieler Völker! Wie das Tosen des Meeres tosen sie! Und ein Brausen gewaltiger Nationen! Wie das Brausen von Wassern brausen sie! Nationen brausen wie das Brausen vieler Wasser. Doch er (d.h. Gott) herrscht sie an, da fliehen sie fernhin, werden gejagt wie die Spreu auf den Bergen vor dem Winde, wie ein Staubwirbel vor der Windsbraut! (Jes 17,12-13)[22].

---

[19] Zu Jes 40,6-8 siehe K. ELLIGER, a.a.O. 21 - 30, der den springenden Punkt des Vergleichs Fleisch-Gras gut heraushebt: "Keine Angst vor den Mächten der Gegenwart und Zukunft; Gott ist stärker, und sie müssen ihm zu Willen sein. Er ist der Herr der Geschichte, und d.h. des Einzellebens nicht anders als des Völkerlebens" (S. 30).
[20] I. HERMANN, *Heiliger Geist*, in *HThG* I, 642.
[21] Vgl. R. KOCH, *Geist* in *BThW* I, Graz, Wien, Köln ³1967, 474 - 476.
[22] Vgl. R. KOCH, *La théologie de l'Esprit de Yahvé dans le Livre d'Isaïe*, in *Sacra Pagina* I, Paris-Gembloux 1959, 420 - 425.

Nach der Herkunft der Winde werden die Himmelsgegenden *rûchôt* genannt, z.B. 1 Chr 9,24; Ez 37,9; 42,20; Sach 2,10; 6,6; Dan 7,2; 8,8; 11,4[23].

1.4. Da der Wind, der überall weht, und den man weder sieht noch greifen kann, ein treffliches Bild für alles Eitle und Leere ist, dient *rûach* auch in übertragenem Sinn zur Bezeichnung einer eitlen, leeren und vergeblichen Sache. Den Gedanken von der Bedeutungslosigkeit und Nichtigkeit der Götzen umschreibt Deutero-Jesaja mit den Worten:

Siehe, sie alle sind nichts, nichtig sind ihre Werke, Luft (rûach) und Leere (tôhû) ihre Bilder (Jes 41,29).

Für das verblendete Volk sind die schweren Strafandrohungen von Kriegs- und Hungersnot nur leerer Schall:

Aus dem, was die Propheten sagen, wird nichts (lerûach); das Wort des Herrn ist ja doch nicht in ihnen (Jer 5,13).

Hierher gehören auch die sprichwörtlichen Redensarten: "windige Worte reden" (Ijob 16,3; vgl. 6,26; 15,2)[24] "Wind gebären" (Jes 26,18), "Wind säen" und "Wind ernten" (Hos 8,7; Spr 11,29). Zum Ausdruck der Eitelkeit alles irdischen Mühens hat Kohelet die feste Formel geprägt:

Alles, was unter der Sonne geschieht:
siehe, alles ist nichtig und ein Haschen nach Wind[25].

1.5. Nach einigen Exegeten könnten der *rûach* Jahweh oder der *rûach* der Nase Jahwehs in den dichterischen Stücken nur deshalb die Wirkungen des Windes zugeschrieben werden, weil sie eben ursprünglich "Hauch" oder "Atem" bedeuteten[26]. Die Gleichsetzung von "Hauch" und "Wind" wäre dahin zu erklären, daß nach alter volkstümlicher Anschauung der "Wind" als "Hauch" eines überaus mächtigen Wesens, als ein von den Windgöttern verursachtes Blasen gedacht wurde[27].

Aber ganz abgesehen davon, daß die eben genannte Vorstellung aus den literarischen Quellen des Alten Orients nicht nachgewiesen werden kann, dürfte die ursprüngliche Bedeutung "Hauch" doch fraglich sein, weil der Mensch erfahrungsgemäß zuerst die Außenwelt wahrnimmt. Dem sinnlichen Wahrnehmungsvermögen liegt der "Wind" draußen in der Natur näher als der "Hauch" drinnen im Menschen. Und den Wind konnte der Dichter ohne weiteres anthropomorphistisch als "Hauch Gottes" darstellen. Wie man in den Wolken den Wagen, im Blitz die Pfeile, im Donner die Stimme Jahwehs erkannte, so im Sturmwind den aus Gottes Nase fahrenden Odem.

---

[23] Hierher gehört auch die Formel "lekôl-rûach", in alle Winde, das ist überall hin (Jer 49,32.36; Ez 5,10.12; 12,14; 17,21).

[24] *dibrê-rûach*. Vgl. Jer 5,13; Mi 2,11. In einem neubabylonischen Brief heißt es: "Ich weiß, daß alles, was du über mich sagst, Lüge und Wind ist", zitiert von J. HEHN, in *ZAW* 43 (1925) 222f. Auch im Deutschen redet man von einer "windigen" Person oder Sache.

[25] *hakkol hābāl ûrecût rûach* (Koh 1,14; 2,11.17; 4,6.16; 5,15; 6,9). Auch *hābāl* bezeichnet ursprünglich den "Windhauch" (Jes 57,13, wo *hābāl* parallel zu *rûach* steht; Ps 144,4), im bildlichen Sinn dann eine eitle Sache oder ein Nichts (Jer 10,3; 51,18; Ps 39,6; 94,11; Ijob 7,16; 9,29; Koh 1,2; 2,1; 4,7) passim. Zum Begriff des Nicht-Greifbaren und Nichtigen. Siehe R. ALBERTZ/C. WESTERMANN, in *THWAT* II, 731. - H.W. WOLFF, *Dodekapropheton 1. Hosea* (BKAT XIV/1), Neukirchen 1961, 273 zu Hos 12,2.

[26] So K. SMORONSKI, in *Bib* 6 (1925) 384. - P. VAN IMSCHOOT, *Théologie de l'AT* I, 184.

[27] Siehe P. VAN IMSCHOOT, *L'esprit de Yahvé, principe de vie morale dans l'Ancien Testament*, in *ETL* 16 (1939) 459.

Es ist übrigens auffallend, wie gerade in den ältesten Texten außerordentliche "stürmische" Wirkungen in den großen Führergestalten Israels gerne auf die *rûach Jahweh* zurückgeführt werden. Das dürfte man wohl damit erklären, daß man in diesen Äußerungen einer überweltlichen und überwältigenden Macht eine innere Beziehung zur ursprünglichen Bedeutung der *rûach* als "Wind" erblickte. Was beim "Atem" wohl nicht der Fall sein dürfte.

Wurde *rûach* urtümlich als Erscheinung des Naturlebens aufgefaßt, versteht man besser, warum von Anfang an das Wort als unpersönliche Kraft genommen werden konnte, anders als beim "Lebenshauch", der ja aufs engste mit der menschlichen Persönlichkeit verbunden ist[28].

II. Lebenshauch

Wenn *rûach* von Haus aus "Windhauch" bedeutet, dann ist nur ein Schritt von der bewegten Luft draußen in der Natur zum Hauch im Menschen, dem "Atem". Der Wind, der nach einem alten Volksglauben als Sitz und Träger des Lebens wie der Fruchtbarkeit von unerklärlicher Herkunft galt, wurde zum Lebenshauch, der von Gott ausgehend Natur und Menschen zum Leben erweckt und am Leben erhält[29].

Die enge Verwandtschaft zwischen den Begriffen "Wind" und "Lebenshauch" kommt noch gut zum Ausdruck in der Vision von den Totengebeinen (Ez 37,9). Die lebenspendende *rûach* wird dargestellt als ein Windhauch, der "in den vier Winden" (rûchôt), das ist überall, sich aufhält und auf Gottes Befehl heranweht, die Erschlagenen anhaucht, in sie dringt und so zu neuem Leben erweckt.

Die enge Verbindung zwischen Wind- und Lebenshauch trifft man noch im Buche der Weisheit, wo die Gottlosen behaupten, daß der Lebensgeist im Tode verfliegt wie dünne Luft: *tò pneuma diachuthésetai hos chaunos aér* (Weish 2,3).

Vom *Windhauch*, der so sehr den Eindruck des Macht- und Geheimnisvollen weckt, geht es also einen Schritt weiter zum Lebenshauch, der im Menschen, in der Nation und in der Schöpfung weht.

1. Lebenshauch im Menschen

Solange die Brust sich hebt und senkt, solange der Mensch ein- und ausatmet, solange ist nach alter Auffassung Leben da. *Dum spiro, spero!* "Wie die Winde im antiken Volksglauben als etwas Geheimnisvolles, Leben und Fruchtbarkeit Bringendes galten, so war der Atem schon für die Beobachtung der Primitiven unentbehrlicher Lebensträger von unerklärlicher Herkunft. Kein Wunder, daß der antike Mensch im Wehen des Windes wie im Gehen des Atems ein göttliches Geheimnis spürte und in dieser ihm so nahen und doch unfaßbaren Größe der Natur ein Symbol des geheimnisvollen göttlichen Naheseins und Wirkens er-

---

[28] Vgl. J. KÖBERLE, *Gottesgeist und Menschengeist im A.T.*, in *NKIZ* 13 (1902) 334f.
[29] Siehe P. VOLZ, *Der Geist Gottes*, 59.

kannte. Als Träger des Lebens wird der Wind darum in den theistischen Religionen gerne zum Lebenshauch, der, von Gott ausgehend, die Natur belebt und auch dem Menschen Leben mitteilt"[30].

Hat der Mensch den "letzten" Atemzug getan, so sagt der Volksmund, daß er das Leben "aushaucht". Damit ist eine Brücke geschlagen vom "Hauch" zum "Lebensprinzip". Als Zeichen, als Symbol des Lebens wird der Atem zum lebenschaffenden Hauch, zum Sitz und Träger des Lebens, zum Quell des Lebens für Mensch und Tier.

1.1. Der "Atem" äußert sich im Ein- und Ausatmen von Mensch und Tier. Er geht vom Menschen aus und wieder in den Menschen hinein. Darum eignet ihm der Charakter dynamischer Vitalität.

a) In ältester Zeit bezeichnet das AT den "Lebensodem" allerdings nicht mit *rûach*, sondern mit *nesamah*, das nur 24 mal vorkommt: allein in Gen 2,7; Dt 20,16[31]; Jos 10,40; 11,11.14; 2 Sam 22,16 = Ps 18,16; 1 Kön 15,29; 17,17; Jes 2,22; 30,33; Dan 10,17; Ps 150,6; Ijob 26,4; 37,10; Spr 20,27; zusammen mit *rûach* in Gen 7,22; Jes 42,5; 57,16; Ijob 4,9; 27,3; 32,8; 33,4; 34,14. Unser Wort meint "das Lebendig-Sein als kreatürliche Grundgegebenheit mit mehr stetigem Charakter", *rûach* dagegen sieht ursprünglichen Atem "unter dem Aspekt der dynamischen Vitalität"[32].

Lehrreichen Aufschluß über Ursprung und Beschaffenheit der *nesamah* gibt uns Gen 2,7: "Da bildete Gott der Herr den Menschen aus Erde vom Ackerboden und hauchte ihm *Lebensodem (nismat chajjîm)* in die Nase; so war der Mensch ein lebendes Wesen (*näfäs chajjah*)". Erst durch das Einblasen des lebenspendenden Hauches, der von Gott ausgeht, wird der Mensch zum vollen Leben erweckt. Der Mensch ist aus einem irdischen Stoff gebildet und darum hinfällig, gebrechlich, schwach, vergänglich und sterblich. Der Name *Adam* soll den Menschen daran erinnern, daß er aus der *'adamah* stammt[33]: Wie ein Töpfer (*jasar* = aus Lehm ein Tongefäß bilden) formte Gott selber den Adam aus der *'adamah* und hauchte den Lebensodem in seine Nase[34]. Es war im Alten Orient eine weit verbreitete Vorstellung, daß der Lebenshauch von der Gottheit stammt. Auf einem Relief im Tempel Setis I. zu Abydos sieht man den Gott Sokar, wie er das Zeichen "Leben" an die Nase des Königs hält[35].

b) Erst mit der Ausbildung der Schöpfungstheologie im Exil wird dann *rûach* im Sinn von "*Lebenshauch*" mit der Erschaffung des Menschen in Verbindung gebracht. Die Bedeu-

---

[30] W. EICHRODT, *Theologie des AT* II/III[4], 24.

[31] Dt 20,16 weist auf die Königszeit zurück, ja hintergründig auf die kriegerischen Taten Gottes, den heiligen Krieg seit dem Auszug bis zur Landnahme. Vgl. P. BUIS, *Le Deutéronome* (Verbum Salutis AT IV), Paris 1969, 300.

[32] R. ALBERTZ/C. WESTERMANN, in *THWAT* II, 735. Vgl. R. KOCH, *La portée anthropologique de la rûach dans l'Ancien Testament*, in *Studia Moralia* 19 (1981) 133 - 149.

[33] Siehe das latein. Wortspiel: "*Ex humo factus est homo*", F. Zorell, *Lexicon hebr. et aram.*, 617.

[34] Das Bild vom Töpfergott wird im Alten Orient oft verwendet, z.B. von den Babyloniern und Ägyptern. Siehe Gilgamesch-Epos, in *ANET* S. 74. Auf einer Wand des Tempels von Luxor wird die widderköpfige Schöpfergott Chnum dargestellt wie er an der Töpferscheibe sitzt und den Prinzen Amen-hotep und seinen ka (Doppelgänger) bildet. Vgl. *ANEP*, Nr. 569.

[35] Siehe Abb. bei *ANEP*, Nr. 572; H. HAAG, *Bibel-Lexikon*, Einsiedeln-Zürich-Köln [2]1968, Tafel I., S. 56.

tung der *rûach* als "*Lebenshauch*" trifft man tatsächlich erst in exilischen und nachexilischen Stellen an[36].

Der alte Sprachgebrauch von nesamah hat sich weiterhin neben rûach behauptet an Stellen mit synonymem Parallelismus, z.B. Jes 42,5; 57,16; Ijob 4,9; 32,8; 33,4; 34,14-15[37].

Seit dem Exil bedeutet nun *rûach* auch den "Lebensodem", den der Schöpfer schenkt:
So spricht Gott, der Herr,
der die Himmel geschaffen und ausgespannt,
der die Erde befestigt samt ihrem Gesproß,
der Odem (nesamah) gibt dem Menschengeschlecht auf ihr und Lebenshauch (rûach) denen, die
über sie dahinwandeln (Jes 42,5).

Der Lebenshauch ist göttlichen Ursprungs und die nie versiegende Quelle des Lebens:
Der Geist Gottes (rûach) hat mich geschaffen,
und der Odem (nismat saddaj) gibt mir Leben (Ijob 33,4).

1.2. Nicht nur die Existenz des Menschen, sondern dessen ganze *Lebensdauer* hängt von der *rûach* ab. Zeit seines Lebens will Ijob für die Wahrheit einstehen:
Fürwahr, solange noch mein Odem (nesamah) in mir ist und Gottes Hauch (rûach) in meiner Nase,
wird kein Unrecht von meinen Lippen kommen
und meine Zunge wird nicht Trug reden (Ijob 27,3-4).

Alles Leben müßte im Tod versinken, wenn Gott seinen Lebenshauch zurückzöge. Mit deutlicher Anspielung an Gen 2,7 bekennt Elihu:
Wenn er zurücknähme seinen Geist[38] *(rûach)*
und seinen Odem (nesamah) an sich zöge,
verscheiden müßte alles Fleisch zumal,
und der Mensch kehrte zum Staub zurück. (Ijob 34,14-15).

Die gleiche Vorstellung kennt der Psalmist an der klassischen Stelle, wonach alle Geschöpfe von Jahwehs schöpferischer Macht abhängen:
Nimmst du ihren Odem (rûach) hin, so verscheiden sie und werden wieder zu Staub.
Sendest du deinen Odem aus, so werden sie geschaffen, und du erneust das Antlitz der Erde
(Ps 104,29-20; vgl. 146,4).

Einen Anklang an Gen 2,7; Ps 104,29 weist Koh 12,1.6-7 auf. Der Prediger ermahnt den jungen Menschen zu einem maßvollen Genuß der Erdengüter, den er einst vor Gott verantworten kann, wenn das lästige Greisenalter und der unvermeidliche Tod vor der Türe stehen:
Sei deines Schöpfers eingedenk in der Blüte des Lebens,
ehe die silberne Schnur zerreißt,

---

[36] Vorexilisch wären nur Gen 6,3 und Gen 7,22. Gen 6,3 weist in Verbindung von *rûach* mit *basar* in die spätere Zeit (Gen 6,17; 7,15 P. Siehe R. ALBERTZ/C. WESTERMANN, in *THWAT* II, 736 - 737. - Die merkwürdige Wendung *nismat rûach chajjîm* ist wohl aus der Verbindung von *nismat chajjîm* in Gen 2,7 und *rûach chajjîm* in Gen 6,17 und 7,15 erwachsen. Siehe P. VAN IMSCHOOT, *Théologie de l'AT* II, 5 Anm. 3; C. WESTERMANN, *Genesis* (BKAT I/1), Neukirchen-Vluyn 1974, 590.

[37] Vgl. R. KOCH, *Geist und Messias*, 12 Anm. 25.

[38] Der Parallelismus legt *jasîb* für *jasîm* nahe. - *Libbô* scheint die Verszeile zu beschweren, so daß sie mit *rûchô* abschließt. Vgl. *BJ*, E. OSTY, ZB.

die goldene Schale bricht,
der Eimer an der Quelle zerschellt,
das Rad zerbrochen in die Grube stürzt,
der Staub wieder zur Erde wird, wie er gewesen,
der Odem aber wieder zu Gott kehrt, der ihn gegeben.
(Koh 12,1.6-7; vgl. 3,19-20; Gen 2,7; 3,19; Ps 146,4)[39].

1.3. Der "Lebenshauch" ist dem Menschen nur *geliehen* für die kurze Dauer seiner irdischen Tage. Er kann darum nicht nach Belieben darüber verfügen. Nach dem Verfasser des Weisheitsbuches sind die Götzenbilder leblose, tote Gebilde; denn "ein Mensch hat sie verfertigt, und einer, dem selber der Odem (pneuma) nur *geliehen* ist, hat sie gebildet" (Weish 15,16; vgl. 15,8).

Jahweh begnügt sich also nicht bloß damit, den Lebensodem dem Menschen einzuhauchen (creatio prima), er sorgt auch dafür, ihn zu erhalten (creatio secunda). Wie Gott der Herr der Statue aus Lehm den "Lebensodem" eingehaucht hat (Gen 2,7), so wacht seine Vorsehung mit großer Sorgfalt über dieses zerbrechliche *Leben*. Mitteilung und Erhaltung des Lebensodems bzw. des Lebens selbst sind immer ein Ausfluß göttlicher Liebe und Fürsorge. Nach der volkstümlichen Schilderung der Bildung des menschlichen Körpers im Mutterschoß (Ijob 10,8-11) fährt der Dichter fort:

Leben (chajjîm) und Lebenskraft hast du in mich gelegt,
und deine Fürsorge hat meinen Odem (rûchî) behütet
(Ijob 10,12)[40].

Die heldenhafte makkabäische Mutter ermuntert ihre Kinder zu standhaftem Leiden und heldenhaften Tod: "Ich weiß nicht, wie ihr in meinem Leib entstanden seid, noch habe ich euch Atem und Leben (*tó pneuma kai tén zoén*) geschenkt; auch habe ich keinen von euch aus den Grundstoffen zusammengefügt. Nein, der Schöpfer der Welt hat den werdenden Menschen geformt; er kennt die Entstehung aller Dinge. Er gibt euch gnädig Atem und Leben (*to pneuma kai tén zoén*) wieder, weil ihr um seiner Gesetze willen nicht auf euch achtet" (2 Makk 7,22-23). Hier stehen *Atem* und *Leben* nicht synonym wie Ijob 10,12, sondern bezeichnen das "Lebensprinzip" und das "Leben" selbst in der irdischen Existenz und in der zukünftigen Auferstehung[41].

1.4. An all diesen Stellen ist ein und dieselbe *rûach* als "Odem Jahwehs" und als "Odem des Menschen" bezeichnet: die *rûach* ist *rûach* des Menschen, sofern sie in ihm wirkt; sie ist *rûach* Jahwehs, da sie von ihm stammt und dem Menschen für die Dauer des irdischen Lebens geliehen wird. Sie ist eine göttliche Kraft im sterblichen Leibe. Ganz richtig meint R. KITTEL vom "Lebenshauch" der Geschöpfe: "Ihr Odem (*rûcham*) ist streng genommen gar

---

[39] Koh 12,7 ist nicht ein späterer Zusatz, wie AARRE LAUKA meint (BKAT XIX, Neukirchen-Vluyn 1978, 205 u. 214). Der Vers rundet die traditionelle Anthropologie nach Gen 2 und Koh 3,19-21 ab. "Une des multiples facettes de sa pensée", A. BARUCQ *Ecclésiaste. Qohéléth* (Verbum Salutis AT 3), Paris 1968, 191.

[40] Auf Grund des synonymen Parallelismus bezeichnet *rûach* nicht so sehr das Lebensprinzip als vielmehr das Leben selbst, wie in Ps 31,6; 138,17; Jer 51,17; Hab 2,19.

[41] "L'esprit, *pneuma*, tout comme la vie, est un don de Dieu, et l'auteur semble bien lui attribuer un rôle décisif dans la résurrection... Il s'agit d'une résurrection de l'être tout entier", F.-M. ABEL et J. STARQUI, *Les Livres des Maccabées*, Paris ³1961, 265a, 18.

nicht ihr eigener, es ist nur der von Jahwe ihnen geliehene, es ist Jahwes eigener Odem, der er bald ausstößt, bald wieder einzeiht. Wie beim Menschen das Aus- und Einziehen des Atems die Bedingung für den Fortgang des einzelnen Lebens ist, so bei Gott für das Leben und Hinsterben einer ganzen Welt"[42].

Das gleiche gilt von *nesamah*, das meistens Gott zugeschrieben wird, entweder parallel zu *rûach* (Jes 42,5; Ijob 4,9; 32,8; 33,4; 34,14), oder ohne *rûach* (Gen 2,7; Jes 30,33; Ps 18,16 = 2 Sam 22,16; Ijob 37,10), in ganz wenigen Fällen dem *Menschen* (Jes 57,16; Ijob 27,3; Spr 20,27). So weht im Menschen ein schwacher, vergänglicher Atem, der ohne Gott vergehen würde (Jes 57,16; Ijob 27,3; Spr 20,27), vor allem aber der machtvolle Atem Gottes, der zerstört (Ijob 4,9) oder belebt (Jes 42,5; Ijob 32,8; 33,4; 27,3)[43].

In priesterschriftlichen Texten wird Jahweh gepriesen als "Herr des "Lebensodems" (*rûchôt*, Num 16,22; 27,16[44]; vgl. 2 Makk 14,46). Ijob erkennt Jahwehs unumschränkte Gewalt über allen Lebensatem an:

In dessen Hand alles Lebenden (näfäs) Atem (nesamah) und der Odem (rûach) aller Menschen ist (Ijob 12,10; vgl. 7,11).

1.5. Auf Grund der literarkritischen Untersuchung bedeutet also rûach erst seit dem Exil den "Lebenshauch" wie früher nesamah[45].

Das AT teilt diese Auffassung vom göttlichen Lebenshauch mit allen altorientalischen Völkern. J. HEHN faßt diese Vorstellung zusammen: "Die Götter sind die Träger des vollkommenen Lebens, der Mensch aber empfängt das Leben von der Gottheit. Wie ist der Übergang des göttlichen Lebens auf den Menschen zu verstehen? Man sah nun den Atem, der im Menschen ist und so lange aus- und eingeht, als der Mensch lebt. Der Atem ist also Zeichen, Symbol des Lebens. Die Götter blasen oder hauchen die göttliche Lebenskraft ein und teilen so dem Menschen den Lebensodem mit. Der Mensch ist also getragen von der göttlichen Lebenskraft, solange der Lebensodem in ihm vorhanden ist"[46].

Die Götter sind es also, die den Lebenshauch spenden, der von ihrem Munde ausgeht. So sagt der ägyptische Gott Re zu Osiris: "Der Atem des Re werde deiner Nase zuteil und der Atem des Chepre sei bei dir, daß du lebest". Auf einer Grabesinschrift aus der Zeit Tutmosis III. liest man: "Der die Götter geschaffen hat, Vater ihrer Väter, Mutter ihrer Mütter, Herr des Atems, der ihn zu den Nasen bringt"[47].

---

[42] R. KITTEL, *Die Psalmen* (KAT, 3. und 4. Aufl.), Leipzig-Erlangen 1922, 341. - "Nous voyons que le souffle de l'homme n'est pas une capacité dont il serait le propriétaire, mais ce n'est une grâce que Dieu lui fait à chaque instant, en sorte qu'on peut dire que son souffle est le souffle de Dieu, sans que pour autant il puisse s'agir d'une entité divine", D. LYS, *Rûach*, 314.

[43] Man könnte sagen, daß *rûach* vor allem Gottes ist, *nesamah* hingegen des Menschen, und daß *rûach* auf den Menschen bezogen einen Theophormismus bildet, *nesamah* dagegen auf Gott bezogen einen Anthropomorphismus. Vgl. D. LYS, *Rûach*, 321 Anm. 1.

[44] Vgl. D. LYS, *Rûach*, 202 - 203.

[45] Eine Aufzählung älterer Exegeten siehe bei R. KOCH, *Geist und Messias*, 15 Anm. 30. Von neueren siehe R. ALBERTZ/C. WESTERMANN, in *THWAT* II, 736.

[46] J. HEHN, *Zum Problem des Geistes im alten Orient und im AT*, in *ZAW* 43 (1925) 212.

[47] Die zwei Texte siehe bei J. HEHN, in *ZAW* 43 (1925) 217. In der Amarnazeit wird der Pharao auf gleiche Weise als "mein Lebenshauch" angeredet. Vgl. Die *El-Amarna-Tafeln*, hrsg. von J.A. KNUDTZON, I, Leipzig 1915, Nr. 141, 2.6.10.13.37; 143,9.15.17; 144,2.6-8. - In Klgl 4,20 trauert die Gemeinde um ihren gefangenen König Sedekias, den sie als "unsern Lebensatem" pries. - Nach ägyptischer Vorstellung spendet Gott auch den Tieren den Lebensodem. In einem Hymnus an Re heißt es: "Der dem Kücken im Ei den Atem gibt

24 R. Koch, Der Geist Gottes

Es ist möglich, daß der Begriff des göttlichen *Lebenshauches* im Menschen ägyptischer, die Idee einer über das menschliche Maß hinausgehenden *Lebenskraft* aber babylonischer Herkunft ist[48].

1.6. Wie dem auch sei, *rûach* bezeichnet ursprünglich die im Atem sich äußernde Vitalität, die *Lebenskraft*. Sie kann eine ganze Skala von Gemütsbewegungen bezeichnen, von den heftigsten Emotionen bis zum Erliegen jeden Elans.

Es entspricht ganz der sinnlich greifbaren Auffassung der *rûach* im Menschen, wenn körperliche Erschöpfung oder Erholung als Hinschwinden oder Wiederkehren der Lebenskraft dargestellt wird. Die Stellen, nach denen die biologische Vitalität im Atem sich äußert, gehören wohl zu den ältesten Texten.

In den vor Durst oder Hunger verschmachtenden Menschen kehrt die *Lebenskraft* wieder zurück, z.B. Ri 15,19; 1 Sam 30,12; Ps 143,7; Ijob 17,1. Bei der frohen Kunde von Josephs Erhöhung lebte des alternden Vaters *rûach* oder dessen psychische Spannkraft wieder auf, d.h. ein neues Lebens- und Kraftgefühl kam in ihn (Gen 45,27). Nachdem die Königin von Saba den ungeheuren Reichtum Salomons bewundert hatte, war keine *rûach* mehr in ihr, d.h. sie war "ganz außer sich", starr vor Staunen, ihr stockte der Atem vor Staunen, sie war "atemlos" vor lauter Bewunderung (1 Kön 10,5 = 2 Chr 9,4). Als Achab den Weinberg Nabots käuflich erwerben konnte, floh seine *rûach*, d.h. vor Verdruß und Ärger siechte seine Kraft dahin; er legte sich ins Bett und drehte sich zur Wand, weil er nichts mehr essen wollte (1 Kön 21,4-5; vgl. Ijob 17,1; Spr 15,4). Es geht um das wilde Einatmen, wenn die junge Kamelin in ihrer Brunst nach Luft (*rûach*) schnappt (Jer 2,24), oder wenn die Wildesel nach Luft (*rûach*) schnappen, weil aus Mangel an Weide der Atem immer langsamer geht (Jer 14,8).

1.7. Da bei starken seelischen, psychischen Erregungen, beim Ausbruch einer Leidenschaft oder unter dem Eindruck einer starken Gemütsstimmung der Atem rascher oder langsamer geht, so wird *rûach* zur Bezeichnung der verschiedenen Affekte verwendet, die durchweg etwas Stürmisches an sich haben. Es sind Gemütserregungen und Gemütsbewegungen, die im großen und ganzen dem *irasziblen* Begehrungsvermögen entspringen. Auch hier zeigt sich der ursprünglich dynamische Charakter der *rûach*, der Affekte zugeschrieben werden, die den Menschen überwältigen. "Direkt bezeichnet *rûach* nur die impulsiven, das Leben steigernden psychischen Kräfte"[49].

Es sind die Gemütsverfassungen, die sich im erregten Atem äußern, wie *Zorn* (Ri 8,3; Jes 25,4; Ez 3,14; Sach 6,8; Ijob 4,9; 15,13; Spr 1,23; 29,11; Koh 7,9; 10,4), *Mut, Kühnheit* (Jos 2,11; 5,1; 1 Kön 10,5; Spr 18,14), mit *gobah* noch gesteigert bis zum *Hochmut, Stolz* (Spr 16,18; Koh 7,8; Ps 76,13).

Die deprimierenden Gemütsverfassungen äußern sich negativ im verminderten Atem, wie *Angst* (Gen 41,8; Dan 2,1.3), *Kummer* (Gen 26,35; 1 Sam 1,15; Ijob 7,11). Vor allem in der nachexilischen Zeit, die von einer starken Verinnerlichung der Religion Israels geprägt

und den Sohn der Schlange belebt", R. ROEDER, *Urkunden zur Religion der alten Ägypter,* Jena 1923, 7.
[48] Vgl. W. EICHRODT, *Theologie des AT* II/III, [4]1961, 24.
[49] R. ALBERTZ/C. WESTERMANN, in *THWAT* II, 738. - "Ab impetu et vi quadam occulta, improvisa, qua percellit ventus transfertur nomen rûach ad significandos affectus animi", A. VACCARI, *Theologia Biblica VT* II, Romae 1941, 5.

ist, spricht man von einer niedrigen (Jes 57,15; Spr 26,19; 29,23), einer zerschlagenen (Jes 57,15; Ps 34,19), einer zerbrochenen (Jes 65,14; Ps 51,19; Spr 15,4), einer verlöschenden *rûach* (Jes 61,3; Ez 21,12)[50]. Die Verwendung dieses Wortes zur Bezeichnung der Regungen des *irasziblen* Strebevermögens beruht auf der Erfahrungstatsache, daß starke seelische Erregungen auch körperlich sichtbar werden[51].

Diese bildhafte Grundlage verblaßt mit der Zeit und wird am Ende gar nicht mehr mitempfunden. Das trifft zu in all den Fällen, wo *rûach* zur Umschreibung von Lebensvorgängen verwendet wird, die einen seelischen Zustand, eine innere Verfassung, eine sittliche Eigenschaft bezeichnen. So wird *rûach*, die ursprünglich eine Not ausdrückt, später zu einer frommen Haltung umgewertet: Demut (Spr 16,19; 29,23) und Zerknirschtheit (Jes 66,2; Ps 34,19), allgemein eine Gesinnung (Ez 11,19; 36,26)[52]. All diese Gemütserregungen hat der Spruchdichter im Auge, wenn er die Vorzüge der Selbstbeherrschung preist:

Besser langmütig als ein Kriegsheld,
besser sich selbst beherrschen (mosel berûach) als
Städte bezwingen (Spr 16,32; vgl. 25,28).

1.8. Das tiefere Verständnis, das man mit der Zeit den geistigen Vorgängen entgegenbrachte, führte dahin, die *rûach* als Sitz des höheren, geistigen Lebens zu bewerten. Sie gilt als die Quelle der höheren geistigen Funktionen. Die *rûach* wird Willens- und Aktionszentrum. Ihr ursprünglich dynamischer Charakter wird damit weitgehend eingeebnet. Einerseits meint *rûach* das Innerste des Menschen, andererseits die ganze Existenz; so kann sie in der poetischen Sprache ein Synonym für das "Ich" sein.

Es handelt sich hier um einen meist späten und abgeleiteten Gebrauch von *rûach*. Ezechiel scheint diese Ausweitung und Vergeistigung des Begriffs entscheidend gefördert zu haben. Er spricht nicht nur von einem "neuen Herzen" (Ez 18,31; 3626), von einem "fleischernen Herzen" im Gegensatz zum alten "steinernen Herzen" (Ez 11,19; 36,26), sondern auch von einer "neuen *rûach*" (Ez 11,19; 18,31; 36,26), d.h. vom Willen zur Umkehr und zur Beobachtung der Bundespflichten.

Von der *rûach* als der Quelle des geistigen Lebens kommen (mit *leb*) Verstand (Ez 11,5; 20,32), geheime *Gedanken* (Jes 19,3; Jer 51,1; Ez 11,5; Ps 77,7; Ijob 32,8.13; Spr 1,23; 16,2)

---

[50] Metonymisch wird für *rûach* auch *'appîm* verwendet, das Atmungsorgan: eine "lange Nase" hat der Geduldige, z.B. Ex 34,6; Num 14,18,; Ps 86,15; 103,8; Ijob 2,13; Spr 14,29; 15,18; 25,15. Der Ungeduldige hingegen hat eine "kurze Nase", z.B. Spr 14,17. Vgl. E. DHORME, *L'emploi métaphorique des noms propres du corps en hébreu et en accadien*, Paris 1923, 81.

[51] Die rein animalischen Funktionen, wie Hunger, Durst, Ekel, Lust, Gier, und die niederen sinnlichen Affekte, wie die Regungen der Freude und Trauer, der Liebe und des Hasses, des Fühlens und Wünschens, des Begehrens und Strebens, werden gewöhnlich der *näfäs* zugeschrieben. Diese *konkupisziblen* Triebe werden nie von der *rûach* ausgesagt. Vergleicht man die Funktionen der *rûach* und *näfäs* miteinander, so ergibt sich, daß der Bedeutungskreis von *näfäs* "nicht über den Bereich des animalischen und emotionalen Lebens hinausgekommen, während andererseits die Bedeutungsentwicklung von '*rûach*' in diesem Bereich kümmerlich geblieben ist und sich mehr im Gebiete des höheren seelisch-geistigen Lebens ausgebreitet hat", bemerkt richtig Fr. RÜSCHE, *Blut, Leben und Seele*, Paderborn 1930, 310. Siehe noch A. VACCARI, *Theologia Biblica* VT II,8; D. LYS, *Histoire de l'âme dans la révélation d'Israël au sein des religions proches-orientales*, Paris 1959, 130 - 131, 139 - 141, 143 - 148, 151 - 155 etc.

[52] Vgl. R. ALBERTZ/C. WESTERMANN, in *THWAT* II, 738.

Die *rûach* ist das Aktionszentrum, das Gott zu einer *Entscheidung* bringen kann oder zur Ausführung seiner *Pläne* (Esr 1,1.5; 1 Chr 5,26; 2 Chr 21,16; 36,22)[53].

2. Lebenshauch der Nation

Es ist möglich, daß nun auch *rûach* mit Ezechiel den Sinn von "Lebenshauch" bekommt. Das Wort bedeutet nun auch mit nesamah den schöpferischen "Lebensodem", das in der berühmten Vision von den Totengebeinen Ez 37 8 mal vorkommt (VV.5.6.8.9 (3 mal). 10.14)[54].

Der Prophet wird von der Klage des Volkes zu seiner barocken Vision angeregt: "*Verdorrt sind unsere Gebeine*, und dahin ist unsere Hoffnung. Wir sind verloren!" (Ez 37,11; vgl. Ijob 14,19; Ps 22,15; 42,11; 102,4; Klgl 1,13). In der Vision von den Totengebeinen entwerfen die Verse 1-10 das Bild, die Verse 11-14 entfalten dessen Deutung.

2.1. Die Verse 1-10 bringen den "dramatisch ausgestalteten Visionsbericht" (W. ZIMMERLI), nach dem die nationale Wende als Neubelebung der verdorrten Gebeine dargestellt wird. Damit gibt der Prophet der *rûach* eine neue Deutung. Die zurückkehrende "Lebenskraft" wird zum "*Lebensodem*". Durch die Verbindung von Rettung und Menschenschöpfung ist die *rûach* in die Schöpfungssprache eingedrungen[55].

In einer Talebene schaut der Prophet im Geiste eine unüberschaubare Riesenmenge von weißen, längst verdorrten menschlichen Gebeinen (V.1-2). Auf die Frage Jahwehs: (3a) "Menschensohn, können wohl diese Gebeine wieder lebendig werden?" antwortet der Prophet, tief durchdrungen vom Wissen um die Ohnmacht des Menschen, aber zugleich vom starken Glauben an die Allmacht des Schöpfers, der die Toten wieder zum Leben erwecken kann (vgl. 1 Kön 17,17-24 = 2 Kön 4,31-37): (3b) "Herr, mein Gott, du weißt es". Nun wird der Sprecher menschlicher Ohnmacht zum Künder göttlicher Vollmacht: (4) Weissage über diese Gebeine und sprich zu ihnen: "Ihr dürren Gebeine, höret auf das Wort des Herrn!" (5) So spricht (Gott)[56] der Herr zu diesen Gebeinen: "Siehe! Ich bringe Lebensodem in euch, damit ihr wieder lebendig werdet[57]. (6) Ich schaffe Sehnen an euch und lasse Fleisch an euch wachsen, ich überziehe euch mit Haut und lege Odem (*rûach*)[58], daß ihr wieder lebendig werdet, und ihr werdet erkennen, daß ich der Herr bin".

Während der Prophet noch redet, siehe, da rücken die Gebeine unter großem Rascheln eins ans andere. Die Skelette bilden sich, sogleich werden sie mit Sehnen, Fleisch und Haut überzogen (V.7-8a). Aber noch sind es tote Leiber, da der Lebenshauch fehlt: (8b) "Aber

---

[53] Vgl. W. EICHRODT, *Theologie des AT* II/III, 1961, 85 - 87.

[54] Vgl. *THWAT* II, 737; D. LYS, *Rûach*, passim; W. ZIMMERLI, *Ezechiel* (BKAT XIII,2), Neukirchen-Vluyn 1969, 885 - 902.

[55] "Die zurückkehrende Lebenskraft wird analog zur Menschenschöpfung zum *Lebensodem*, der die Toten anbläst (*nph* wie Gen 2,7) und sie lebendig macht (*hjah* pi.V.5.6.9.10.14)", R. ALBERTZ/C. WESTERMANN, in *THWAT* II, 737.

[56] *'adonai* fehlt in LXX; zu streichen mit *BHS*, ad 1.

[57] TM "*rûach wichjîtäm*". Dafür bietet LXX die leichtere Lesart "*rûach chajjîm*" = *pneuma zoés* in Anlehnung an Gen 6,17 und 7,15.

[58] LXX las *rûchî*, entspricht aber dem Sinn.

Odem (*rûach*) war noch nicht in ihnen". In feierlicher Weise befiehlt nun der Herr: (9)
"Weissage über den Geist (*harûach*)! Weissage, o Menschensohn! Und sage zum Geiste
(*harûach*): So spricht Gott[59] (der Herr): Geist (*harûach*), komme von den vier Winden
(*rûchôt*) und hauche diese Erschlagenen an, daß sie wieder lebendig werden." Allsogleich
führt er Gottes Befehl aus: (10) "Da kam Odem (*harûach*) in sie, und sie wurden lebendig
und stellten sich auf die Füße, ein überaus großes Heer".

2.2. In den Versen 11-14 gibt Jahweh selber des Bildes Deutung: "Menschensohn, diese
Gebeine sind das ganze Haus Israel" (V.11).

Im Auftrag des Herrn kehrt der Prophet in V.12-14 nicht mehr zum Bild der Wiederbelebung der Totengebeine zurück, sondern wechselt die Szenerie; er beschreibt die Herausführung der Leichen aus dem Grabe. Jahweh selber wird dieses Grab aufsprengen: (12)
"Darum weissage und sprich zu ihnen: So spricht der Herr: Siehe! Nun öffne ich eure Gräber und lasse euch aus euren Gräbern steigen und bringe euch heim ins Land Israel. (13) Da
werdet ihr erkennen, daß ich der Herr bin, wenn ich eure Gräber auftue und euch, mein
Volk, aus euren Gräbern steigen lasse". Erst durch die Verleihung der *rûach* werden die Leichen zu neuem Leben erweckt. (14) "Ich werde meinen Odem (*rûachî*) in euch legen, daß
ihr wieder lebendig werdet, und ich werde euch wieder in euer Land versetzen, damit ihr erkennet, daß ich der Herr bin. Ich habe geredet, und ich werde es tun, spricht der Herr".

Es fällt auf, daß Ezechiel ausdrücklich von Gott als von "*meinem Geist*" redet, was in den
rûach-Aussagen gewöhnlich vermieden wird. Man kann daraus schließen, daß über die
bloße physische Belebung auch an die *innere* Wandlung des Volkes zu denken ist, wie Ezechiel sie ja durch die Treue zu den Bundespflichten (Ez 36) und durch die beständige Gegenwart Gottes (Ez 39) für die messianische Zeit verspricht[60].

Darüber hinaus dürfte die Vision von der Auferstehung Israels geheimnisvoll auf die
Auferstehung der Toten hinweisen, wie das ausdrücklich in Dan 12,3; 2 Makk 7,9; 12,43;
14,23.36; versprochen wird. Auf Grund der Korporativpersönlichkeit, in der sich die Linien
zwischen dem Einzelnen und der Gemeinschaft überschneiden, wird die Erweckung Israels
zu neuem nationalem Leben sich voll und ganz in der Auferstehung der Toten erfüllen. Es
dürfte hier um die ganzheitliche Wirklichkeitserfassung der Auferstehungstheologie gehen[61].

3. Der Lebenshauch in der Schöpfung

Alles Leben in der Welt ist ein Ausfluß des göttlichen Lebensodems, der die ganze Schöpfung durchströmt. Nicht nur das Leben von Mensch (und Tier), nicht nur das Leben der
Nation, sondern das Dasein der ganzen Natur, das herrliche Werk der Weltschöpfung, wird
auf die *rûach* Jahweh zurückgeführt.

3.1 Die wunderbare Schöpfermacht des Herrn preist der Dichter mit den Worten:

---

[59] '*adonai* nach LXX; streiche mit *BHS, ad 1.*
[60] Vgl. W. ZIMMERLI, *Ezechiel* II, 898; D. LYS, *Rûach*, 133 Anm. 2.
[61] "Avec les symboles utilisés, il orientait les esprits vers l'idée d'une résurrection individuelle de la chair",
BJ, 1283.

Durch das Wort des Herrn sind die Himmel gemacht,
durch den Hauch seines Mundes ihr ganzes Heer
(Ps 33,6; vgl. Ijob 26,13).

Durch ein einziges *Wort* hat der Herr das unermeßliche Himmelsgewölbe erschaffen und durch den *Hauch* seines Mundes die gesamte Sternenwelt ins Dasein gerufen.

Durch Gottes allmächtiges *Wort* und allbelebenden *Hauch* ist die ganze Schöpfung aufgebaut worden:

Dienen muß dir die ganze Schöpfung;
denn ein Wort nur hast du gesprochen; schon trat sie ins Dasein.
Deinen Odem (rûach) hast du gesandt; schon schuf er sie (Jdt 16,14; vgl. Jes 11,4).

Seit dem Exil wird das göttliche *Schöpferwort* aufs engste mit der göttlichen *rûach* verbunden. Das schöpferische *Wort* des Herrn wird als *Hauch* seines Mundes aufgefaßt. Der alte Rettergott lebt noch, weil auch allmächtiger Schöpfergott.

An den angeführten Stellen stehen *Odem* und *Wort* parallel zueinander. Für den antiken Menschen ist der göttliche Hauch, der "Odem Jahwehs" der aus seinem Munde hervorgeht, der Träger des göttlichen Schöpferwortes. Das Wort Gottes ist kraftgeladen, weil es von der göttlichen *rûach* getragen und begleitet wird. Der Hauch ist das ausgesprochene Schöpferwort des Herrn[62].

Da die Fortdauer der Schöpfung eine creatio continua ist, hängt das Bestehen der ganzen sichtbaren Welt ganz und gar vom göttlichen Lebenshauch ab (vgl. Ps 104,29-30). Man hat richtig gesagt: "Gottes Geisteshauchen ist gleichsam das Atmen der Welt"[63], die solange besteht, als eben der Lebenshauch von Gott ausgeht und alles durchdringt und das schöpferische Wort trägt: "In ihm leben wir, bewegen wir uns und sind wir" (Apg 17,28).

3.2 Eine Sonderstellung nimmt die *rûach 'älohîm* im Schöpfungsbericht ein (Gen 1,2 P)[64]. Die Schilderung des Urzustandes umfaßt drei Sätze:

Die Erde war wüst und leer,
Finsternis lag über der Urflut (tᵉhôm)
und rûach 'älohîm schwebte über den Wassern (Gen 1,2).

a) Nach einigen Auslegern würde *rûach 'älohîm* hier den von Gott ausgehenden *Lebensodem* bezeichnen, der das achtmal wiederholte "Dann sprach Gott" trage und Himmel und Erde hervorbringe. Der Verfasser scheine einen inneren Zusammenhang herstellen zu wol-

---

[62] "Si cette Parole apparaît parfois douée d'efficience, c'est en vertu du souffle, de l'esprit qui l'accompagne nécessairement", bemerkt M.E. BOISMARD, *Le prologue de saint Jean* (Lectio Divina, 11), Paris 1953, 133. Und J. GUILLET sagt treffend: "Pas de mot sans émission de souffle; le souffle porte la parole qui, à son tour, donne un sens au souffle", *Thème Bibliques*, Paris ²1954, 214. - Zur inneren Verwandtschaft der zwei Begriffe siehe L. DÜRR, *Die Wertung des göttlichen Wortes im AT und im antiken Orient*, Leipzig 1938. - *Die Vorstellung in der babylonischen und ägyptischen Welt*, in *ZAW* 43 (1925) 210 - 225.
[63] E. KÖNIG, *Theologie des AT*, Stuttgart ³ u. ⁴1923, 209.
[64] Vgl. P. VAN IMSCHOOT, *L'esprit de Yahvé, source de vie dans l'AT*, in *RB* 44 (1935) 481 - 501. - W.H. McCLELLAN, *The meaning of rûach 'älohîm in Gen 1,2*, in *Bib* 15 (1934) 517 - 527. - D. LYS, *Rûach*, 176 - 184. - C. WESTERMANN, *Genesis I/1*, 147 - 150, mit reichen Literaturangaben S. 105 - 107. - Die Geschichte der Auslegung von Gen 1,2 bietet K. SMORONSKI, *"Et Spiritus Dei ferebatur super aquas"*, in *Bib* 6 (1925) 140 - 156, 275 - 293, 361 - 395.

len zwischen der über der Urflut schwebenden *rûach 'älohîm* und dem Schöpferwort "*wajjômär*", die als Hauch seines Mundes die Werke der Schöpfung erzeuge[65].

Es ist sehr wahrscheinlich, daß die Vorstellung von der grundlegenden Schöpfertat des Gottesgeistes auch hier vorliegt. Gewiß, dem Worte kommt schöpferische Kraft zu: "Gott sprach... und es wurde Licht" (Gen 1,3; vgl. V. 6.9.14.20.24.26.28), aber nur weil es vom Geiste Gottes getragen wurde. Wie ein Vogel, der über seiner Brut schwebt, flatterte der Geist Gottes über dem tohu-bohu sozusagen hin und her und verlieh dem Worte Gottes allmächtige Schöpferkraft. Das Wort Gottes und der Geist gehören zusammen, genau wie das Wort des Menschen nicht getrennt werden kann vom Hauche, der es trägt: "Durch das *Wort* des Herrn wurden die Himmel geschaffen, ihr ganzes Herr (die Sterne) durch den *Hauch* seines Mundes" (Ps 33,6; vgl. Ijob 34,14-15)[66].

Wie *tehôm* weist auch *rûach 'älohîm* auf altorientalische Kosmogonien hin, in denen die *Winde* eine Rolle spielen. So heißt es im mesopotamischen Weltschöpfungsepos *Enuma Elis*, daß Marduk die wütenden Winde in das Innere der Tiâmat (tehôm) jagte, ihren prallen Leib spaltete, aus der einen Hälfte das Himmelsgewölbe schuf und aus der anderen die Erde[67].

Aus den bösen Winden, dem Siebenwind und Vierwind, dem Südsturm und dem Orkan, dem Wirbelwind und dem Unheilswind, die im Inneren der Tiâmat Verwirrung stifteten, macht P einfach die *rûach 'älohîm*, den Gotteswind, der über der Urflut schwebte. In Anlehnung an die "Als-noch-nicht" Sätze der alten Mythen beschreibt er den Zustand vor der Schöpfung, wo *Gotteswind* über der *Urflut* schwebte. Stärker hätte P die Götterwinde und die Tiâmat nicht entmythologisieren können! Kraftvoller hätte er den großen Satz nicht schreiben können: "Am Anfang schuf *Gott* den Himmel und die Erde" (1,1)[68].

b) Andere haben die schöpferische Tätigkeit der *rûach 'älohîm* vom Zeitwort *merachefet* (Part. Pi. von rachaf) gewinnen wollen mit der Bedeutung "brüten". Man hat in unserem Vers eine Weltei-Kosmogonie vermutet und die vom alten Ägypten über Indien bis nach Japan belegbare Vorstellung vom Weltenei ableiten wollen[69].

Doch ist diese Auffassung sprachlich nicht haltbar. Denn an den zwei übrigen Stellen drückt das Zeitwort eine Bewegung aus: in Dtn 32,11 bedeutet es das "Hin- und Herflattern" des Vogels über seiner Brut; in Jer 23,9 das "Zittern" der Gebeine[70].

c) Die meisten modernen Ausleger verstehen unter *rûach 'älohîm* die Grundbedeutung "*Wind*". Die Wendung "Wind Gottes" kommt zwar im AT nicht vor. Man hat nun *'älohîm* adjektivisch in steigernder Funktion genommen, als Superlativ im Sinne von einem mächti-

[65] So J. HEHN, in *ZAW* 43 (1925) 220. - P. VAN IMSCHOOT, in *RB* 44 (1935) 491 - 492 (= *Théologie de l'AT* II, 33). - D. LYS, *Rûach*, 176 - 184. - L. DÜRR, *Die Wertung des göttlichen Wortes*, 151.

[66] "L'acte créateur est déjà une pentecôte, une effusion première et permanente de l'Esprit de vie", note F.-X. DURRWELL, *L'Esprit Saint de Dieu*, Paris 1983, 30. Anders *BJ*, 31d: "Il ne s'agit pas ici de l'Esprit de Dieu et de son rôle dans la création. Celle-ci sera l'oeuvre de sa parole".

[67] Text bei *ANET*, 66 - 67.

[68] Vgl. C. WESTERMANN, *Genesis*, 147 - 150.

[69] So u.a. H. GUNKEL, *Genesis*, Göttingen ⁷1966, 104.

[70] Diese Deutung "kann heute als endgültig abgewiesen gelten", C. WESTERMANN, *Genesis* I/1, 148. Im gleichen Sinn D. LYS, *Rûach*, 128 Anm. 1. - W.H. SCHMIDT, *Die Schöpfungsgeschichte*, 83 - 84. - Vulg. "ferebatur" mit LXX. Eine kurze Inhaltsangabe der phönizischen Kosmogonie siehe bei P.E. TESTA, *Genesi*. Introduzione - Storia Primitiva, Torino-Roma 1969, 39.

gen, furchtbaren Sturm. Ähnlich bedeuten die "Stimmen Gottes" (Ex 9,28) den mächtigen
Donner, die "Berge Gottes" (Ps 36,7) die gewaltigen Berge[71].
Ein Blick auf die alten Kosmogonien drängt diese Deutung geradezu auf. Es ist bereits auf
das Weltschöpfungsgedicht *Enuma Elis* hingewiesen worden. In sumerischen, ägyptischen
oder phönizischen Weltentstehungsberichten spielt der *Wind* ebenfalls eine wichtige Rolle.
In einer phönizischen Darstellung über die Weltentstehung wird erzählt, daß im Urzustand
der Welt eine hauchartige Luft über einer schlammigen, finsteren Urmasse geweht habe.
Aus der Vermischung der zwei Urprinzipien sei dann die gestaltete Welt geworden.

In Anlehnung an diese Kosmogonie dürfte der priesterliche Erzähler das Zeitwort *rachaf*
"zitternd schweben" und die Wendung *rûach 'älohîm* "Gotteswind" gewählt haben, um die
in jener Finsternis anwesende unruhige Bewegung auszudrücken, die als mächtiger Wind
über der Urflug hin- und herflatterte[72]. Es ist aber bezeichnend, "daß der biblische Zeuge im
Unterschied zu der erwähnten phönizischen Erzählung der Welt nicht wachstümlich aus
der zeugenden Vermischung von Gotteswind und Urflut entstanden weiß, sondern allein
aus dem gebietenden Wort des schaffenden Herrn. Der *Gotteswind* wird kein Aufbauele-
ment der geschaffenen Welt"[73].

Die Deutung der *rûach 'älohîm* als "Gotteswind", als starker, von Gott ausgesandter
Wind wird heute von den meisten Auslegern angenommen, z.B. von W.H. SCHMIDT,
E.A. SPEISER (AB), G. VON RAD (ATD), W. ZIMMERLI (ZBK), C. WESTERMANN
(BKAT I/1), W.H. McCLELLAN usw.[74].

Creatio ex nihilo in Gen 1,2 ?

Nach jüngsten Studien beschreibt Gen 1,2 P den Zustand vor der Weltschöpfung. Die
drei Sätze: "Die Erde war wüst und leer - Finsternis lag über der Urflut (*tehôm*) - und *rûach
'älohîm* schwebte über den Wassern" entsprechen den "Als-noch-nicht" Sätzen der heidnischen Kosmogonien, z.B. im Marduk-Epos Enum Elis: "Als droben der Himmel nicht
genannt war, drunten die Feste einen Namen nicht trug"[75]. Diese literarischen Abhängig-
keiten von den alten Mythen sollen uns leiten in der Lösung der Frage einer *creatio ex nihilo*[76].

---

[71] Vgl. W.H. SCHMIDT, Die Schöpfungsgeschichte, 84, Anm. 1. - C. WESTERMANN, Genesis I/1, 148 -
149. - Zu Ps 36,7 "Berge Gottes" bemerkt E. OSTY, La Bible, Paris 1973, 1194: "Équivalent d'un superlatif:
les plus hautes montagnes". Vgl. Jes 59,19 rûach Jahweh = der Jahweh-Sturm.
[72] Vgl. W. ZIMMERLI, 1. Mose 1-11. Die Urgeschichte, Zürich 31967, 43 - 45. Siehe noch S. MOSCATI,
The Wind in Biblical and Phoenician Cosmogony, in JBL 66 (1947) 305 - 310. - Zur ägyptischen Kosmogonie
vgl. R. KILIAN, Gen 1,2 und die Urgötter von Hermopolis, in VT 16 (1966) 420 - 438. Eine Stellungnahme
zur Herkunft von mesopotamischen, ägyptischen oder phönizischen Kosmogonien bietet C. WESTER-
MANN, Genesis I/1, 149 - 150.
[73] W. ZIMMERLI, 1 Mose 1-11, 44
[74] "Die Übersetzung von rûach 'älohîm als "Gottessturm", i.S.v. 'gewaltiger Sturm' läßt die Absicht des
Vf.s erst deutlich werden", sagt W. EICHRODT, Theologie des AT II/III4, 25 Anm. 6. Siehe noch A. STÖ-
GER, Gott und der Anfang, München 1964, 37: "Furchtbarer Sturm"; BJ, NEB.
[75] Andere Beispiele siehe bei C. WESTERMANN, Genesis, 59 - 64.
[76] Vgl. C. WESTERMANN, Genesis, 150 - 152.

Seit den Zeiten der Urkirche bis heute haben Exegeten und Theologen Gen 1,2 im Sinne einer *creatio ex nihilo* ausgelegt. Diese Lehre ergebe sich aus der Exegese des Textes. Andere Schriftausleger meinen, unser Text rede zwar nicht ausdrücklich von ihr, sie liege aber in der Linie dessen, was P von der Schöpfung sage. Wieder andere sind der Ansicht, für P hätte das Problem noch nicht bestanden; wenn er aber die Frage untersucht hätte, wäre er für die creatio ex nihilo eingestanden. Heute suchen immer mehr Exegeten den "Sitz im Leben" in der babylonischen Kosmogonie; sie erklären, daß P nicht von einer creatio ex nihilo rede oder daß die Darstellung der Schöpfung durch P eine vor der Schöpfung vorhandene Materie voraussetze.

Diese Alternative - *creatio ex nihilo* oder vor der Schöpfung schon vorhandene Materie - ist einem Kausalitätsdenken entsprungen, das P fernliegt. Ihm geht es nicht um die Frage nach einem Woher. Allein schon die Tatsache, daß das Zeitwort *bara*, von keiner Präposition begleitet wird (z.B. "*min*", "von"), beweist, daß es P nicht um diese Frage ging. Die Eigenart des biblischen Schöpfungsberichts liegt darin, daß er nur Aug und Ohr ist für den Schöpfer: *Gott* hat die Welt geschaffen. Mehr kann P noch nicht sagen. Der Satz, daß Gott die Welt aus Nichts geschaffen habe, sagt nicht mehr, sondern sagt weniger als der lapidare Satz, daß Gott die Welt geschaffen hat. Die Frage einer *creatio ex nihilo* hat nichts zu tun mit Gen 1,2.

Diese Lehre wird zum ersten Mal ausdrücklich in der späteren Weisheitsliteratur unter dem Einfluß der griechischen Philosophie dargelegt werden. Nach 2 Makk 7,28 hat Gott Himmel und Erde "aus dem Nichts" erschaffen, d.h. "nicht aus dem Seienden": ouk ex on-ton epoiesen auta theos [77].

Wir schließen die kurze Untersuchung mit den Worten der BJ, 31b: "Il ne faut pas y introduire la notion métaphysique de création *ex nihilo*, qui ne sera pas formulée avant 2 M 7,28, mais le texte affirme qu'il y eut un commencement au monde: la création n'est pas un mythe atemporel, elle est intégrée à l'histoire dont elle est le début absolu"[78].

III. Geist des Herrn

Auf der dritten Stufe führt der Weg vom "Windhauch" über den "Lebenshauch" zum *Geist Gottes*, der im Leben des Menschen mächtig wird. Wenn auch ein und dasselbe Wort *rûach* den Wind, den Atem und den Geist bezeichnet, bricht hier ein durchaus neues Phänomen auf, das - anders als Wind und Atem - nur noch mit spezifisch religiösen Kategorien beschrieben werden kann. Die *rûach Jahweh* ist nur noch eine religiöse und damit personale Wirklichkeit. Sie wirkt aber auf den Menschen nach Art von Windhauch und Odem: als das Belebende, das Dynamische. "Das entscheidende Merkmal der alttestamentlichen Geistvorstellung ist der absolute Anschluß an die Personalität Gottes... Trotz poetischer Personifikation (z.B. 2 Sam 23,2; Hag 2,5 u.a.) gibt es im Alten Testament keine Verselbständigung

---

[77] Einige griechische HSS lesen "ex ouk onton" "aus dem nicht Seienden": eine Formel, die für Filo den "formlosen Stoff" von Weis 11,17 bezeichnet: "   ktisasa (cheir) ton kosmon ex amorfon hylés". "Deine allmächtige Hand hat die Welt aus ungeformtem Stoff gestaltet". Vgl. C. WESTERMANN, Genesis, 152, BG, 975j; P. VAN IMSCHOOT, Théologie de l'AT I, 98 Anm. 6.

[78] Vgl. OSTY, 1076 zu 2 Makk 7,28: "Texte capital - le plus ferme de tout l'AT - concernant la création ex nihilo".

des Geistes. Er ist die personeigene Potenz des handelnden Gottes, immer nach Art des Atems zu ihm gehörend und in Verbindung mit dem Ursprung stehend... Diese Potenz wird in ihren Wirkungen beschrieben"[79].

Merkmale

Aus den bisherigen Ausführungen können wir schließen:

a) Sehr wahrscheinlich wird von der Grundbedeutung *Lufthauch* oder Wind über den *Lebenshauch* der Begriff des *Lebensprinzips* abgeleitet: der "Atem" ist ja das Zeichen des Lebens. Leben und Weben aller Geschöpfe und der ganzen Welt hängen in ihrer Existenz und Fortdauer vom lebenschaffenden Hauch ab.

b) Da heftige innere Erregungen des Menschen seinen Atem in Mitleidenschaft ziehen, wird *rûach* als psychologischer Terminus zur Bezeichnung der irasziblen Leidenschaften sowie im weiteren Sinne von Gemütszuständen verwendet.

Auf Grund einer weiteren einfachen Verallgemeinerung wird dann *rûach* zum Sitz und Träger höheren seelisch-geistigen Lebens, der Denk- und Willensbestätigung.

c) Den Lebenshauch denkt sich der religiöse Hebräer nach altorientalischer Auffassung anthropomorphistisch als von der Gottheit, dem Urquell alles Lebens (Ps 36,10), ausgehend: sei es, daß er unmittelbar aus den Tiefen der Gottheit quillt (Gen 2,7; Ijob 34,14; Ps 104,29-30), sei es, daß er im Reiche der Lüfte weht (Ez 37,9). Die *rûach* im Menschen als deren irdischem Träger ist göttlichen Ursprungs. Alles Leben stammt von Gott: es ist deshalb letzten Endes ein göttliches Leben, das im Menschen flutet. Das paulinische "In ipso enim vivimus et movemur et sumus" (Apg 17,28) entspricht genau dieser alttestamentlichen Vorstellung.

Der Geist des Herrn ist allwissend und allgegenwärtig (Ps 139,1.7-12), ja er erfüllt, belebt und hält das unermeßliche Weltall zusammen (Weish 1,7). Trotz der innigen Verbindung zwischen Jahweh und dem Menschen durch den göttlichen Lebenshauch wird diese göttliche Lebenskraft doch nie mit dem Menschen oder der Natur identifiziert. Die machtvolle, überragende Persönlichkeit Jahwehs duldete auch nicht einen Schatten von pantheistischem oder polytheistischem Einschlag. "Wo der Heide eine Fülle verschiedener Lebens- und Geistermächte sah, da wurde für den Israeliten die welterfüllende Macht des einen Gottes offenbar, der kraft seines Lebenshauches die Mannigfaltigkeit der Welt von sich abhängig macht und auf sich bezieht... War so mit der *Abwehr der polytheistischen Weltauffassung* doch auch der Abweg in einen starren Deismus vermieden, so verhinderte die gewaltige Herrscherpersönlichkeit Jahves den Mißbrauch des Geistbegriffes zu einer *pantheistisch-mystischen Welterklärung*, die auf dem Anteil der Kreatur am göttlichen Lebensgeist die naturgegebene Einheit von Schöpfer und Geschöpf aufzubauen gewagt hätte"[80]. Diese Lehre vom Geiste des Herrn als der Quelle alles Lebens in der Welt und im Menschen war einer der mächtigsten Träger des reinen Jahwismus im Alten Testament.

d) Auf Grund seiner auf das Konkrete ausgerichteten Denkart interessiert sich der alte Hebräer mehr um das, was die *rûach* wirkt als um das, was sie ist. Es ist bezeichnend, daß kein einziger Text vorliegt, in dem *rûach* sicher als etwas vollständig Immaterielles, rein Geistiges aufgefaßt würde. In der klassischen Stelle Jes 31,3 wird die *rûach* dem Fleisch ge-

---

[79] I. HERMANN, Heiliger Geist, in HThG I, München 1962, 643.
[80] W. EICHRODT, Theologie des AT II/III4, 25 - 26.

genübergestellt nicht wie das Unstoffliche dem Stofflichen, sondern wie das Starke dem Schwachen.

Die anschaulichen Bilder, mit denen man das vielgestaltige Wirken der *rûach* schildert, lassen zum Teil noch erkennen, wie man sich dieses "geistige" Prinzip dachte. Wenigstens ursprünglich stellt man sich den Geist des Herrn als "Windhauch" und als "Lebenshauch" vor. Diese sinnlich-konkrete Auffassung der *rûach* dürfte am ehesten noch in den Schöpfungstexten erkennbar sein. In der Vision von den Totengebeinen wird dem "Odem" befohlen, von den "vier Winden" (*rûachôt*), d.h. aus allen Himmelsrichtungen, heranzuwehen und die leblosen Skelette anzublasen, daß sie lebendig werden (Ez 37,9; vgl. Joh 3,8). Ähnlich wird die Erschaffung des ersten Menschen beschrieben. Es heißt da, daß Jahweh ihm den "Lebensodem" in die Nase "hauchte" (Gen 2,7; vgl. Ijob 34,14; Ps 104,29-30; Weish 1,7). Das an beiden Stellen verwendete Zeitwort *nafach* scheint noch auf die naturhafte, sinnlich anschauliche Bedeutung des "Geistes" oder der "Seele" hinzuweisen. L. DÜRR schreibt über die altorientalische Geistesvorstellung: "Auch das Geistige ist für ihn eine Art feiner, wenn auch feinster Stoff, etwa im Sinn unseres astral-ätherisch, oder ein sinnliches Kraftzentrum, von dem alle geistigen Kräfte ausgehen"[81].

Wenn man den alten Hebräern auch kein großes Abstraktionsvermögen zutrauen darf, muß man sich aber doch hüten, alle Bilder, mit denen sie Mitteilung und Wirkung der *rûach* Jahweh schildern, im buchstäblichen Sinn aufzufassen, wie es z.B. P. VOLZ in seinem Werke über den Gottesgeist tut. Außerhalb der Schöpfungstexte liegen wohl nur übertragene Redensarten vor, um das geistige Wirken des Gottesgeistes anschaulich dem konkret denkenden Hebräer faßlich zu machen. So wird in einer Reihe von prophetischen Stellen die *rûach* Jahweh unter dem Bild einer Flüssigkeit, eines "Fluidums" beschrieben: Jahweh *gießt aus* einen "Geist aus der Höhe" (Jes 32,15) oder "seinen Geist" (Jes 44,3; Ez 39,29; Joel 3,1) oder "den Geist der Gnade und des Flehens" (Sach 12,10) über das messianische Volk. In diesen Texten ist sicher nicht an ein "Fluidum" gedacht, das Jahweh über das Volk ausschüttet[82], sondern eher an eine von Jahweh ausgehende Kraft unter dem Bilde des Regens. Man darf nicht vergessen, daß die Bilder in Palästina entstanden sind, wo der Regen, der die dürstenden in grüne Auen und fruchtbare Triften umwandelt, das treffendste Bild der göttlichen Segnungen ist. Es ist darum ganz natürlich, die verschwenderische Fülle der messianischen Heilsgüter unter dem ansprechenden Bilde eines befruchtenden Regens dem Geiste des Herrn zuzuschreiben.

Es ist ein Gesetz jeden Sprachgebrauchs, daß selbst die malerischsten Bilder mit der Zeit verblassen und schließlich als technische Formeln verwendet werden. Das trifft auch bei der Geistesvorstellung zu. Die oben erwähnten und ähnliche Redensarten[83] sind gewählt, um die Einwirkung des Gottesgeistes auf Ursprung und Dasein des Menschen, der Nation und der Welt in recht konkreter und faßlicher Weise darzustellen. In Gott ist die *rûach* eine

---

[81] L. DÜRR, Die Wertung des göttlichen Wortes, 144; siehe ferner S. 148, 151 und 155. - W. OESTERLEY vertritt auch die stoffliche Geistvorstellung: "Man's spirit was conceived of as composed of the same light aerial substance as the wind", Immortality and the Unseen World, London 1921, 19. - R. KOCH, Geist und Messias, 26 Anm. 50.

[82] So P. VOLZ, Der Geist Gottes, 72.

[83] Eine Übersicht der Terminologie bietet L. KÖHLER, Theologie des AT, 96 - 98, 124 - 125. - P. VAN IMSCHOOT, L'action de l'esprit de Yahvé dans l'AT, in RScPhilTh 23 (1934) 576 - 578.

Kraft, die alles erschafft und belebt, oder besser, es ist Gott selber, der seine schöpferische Tätigkeit entfaltet. In den Geschöpfen waltet die *rûach* als Lebensquelle und als Lebenskraft, die von Gott stammt, aber von ihm verschieden ist.

Die charakteristischen Eigenschaften, die der Hebräer dem "Winde" zuschreibt, Unsichtbarkeit und geheimnisvolle Kraft[84], treten auf allen Stufen des vielseitigen Sprachgebrauchs der *rûach* mehr oder weniger stark hervor, wenn auch am Ende der langen Entwicklung der urtümliche Sinn kaum noch mitempfunden wurde. So werden, wie das Leben selbst, auch geheimnisvolle und unerklärliche, unheimliche und stürmische Wirkungen dem Gottesgeiste zugeschrieben. Auf diese Weise ist ein einheitliches Erklärungsprinzip für die ganze abgestufte Begriffsentwicklung vom ursprünglichen "Windhauch" über den "Lebenshauch" zu den außergewöhnlichen Wirkungen des «Gottesgeistes» gegeben.

---

[84] Für den Morgenländer ist der Wind gleichbedeutend mit unwiderstehlicher und unheimlicher Macht. Es ist bekannt, mit welch ungeahnter Heftigkeit gerade in Palästina die Winde auftreten. Am meisten gefürchtet ist der Ostwind, der mit hemmungsloser Gewalt und verheerender Wirkung über das Land dahinstürmt. Siehe Ex 4,21; 1 Kön 19,11; Ijob 1,19; Ps 48,8; Ez 27,26; Joh 1,4. Vgl. G. DALMAN, Arbeit und Sitte in Palästina I, Gütersloh 1928, 108 - 109; 315 - 317. - ThWNT VI, 333.

Excursus: Der böse Geist

Der *rûach* werden öfters auch psychische Wirkungen meistens pathologischer Art zuge-schrieben. Diese ins Krankhafte oder Bösartige reichenden Gemütszustände werden bis heute vielfach als Verfallenheit an "böse Mächte" oder "böse Geister" aufgefaßt[85]. So kommt der "Geist der Eifersucht" über einen Gatten (Num 5,14.14.30); ein "Geist der Hurerei" hat Israel verführt (Hos 4,12; 5,4); Jahweh wird die falschen Propheten und den "Geist der Unreinheit" aus dem Lande vertreiben (Sach 13,2); der hat hat einen "Geist des Taumelns" (Jes 19,14) und einen "Geist des Tiefschlafs" (Jes 29,10) ausgegossen.

Ein "böser Geist, der von Jahweh kam" (1 Sam 16,14), quälte den König Saul, ein "böser Geist Gottes" (1 Sam 16,15.16; 18,10), ein "Geist Gottes" (1 Sam 16,23), der "böse Geist" (1 Sam 16,23), ein "böser Geist von Jahweh" (1 Sam 19,9).

Gott schickt einen "bösen Geist", der Zwietracht (Ri 9,23) und der Verwirrung (2 Kön 19,7 = Jes 37,7) stiftet. Der Herr hat einen "Geist der Lüge" in den Mund der Hofprophe-ten gelegt (1 Kön 22,23 = 2 Chr 18,22).

Nicht zur Diskussion steht 1 Kön 22,23, wo *rûach* männlich (!) in der Einzahl einen persönlichen Geist, einen Dämon bezeichnet (siehe unten).

1. In der Deutung aller übrigen Texte gilt es, eine zweifache Klippe zu umgehen.

Auf Grund der vergleichenden Religionsgeschichte sehen meistens protestantische Exege-ten in der *rûach-racah* ursprünglich einen Dämon. "Daß eine unpersönliche Macht ein Dä-mon werden kann, ist selbstverständlich"[86].

Andere meist katholische Erklärer verstehen unter dem "bösen Geist" die Personifika-tion einer unpersönlichen Macht, ähnlich wie unter dem "Geist des Taumelns" (Jes 19,14), dem "Geist des Tiefschlafs" (Jes 29,10), dem "Geist der Weisheit" (Ex 28,3; Jes 11,2), dem "Geist des Gerichts und der Läuterung" (Jes 4,4), "nichts anderes als eine von Gott bewirkte Gemütsbewegung"[87]. Diese Schriftdeuter weisen auf den biblischen Sprachgebrauch hin, wonach *rûach* auf Grund des Zeit- oder Eigenschaftswortes (1 Sam 16,14 und 1 Sam 16,16; Ri 9,23) oder aller beiden (1 Sam 16,14; 19,9) weiblichen Geschlechts ist, und daher kein Dä-mon mehr ist wie in 1 Kön 22, sondern eine unpersönliche Macht[88].

---

[85] Vgl. einige Hinweise bei R. KOCH, Geist und Messias, Wien 1950, 37 - 44. - P. VAN IMSCHOOT, Théologie de l'AT I, 194 - 195; ID., Théologie de l'AT II, 28 - 30. - D. LYS, Rûach dans l'AT, 44 - 48, 54 - 58 und passim. - W. EICHRODT, Theologie des AT II/III4, 30 - 31. - P. VOLZ, Der Geist Gottes, Tübingen 1910. - H. KAUPEL, Die Dämonen im AT, Augsburg 1930. - R. ALBERTZ/C. WESTERMANN, ruah Geist, in THWAT II, 739 - 740.

[86] J. HEMPEL, Gott und Mensch im AT, Stuttgart 1936 , 104 Anm. - P. VOLZ, Der Geist Gottes, 21. - H. HAAG ist nicht weniger kategorisch: "Jahwe sendet einen bösen Dämon (1 Sam 16,14 f.)... Ein unheimli-cher, hinterlistiger, unberechenbarer Gott! Nicht zu Unrecht hat man daher vom Dämonischen in Jahwe ge-sprochen", Vor dem Bösen ratlos ?, München-Zürich 1978, 43 und 44. Der Schweizer Exeget beruft sich auf W. PANNENBERG, Aggression und die theologische Lehre von der Sünde, in Zeitschrift für Evangelische Ethik 21 (1977) 161 - 173. Vgl. noch R. KOCH, Geist und Messias, XX-XXII.

[87] P. VAN IMSCHOOT, Geist, in ID., Einsiedeln-Zürich-Köln 1968 , 535.

[88] Vgl. D. LYS, Rûach, 48. Zu den Stellen aus Ri und 1 Sam sagt LYS auf der gleichen Seite: "Nous nous trouvons devant une dépersonalisation consciente du terme". - Siehe ferner P. VAN IMSCHOOT, L'action de l'esprit de Yavé dans l'AT, in RScPhilTh 23 (1934) 574 - 576; Ders., Théologie de l'AT I, 194 Anm. 2. - W. EICHRODT, Theologie des AT II/III, 30 - 31. - Zu 1 Sam 16,14 bemerkt E. OSTY, 579: "Pour les auteurs bi-

2. Das AT kennt keine ausgebildete Dämonologie. Sie ist nur wenig entwickelt. Die Aussagen stimmen im großen ganzen darin überein, daß die *rûach-racah* als eine von außen kommende Macht dargestellt wird, die psychische Wirkungen hervorbringt. Der *Sitz im Leben* des "bösen Geistes" dürfte im Babylonischen beheimatet sein, wo dem guten Wind (vgl. hebr. rûach/Wind) der böse als Bringer von Krankheiten und als Dämon gegenübergestellt wird. Es sind die gleichen existentiellen Erfahrungen, die hinter dem babylonischen "Dämonglauben" und der biblischen *rûach-racah* stehen[89].

Seit ältester Zeit hat Israel versucht, die weitverbreiteten heidnischen Dämonenvorstellungen zu "exorzisieren". In diesem Reinigungsprozeß haben die biblischen Verfasser jedoch nicht immer das Gold des reinen Jahwismus von allen Schlacken des babylonischen Teufelsglaubens reinigen können. Im Zuge der Entmythologisierung trifft man noch Überbleibsel aus der babylonischen Dämonologie an, ein Helldunkel der Texte[90].

Wenn eine ganze Reihe von bösen Wirkungen der *rûach* zugeschrieben werden, wie krankhafte Eifersucht, Hurerei, Unreinheit, Taumel, Tiefschlaf (1 Sam 16,18-23; 18,10; 19,9 usw.), so dürfte ihr eine gewisse Eigenständigkeit zukommen. Das AT unterscheidet sich jedoch von den heidnischen Anschauungen dadurch, daß die böse Geistesmacht dem strafenden Gott unterstellt wird und nicht als selbständig wirkender, unberechenbarer Dämon dasteht[91].

Auch da, wo es heißt, daß ein "böser Geist, der von Jahweh kam" den König Saul quälte (1 Sam 16,14), ein "böser Geist Gottes" (1 Sam 16,15.16; 18,10), ein "böser Geist" (1 Sam 16,23), ein "böser Geist Jahwehs" (1 Sam 19,9)[92], wird der "böse Geist" niemals direkt als "Geist Jahwehs" benannt. In 1 Sam 19,9 wird der "Geist des Herrn" als *böse* gekennzeichnet, als eine von Jahweh gesandte *rûach*. Der "böse Geist" wird also nicht mit Jahweh gleichgesetzt. Wenn Jahweh den "bösen Geist" sendet, der Zwietracht (Ri 9,23) oder Verwirrung heraufbeschwört (2 Kön 19,7 = Jes 37,7), behält die *rûach-racah* eine "gewisse eigene Aktivität"[93].

3. Eine Sonderstellung nimmt der Bericht von der Vision des Micha ein (1 Kön 22,19-23 = 2 Chr 18,18-22).

Vom König Ahab über die Aussichten des Feldzuges gegen die Feste Ramot-Gilead befragt, sagt der Prophet Micha ganz im Gegensatz zu den Hofpropheten, die alle wie aus ei-

---

bliques, bonnes et mauvaises dispositions sont toutes rapportées à Yahvé, comme la cause première". Ebenso BJ, 330 d.

[89] Vgl. J. HEHN, Zum Problem des Geistes im alten Orient und im AT, in ZAW 43 (1925) 221.

[90] Zu den Texten aus Ri, 1 Sam und 1 Kön sagt D. LYS, Rûach, 47, Anm. 1: "Une formulation résiduelle où r. n'est plus démon, ni conduisant vers les textes les plus récents", Rûach, 47 Anm. 1. "Ces vieux textes... conservent cet aspect (démoniaque) comme un résidu en démythisant des notions antérieures au profit du monothéisme yahwiste", ebd. - Num 5,14.30 wertet er als "comportement quasi démoniaque" (S. 207).

[91] Vgl. W. EICHRODT, Theologie des AT II/III4, 30.

[92] LXXB = theou 'älohîm!

[93] R. ALBERTZ/C. WESTERMANN, in THWAT II, 740. Mit Bezug auf Ri 9,23; 1 Sam 16,14b.15-16.23; 18,10-11; 19,8-9; 1 Kön 22,19-23 gibt P. VAN IMSCHOOT zu "Rûach in der Einzahl scheint gelegentlich einen persönlichen Geist zu bezeichnen...; doch ist diese Bedeutung nur für 1 Kön 22,21 gesichert", in BL, 535. "Diese Stellen verwehren es, Jahwe dämonistische Züge zuzuschreiben", G. GERLEMANN, Geist II., in RGG II3, Tübingen 1958, 127.

nem Munde einen glücklichen Ausgang verheißen, den völligen Mißerfolg des Krieges voraus:

> *Ich sah den Herrn auf seinem Throne sitzen; das ganze Heer des Himmels stand zu seiner Rechten und seiner Linken. Und der Herr fragte: Wer will Ahab betören, so daß er nach Ramot-Gilead hinauszieht und dort fällt? Da hatte der eine diesen, der andere jenen Vorschlag. Zuletzt trat der Geist (harûach) vor, stellte sich vor den Herrn und sagte: Ich werde ihn betören. Der Herr fragte ihn: Auf welche Weise? Er gab zur Antwort: Ich werde mich aufmachen und zu einem Lügengeist (rûach säqär) im Munde all seiner Propheten werden. Da sagte der Herr: Du wirst ihn betören; du vermagst es. Geh und tue es! So hat der Herr jetzt einen Geist der Lüge in den Mund all deiner Propheten gelegt; denn er hat über dich Unheil beschlossen (VV. 19,23).*

Daß der Lügengeist nicht mit Jahweh identisch sein kann, geht schon daraus hervor, daß nicht die Rede ist von der *rûach Jahweh*, sondern einfach von einem *harûach*, der sich Jahweh als Werkzeug anbietet. So ist der *Geist* an unserer Stelle "deutlich ein von Gott verschiedenes, körperloses und vernünftiges Wesen, das unsichtbarerweise dem Menschen naht und ihm Verstand und Lippen dirigiert. Somit ergibt sich aus unserem Vers der Glaube an höhere, geistige Wesen, welche zu Jahve in viel engerer Beziehung stehen als der Mensch"[94]

4. Die mit anschaulicher Lebhaftigkeit geschilderte Szene erinnert unwillkürlich an den Hofstaat Jahwehs im Buche Ijob (Ijob 1 u. 2.)[95].

Aus der himmlischen Ratsversammlung tritt der Widersacher = *hassatan*[96] vor den Herrn, der ihn ermächtigt, Ijob um seine Söhne und Töchter, um sein Hab und Gut zu bringen (Ijob 1,6-12; 2,1-7)[97]. Hier tritt der Satan noch nicht als der große Gegenspieler Gottes auf den Plan. Er steht im Dienste Jahwehs, übt aber doch eine gewisse eigene Aktivität aus, wie *harûach* in der Vision des Micha (1 Kön 22,21).

Bezeichnend in dieser Hinsicht ist die doppelte Fassung des Berichtes von der durch David veranstalteten Volkszählung, die Jahweh schwer mißfiel. Nach 2 Sam 24,1 reizte *Jahweh* in seinem Zorne den König David, die sträfliche Tat auszuführen. Im jüngeren Text 1 Chr 21,1 ist es *Satan*, der dazu antrieb[98].

In den zwei Szenen (1 Kön 22 und Ijob 1-2) nehmen "der Geist" und "der Satan" eine mittlere Stellung ein in der Entwicklung der alttestamentlichen Lehre von den Dämonen. Wurde in alter Zeit das Böse ohne weiteres auf Jahweh zurückgeführt (2 Sam 24,1), ist nach den Aussagen des späten Judentums (1 Chr 21,1) ein verbissener Kampf entbrannt zwischen

---

[94] A. SANDA, Die Bücher der Könige I, Münster i.W. 1911, 495. - H.B. SWETE sagt zu unserem Text: "It is incredible that the sacred writers intend to identify the "good spirit" (Ps 143,10) with the power which inspired Saul jealousy and the prophets of Ahab with lying words. The evil spirit is from God and is God's, in as much as it is His creature and under His control; but it is not His personal energy", Holy Spirit, in DB (Hastings) 2 (1900) 404. - "C'est le seul texte hébreu de l'AT dans lequel un être céleste soit appelé un esprit sans plus", P.VAN IMSCHOOT, Théologie de l'AT I, 116 Anm. 1. - Im gleichen Sinn E. JACOB, Théologie de l'AT, Paris 1955, 100. Siehe noch D. LYS, Rûach, 44 - 48, 54 - 58, 219 Anm. 1.

[95] Vgl. J. LÉVÊQUE, Job et son Dieu (Etudes Bibliques) I, Paris 1970, 179 - 190.

[96] satan mit Artikel ist hier wie in Sach 3,1 noch kein Eigenname.

[97] Die auffallende Ähnlichkeit der zwei Szenen veranlaßte die textkritisch nicht berechtigte Ersetzung des harûach in 1 Kön 22,21 mit hassatan. Vgl. *BHS*, ad 1.

[98] Das Wort ohne Artikel ist nun Eigenname.

der übernatürlichen bösen Geistesmacht und der Macht Gottes, zwischen Satan und Christus, der die Dämonen austrieb[99].

[99] Vgl. F. MICHAELI, Les Livres des Chroniques, d'Esdras et de Néhémie (Commentaire de l'AT XVI), Neuchâtel 1967, 113.

2. Kapitel

DIE WIRKUNGEN DER RUACH JAHWEH IN DER BUNDESGESCHICHTE

Wir haben festgestellt, daß die biblischen Verfasser das Leben des Menschen, der Nation und der Welt auf die *rûach Jahweh* zurückführen. Es war in vielen Stellen zu beobachten, "wie die konkreten Bedeutungen 'Wind' und 'Atem' in einen nicht mehr sinnlich wahrnehmbaren Bereich vorstießen, ohne allerdings damit weniger real zu sein. Man mag hier 'Geist' übersetzen, man mag auch von einer 'übertragenen Bedeutung' reden, doch muß man sich im klaren sein, daß die Übergänge fließend sind, weil die geheimnisvolle im Wind und Atem wirksame Kraft von vornherein offen ist auf Gott hin. Darum ist der spezifische theologische Gebrauch von *rûach* als Geist Jahwehs oder Geist Gottes weder terminologisch noch sachlich scharf von dem 'profanen' Gebrauch abgegrenzt"[1].

Die *rûach Jahweh* ist auch jene geheimnisvolle, von Gott ausgehende Kraft, die machtvoll in die *Geschichte* des Bundesvolkes einbricht, dessen wechselreiche Schicksale wundersam lenkt und leitet zu dem Zwecke, ein heiliges Gottesvolk zu schaffen. In diesem Einbruch des lebendigen Gottes in die Geschichte Israels offenbart sich die ganze Größe und Einzigartigkeit der alttestamentlichen Religion. Verehrte man in den Gottheiten des kanaanäischen, ägyptischen und assyrischen Götterhimmels Naturgottheiten, war der alttestamentliche Gott hauptsächlich ein *Bundes- und Geschichtsgott*. Da werden die geheimnisvollen, alle menschliche Einsicht übersteigenden und alle menschliche Kraft überbietenden Worte und Taten auserkorener Gottesmänner mit Vorliebe auf die Wunderkraft des Gottesgeistes zurückgeführt.

Diese Geisteswirkungen sind durchwegs *physisch-psychischer* Art. Die *rûach Jahweh* ist hier in der Welt des Charismas beheimatet (I).

Daneben wird die *rûach Jahweh*, wenn auch selten und spät, als *sittliche* Lebenskraft aufgefaßt und dargestellt. Mit der religiös-sittlichen Färbung der *rûach* ist ein Höhepunkt der alttestamentlichen Bundesmoral erreicht (II).

I. Die charismatischen Wirkungen

Im Wirkungsbereich des Charismas läßt sich eine zweifache Periode unterscheiden. In den Helden der alten Zeit wirkt die *rûach Jahweh* regelmäßig nur als eine *vorübergehende* Kraft. Auf den politischen und religiösen Führern der späteren Zeit ruht sie als *bleibende* Gabe.

---

[1] R. ALBERTZ/C. WESTERMANN, *ruah Geist*, in *THWAT* II, München-Zürich 1976, 742.

1. Vorübergehende Wirkungen

In den ältesten Texten wird die *rûach Jahweh* als intermittierende Kraft aufgefaßt, über die der Mensch keine Macht hat. Urplötzlich überwältigt sie ihn. Durch solche fremdartige und zwangsmäßige Erlebnisse "fühlt man sich... unmittelbar vor den göttlichen Herrn gestellt, dessen Majestät im Menschen nicht nur Seligkeit, sondern auch Furcht und Zittern auslöst"[2].

1.1. Das charismatische Führertum

Den religiösen Charismatikern erschien vor allem die *Richterzeit* als die ideale Zeit unmittelbarer göttlicher Leitung. Diese Geistesauffassung hat ihre Wurzeln in den alten Heldengeschichten, wonach die *rûach Jahweh* den Helden der alten Zeit plötzlich überwältigt und ihn zum Siege über alle feindlichen Mächte des Jahwismus führte. "Urtümlicher als in den Erzählungen vom Jahwekrieg bewirkt die *rûach Jhwh* hier eine augenblickliche Steigerung der Vitalität und Kraft, die ... primär Machtdemonstration ist"[3].

Den Richtererzählungen (Ri 3,7 - 16,31) wird jeweils ein theologisches Schema vorangestellt, das den Werdegang der Rückkehr zu Gott entfaltet und mit stereotypen Formeln abwandelt: Abfall - Strafe - Klage - Rettung (Ri 2,11-18).

Die *rûach Jahweh* hat Männer ergriffen und sie zu flammender Begeisterung und kriegerischen Heldentaten mit fortgerissen, um das treulose Bundesvolk zu seinem Herrn und Gott zurückzuführen.

Die stürmische Geschichte der Richter wird eröffnet mit der Geistausrüstung *Otniëls* (Ri 3,7-11). Als die Israeliten den Herrn vergaßen und den Baalen dienten, entbrannte der Zorn Jahwehs und er lieferte das treulose Volk den Feinden aus. In ihrer Not schrien die Israeliten zum Herrn, der ihnen einen Retter schickte, Otniël, über den die *rûach Jahweh* kam (hajah ᶜal). In der Kraft des Herrengeistes gewann er die Oberhand (Ri 3,10).

Als die Midianiter und Amalekiter sich in der Ebene Jesreel lagerten, bekleidete (*labas*) die *rûach Jahweh* den *Gideon*, so daß die Streiter aus dem Nordreich bei schallendem Posaunenklang in seinen Heerbann zogen, und er die Feinde mächtig aufs Haupt schlug (Ri 6,34; vgl. 6,1 - 8,35).

Der Geist des Herrn kam über *Jiftach* (*hajah* ᶜal), der den übermächtigen Ammonitern eine gewaltige Niederlage brachte (Ri 11,29; vgl. 11,1 - 12,7)[4].

Die *rûach Jahweh* vermag die *physische Kraft* eines Menschen ins Riesenhafte zu steigern.

---

[2] W. EICHRODT, *Theologie des AT* II/III, 28.

[3] R. ALBERTZ/C. WESTERMANN, in *THWAT* II, 745. Diese Geistmitteilung ist "die älteste, über das Eindringen des ekstatischen Prophetentums (1 Sam 10,10) hinaufragende Vorstellung der Geistwirkung...; ist doch *rûach* mit der Vorstellung der Kraft verbunden, die den Recken zum Recken macht", J. HEMPEL, *Gott und Mensch im AT*, Stuttgart 1936 , 105. - Vgl. J. KOBERLE, in *NKiZ* 13 (1902) 322; E. KAUTZSCH, *Theologie des AT*, Tübingen 1911, 151; D. LYS, *Rûach*, 41 - 48.

[4] Ri 6,34 und 11,29 stammen aus der alten jahwistischen Überlieferung; Ri 3,10 gehört zum deuteronomischen Geschichtswerk (um 561). Siehe D. LYS, *Rûach*, 38 und 98. Siehe noch P. VAN IMSCHOOT, *Théologie de l'AT* I, 195.

Gleichsam als Ouvertüre zur legendären Heldengeschichte *Simsons* bemerkt der Jahwist, daß der Knabe heranwuchs, der Herr ihn segnete, und die *rûach Jahweh* anfing, ihn zu treiben (Ri 13,24-25)[5].

Als der Volksheld Simson einst mit Vater und Mutter nach Timnat zog, stürzte sich unterwegs plötzlich ein junger Löwe auf ihn. Da springt der Geist des Herrn ihn an (*salach*), er reißt das Raubtier in zwei Stücke, so wie ein Böcklein (Ri 14,6); ein zweites Mal erschlägt er in Askalon dreißig Mann (Ri 14,19), ein drittes Mal zerreißt er die Stricke an seinem Arm wie Flachsfäden, die vom Feuer versengt werden, und erschlägt mit einem Eselskinnbacken an die tausend Philister (Ri 15,14)[6].

Diese Simsongeschichten sind alles andere als erbauliche Erzählungen. "Es sind Krafttaten, ja Streiche. Aber es wird gerade hier mit besonderem Nachdruck darauf hingewiesen, daß die zunächst sichtbaren Geschehnisse einen Hintergrund besitzen, der sie erst verstehen lehrt, so daß sie als gottgefügt erscheinen. Und zwar sind das nicht religiöse Randbemerkungen und Hinzufügungen einer späteren Zeit, der die Simsongestalt nicht geistlich genug zu sein schien, sondern sie sind organischer Bestandteil des Textes"[7].

Die übermenschlichen Leistungen werden ausdrücklich mit dem Beistand des Gottesgeistes begründet. Durch die Geistesgabe wird Simson in den Dienst des theokratischen Staates gestellt. Es fällt dem Volksheld die Lebensaufgabe zu, die drohende Philistergefahr abzuwenden und den an Jahwehs Macht und Treue erschütterten Glauben neu zu beleben (vgl. Ri 13,5).

Auf all diese Volksführer fällt die *rûach Jahweh* auf Zeit. Sie standen nicht unter dem dauernden Einfluß des Herrengeistes. Sie werden als Retter des Volkes gefeiert, das immer wieder in den Bann des Baalkultes geriet. Das gleiche Schema kehrt immer wieder. Die Befreiungstheologie bietet die gleichen stereotypen Formeln: Israel fällt ab von Jahweh; der Herr läßt es in Feindeshand geraten; Israel kehrt reuig zu Jahweh zurück; der Herr erweckt einen charismatischen Retter. Mit einem Worte: Solange das Volk dem Herrn die Treue hält, bleibt es siegreich. Sobald es aber abfällt, läßt Gott es in die Hände der Philister fallen[8].

---

[5] Das Zeitwort *paʿam* kommt 5 mal vor im AT, einmal im Sinn von "stoßen, treiben, impel, move" (Ri 13,25), 3 mal in der Bedeutung von "umgetrieben werden, be disturbed" (Gen 41,8; Ps 77,5; Dan 2,3), einmal im Hitpael als "sich umgetrieben fühlen" (Dan 2,1). Siehe L. KOEHLER, *Lexicon*, 771; D. LYS, *Rûach*. 253.

[6] Alle drei J Stellen verwenden "*salach*", das die Neo-Vulgata mit "insiluit" übersetzt. D. LYS umschreibt den Sinn des Zeitwortes: "Une possession extatique brutale, quasi contagieuse et assez désordonnée... La brutalité de ṣlh" (*Rûach*, 185). Vgl. H.W. HERTZBERG, *Die Bücher Josua, Richter, Ruth* (ATD 9), Göttingen 1969[4], 229 - 232. Das gleiche Verbum auch in 1 Sam 11,6 (Sauls Krafttat!).

[7] H.W. HERTZBERG, *Die Bücher Josua...*, 229.

[8] M. BUBER bemerkt zur Geistesgabe der Richter: "Das Charisma hängt hier an der Charis und an nichts anderem; es gibt hier kein ruhendes Charisma, nur ein schwebendes, keinen Geistbesitz, nur ein 'Geisten', ein Kommen und Gehen der Rûach; keine Machtsicherheit, nur die Ströme einer Vollmacht, die sich schenkt und entzieht", *Königtum Gottes*, Berlin 1936 , 145; vgl. S. 146, 151, 179.' "In allen Fällen bleibt die Geistergriffenheit ein einmaliges, vorübergehendes Geschehen, das ursprünglich nicht zu einem stetigen Amt legitimiert", R. ALBERTZ/C. WESTERMANN, in *THWAT* II, 744.

1.2. Die ekstatische Prophetie

In die eigentliche Welt des Charismas gelangt man mit der Gabe der *prophetischen Begeisterung* oder *Erregtheit*, die meistens der *rûach 'ᵉlohîm* zugeschrieben wird (1 Sam 10,10; 11,6; 19,20.23), seltener der *rûach Jahweh* (1 Sam 10,6). Vielleicht spiegelt sich in der Wahl des Gottesnamens der kanaanäische Ursprung der ekstatischen Prophetie[9].

Im Fall der prophetischen Begeisterung ist *rûach* "eine dynamisch explosive Kraft, die einen Menschen überfällt und ihn für kurze Zeit zu besonderen Aktionen befähigt"[10].

Nach der jahwistischen Überlieferung werden in 1 Sam 10,5.6.10.13 zum ersten Mal[11] die berufsmäßigen *nᵉbî 'îm* erwähnt, wo ein anschauliches Bild vom Wesen und den Ausdrucksformen dieser eigenartigen Erscheinung entworfen wird.

Beim Klang der Harfen, Pauken und Flöten und Zithern geriet die Schar der Propheten, die scheinbar von einer kultischen Feier kamen, in "Verzückung", in "Erregtheit": *hitnabbe'* oder *hinnabe'*. Mit diesem *terminus technicus* bezeichnen die biblischen Verfasser eine durch Musik, Gesang und rhythmische Bewegung "herbeigeführte Steigerung der Affekte, die den Menschen aus dem gewöhnlichen Geisteszustand emporheben"[12]

Die Erregtheit wird der *rûach 'ᵉlohîm* zugeschrieben. Sie wirkt ansteckend. Als Saul in Gaba der Prophetenschar begegnete, sprang die *rûach 'ᵉlohîm* auf ihn über (*salach*), so daß auch er in ihrer Mitte in prophetische Begeisterung geriet (1 Sam 10,10; 19,23)[13]. Später kam der "Geist Gottes" über die Boten Sauls, so daß auch sie in Verzückung gerieten (1 Sam 19,20; hajah ᶜal).

Die ekstatische Prophetie des Königs erweckte allgemeine Verwunderung, so daß die Leute meinten: "Was ist denn mit dem Sohne des Kisch geschehen? Ist Saul etwa unter den Propheten?" (1 Sam 10,11). Die Leute fragten sich: "Wie kann nur ein vernünftiger Mensch in so eine exzentrische Gesellschaft geraten? Unter jene Scharen von derwischartigen Begeisterten, die der Volksmund als "Verrückte" belächelte (2 Kön 9,11). Noch zur Zeit Hoseas ging das geflügelte Wort um: "Ein Narr ist der Prophet! Ein Verrückter (*mᵉsuggaᶜ*) der Mann des Geistes" (Hos 9,7).

Höchste Anschaulichkeit bietet die Elija-Erzählung vom stundenlangen Rasen der Baalspriester:

Sie nahmen den Stier, den er ihnen überließ, und bereiteten ihn zu. Dann riefen sie vom Morgen bis zum Mittag den Namen des Baal und schrien: Baal, erhöre uns! Doch es kam kein Laut, und niemand gab Antwort. Sie tanzten hüpfend um den Altar, den sie gebaut hatten. Um die Mittagszeit verspottete sie Elija und sagte: Ruft lauter! Er ist doch Gott. Er könnte beschäftigt sein. Vielleicht schläft er und wacht dann auf. Sie schrien nun mit lauter Stimme. Nach ihrem Brauch verwundeten sie sich mit Schwertern und Lanzen, bis das Blut an ihnen herabfloß. Vom

---

[9] Vgl. R. ALBERTZ/C. WESTERMANN, in *THWAT* II, 745.

[10] R. ALBERTZ/C. WESTERMANN, in *THWAT* II, 743.

[11] "An der Feststellung, daß erst nach der Landnahme Begeisterte in Israel aufgekommen sind, ist festzuhalten... Die ältesten atl. Belege für ihr Aufkommen sind die Berichte von jenen Schwärmern von derwischartigen Begeisterten (1 Sam 10,5 ff.)", G. VON RAD, *Theologie des AT* II, München 1960, 22.

[12] H. JUNKER, *Prophet und Seher in Israel*, Trier 1927, 51.

[13] *salach* übersetzt die Neo-Vulgata in 1 Sam 10,6.10; 11,6 mit "insiluit".

Mittag an rasten sie bis zu der Zeit, da man das Speiseopfer darzubringen pflegt. Doch es kam kein Laut, keine Antwort, keine Erhörung (1 Kön 18,26-29).

Bereits die alte *elohistische* Erzählung von den 70 Ältesten berichtet von der prophetischen Begeisterung (Num 11,16-17) E): Als Mose an der Last seines Amtes zu zerbrechen drohte, nahm der Herr von der *rûach*, die auf Mose ruhte (*ʾašär ʿal*, V.17 und V.25), und legte sie auf die Siebzig; und während die *rûach* auf ihnen ruhte (*nûach ʿal*, wie Jes 11,2), gerieten sie in Verzückung (V.25: *hitnabbeʾ*), und sie fingen nicht mehr an[14]. Sogar auf zwei Männern, die nicht aus dem Zelt hinausgekommen waren, ruhte (*nûach*) die *rûach* und sie gerieten ebenfalls in Verzückung (*hitnabbeʾ*). Josua bat Mose, dem doch zu wehren. Dieser sah aber die Sache ganz anders an: "Wenn nur das ganze Volk des Herrn zu Propheten würde, wenn nur der Herr seinen Geist auf sie alle legte!" (11,29 *natan*; 11,24-29).

Dieser Bericht stammt wohl nicht aus der "Wüstenzeit". Nach 11,14-17 sollte Mose "entlastet" werden von seinem drückenden Amt. Wie dieses Ziel erreicht werden konnte, wird mit keiner Silbe erwähnt. Ganz unvermittelt werden die 70 Ältesten und die zwei Männer (V.26-27) durch die *rûach* in Ekstase versetzt (*hitnabbeʾ*). Diese Erzählung rührt wohl aus dem Kreis der ekstatischen Propheten, die ihre Erregtheit vom Geiste des Mose herleiten wollten. "Die Erzählung bemüht sich um eine Legitimierung dieses neuen religiösen Phänomens... Man könnte in dieser Erzählung geradezu etwas wie eine Rezeption der ekstatischen Bewegung in die Institutionen des Jahwehglaubens hinein sehen, jedenfalls eine legitimierende Ätiologie des Prophetentums"[15].

Die ironische Haltung des Volkes erinnert *mutatis mutandis* an Apg 2,13, wo man den geisterfüllten Jüngern unter die Nase rieb, sie seien voll süßen Weines. Der alte Verfasser beurteilt jedenfalls das Ergriffensein Sauls von der *rûach ʾᵉlohîm* genau so positiv wie Lukas bei den Aposteln[16].

Im Zustand der Verzückung erfuhren die Propheten die Macht, Daseinsfülle und Nähe der Gottheit. Dieser plötzliche Einbruch des Gottesgeistes sollte dem Volke *ad oculos* zeigen, wie der Herr die Heilsgeschichte auferbaut, sie lenkt und leitet auch auf wunderliche Art[17].

---

[14] Die meisten Ausleger lesen *"jasufû"* (= "sie hörten nicht mehr auf") statt des TM *"jasafû"* (= "sie fingen nicht mehr an"). So M. NOTH, *Das vierte Buch Mose* (ATD 7), Göttingen 1973, 74. - G. VON RAD, *Theologie des AT* II, 23; Zürcher Bibel; Einheitsübersetzung. - Doch dem TM ist als lectio difficilior der Vorzug zu geben. Das Verb *nûach* drückt an sich einen Dauerzustand aus; darum die Bemerkung, daß sie nicht mehr anfingen. Neo-Vulgata: "Nec ultra fecerunt". E. OSTY, 309: "Le phénomè est passager". *BJ*, 174: "Ils ne reçoivent le don prophétique que d'une façon temporaire".

[15] G. VON RAD, *Theologie des AT* II, 23. So auch R. ALBERTZ/C. WESTERMANN, in *THWAT* II, 746. Das "Entlastungsthema" ist ursprünglich wohl vorausgegangen, das in Ex 18,13-27 ganz anders und sinngemäßer ausgeführt wird. Vgl. M. NOTH, *Das vierte Buch Mose*, 79 - 81. - Anders D. LYS, *Rûach*, 62 Anm. 1: "On pourrait penser que les phénomès extatiques et extraordinaires attribués à rûach YHWH chez les Juges et Saül sont le reflet d'une croyance antique, reprise et épurée".

[16] Vgl. H.W. HERTZBERG, *Die Samuelbücher* (ATD 10), Göttingen 1968[4], 67.

[17] Vgl. I. HERMANN, *Heiliger Geist*, in *HThG* I, 643. Auf die rettende Macht der *rûach ʾᵉlohîm* weist hin D. LYS, *Rûach*, 51: "Dieu accomplit en l'homme et par l'homme des actions puissantes pour réaliser la délivrance au moyen d'une conduite exceptionnelle". "Toute puissance vitale en l'homme vient de Dieu: c'est ce qu'exprime cette irruption, présence, intervention de rûach de Dieu" (S. 45).

1.3. Verzückung

Eng verwandt mit der prophetischen Begeisterung ist die *Ekstase* oder *Verzückung*, in der man wie bei den heidnischen Völkern göttliche Kräfte entbunden sah.

Der Geist des Herrn konnte Gottesmänner und Propheten plötzlich und unwiderstehlich überfallen und *entrücken*[18]. Er rüstet sie nicht mit außergewöhnlicher Kraft aus für den Kriegsdienst, sondern mit übermenschlichem Mut für den Dienst am Wort des Herrn.

1. Im alten Elija- und Elischazyklus (1 Kön 17-19; 21; 2 Kön 1,1-18 und 2,1-13,21)[19] wird berichtet, wie die *rûach Jahweh* den Propheten Elija von einem Ort zum andern (1 Kön 18,12) oder auf einen Berg oder in ein Tal entführte (*nasa'* 2 Kön 2,16)[20]. Die körperliche Entrückung entspringt einer alten volkstümlichen Anschauung und wird dem Geiste des Herrn zugeschrieben. Bei der wirklichen Himmelfahrt Elijas spielt die *rûach Jahweh* keine Rolle mehr; der Prophet wird im Sturmwind gen Himmel getragen[21].

2. Neben dieser "körperlichen" Entrückung kennt das Exil auch eine rein geistige. Der Prophet Ezechiel ist hier unser Kronzeuge.

In der Berufungsvision erfahren wir, wie der Geist des Herrn ihn in die Lüfte emporhob und entrückte:

Da hob mich die rûach empor, und ich hörte hinter mir ein Geräusch, ein gewaltiges Dröhnen, als sich die Herrlichkeit des Herrn von ihrem Orte hob, das Geräusch von den Flügeln der Lebewesen, die einander berührten, und das Geräusch der Räder neben ihnen, ein lautes, gewaltiges Dröhnen. Die rûach, die mich emporgehoben hatte (nasa'), trug mich fort (laqach)..., und die Hand (jad) des Herrn lag schwer auf mir (Ez 3,12-14; vgl. 3,22 jad).

Ezechiel schaut das Heranstürmen der "Herrlichkeit Jahwehs" (*kabôd Jahweh*) und in der Ekstase erfährt er, daß er in seinem prophetischen Amt tauben Ohren predigen und unter Skorpionen wohnen muß (Ez 2,6). Aber der Herr rüstet ihn auf diesem Wege in den Widerspruch mit seiner *rûach* aus, die eine zweifacher Wirkung hervorbringt.

Einmal sieht Ezechiel eine ausgestreckte Hand, die ihm eine Schriftrolle mit der Unheilsbotschaft entgegenhält. Der Herr fordert ihn auf, die Buchrolle zu essen, die in seinem Mund süß wie Honig wurde (2,8-10; 3,1-3).

Gott tröstet nicht nur seinen Prediger, er rüstet ihn auch aus mit ungestümer Redegewalt. "Wie Diamant, härter als Fels, mache ich deine Stirne. Fürchte dich nicht vor ihnen, und erschrick nicht vor ihrem Angesicht" (3,9).

Als der barocke Dichter in seinem Haus in Babylon saß,

---

[18] *nasa'* - ein *terminus technicus* - kommt in allen Entrückungsszenen vor: 1 Kön 18,12; 2 Kön 2,16; Ez 3,12.14; 8,3; 11,1.24; 43,5. Siehe A. SCHMITT, *Entrückung - Aufnahme - Himmelfahrt zu einem Vorstellungsbereich im AT* (Forschung zur Bibel, 10), Stuttgart 1973.

[19] Der Bericht über Elijas "Himmelfahrt" (2 Kön 2,1-8) gehört nicht mehr zum Elijazyklus, sondern bildet die Ouvertüre zum Elischazyklus und wird so zur Stunde seiner prophetischen Sendung. Vgl. C. SCHEDL, *Geschichte des AT*, Innsbruck 1962 , 87 und 118. - J. DELORME/J. BRIEND, *Introduction à la Bible* II Ed.nouvelle, Paris 1973, 314.

[20] Zu 1 Kön 18,12 D. LYS, *Rûah*, 31: "La toute puissance de ce *rûah* apparaît... dans le transport d'Elie, saisi, ravi, possédé, enlevé par Dieu".

[21] "Le transport physique dont il est question est avant tout expression de la croyance populaire", D. LYS, *Rûach*, 36; vgl. S. 56 Anm. 1.

"da legte sich die Hand (jad) Gottes, des Herrn auf mich. Und ich sah eine Gestalt, die wie ein Mann aussah... Er streckte etwas aus, das wie eine Hand aussah und packte mich an meinen Haaren. Und die rûach hob mich empor (nasa') zwischen Erde und Himmel und brachte mich in dieser göttlichen Vision nach Jerusalem, an den Eingang des inneren Nordtors..." (8,1-3)[22].
Das gewaltige Entrückungserlebnis (vgl. noch 3,12-15.22-27; 37,1) wird der rûach Jahweh oder der jad Jahweh zugeschrieben; eine "psychische Erlebnisfähigkeit" (W. EICHRODT), die im alten Prophetentum gang und gäbe war.

Ein ähnliches Ekstaseerlebnis wird in Kap. 11 berichtet. Die rûach hob den Propheten empor (nasa') und führte ihn (bo' Hiph.) zum östlichen Tor am Tempel des Herrn (V.1). Hier fiel der Geist des Herrn auf ihn (nafal), und er schaute die Nacht des Gerichts über die Führer des Volkes hereinbrechen (V.2-13), aber auch die Morgenröte einer schöneren Zukunft aufleuchten (V.14-21).

Dann schwebte "die Herrlichkeit des Herrn" dem Ölberg zu, als wollte der Herr von hier aus zuschauen, wie das Gericht über die untreue Stadt hereinbrechen sollte. Danach hob die rûach den Propheten wieder empor (nasa') und brachte ihn *"in einem göttlichen Gesicht"* nach Babel zurück zu den Verbannten, denen er erzählte, was der Herr ihn *"im Gesichte"* hatte erleben lassen (Ez 11,22-25)[23].

Auch die *heidnischen Völker* kannten das Phänomen der "Ekstase"[24]. Aber "man sah dahinter nicht den einen unnahbaren göttlichen Herrn und konnte darum den Ekstatiker als von einem Gott besessen und erfüllt ansehen, so daß der Mensch vergottet wurde. Diese Aufhebung der Schranke zwischen Gott und Mensch brachte es naturgemäß mit sich, daß man seinerseits glaubte, die göttliche Kraft selbst in den Dienst nehmen und darüber verfügen zu können, indem man durch allerlei äußere Mittel, Narkotika und dergleichen, die Besessenheit hervorrief und nach seinem Willen lenkte.

"Vor diesem Verschlungenwerden vom Zaubergarten der okkulten Kräfte und Mächte blieb *Israel* bewahrt, weil es in der *Verzückung* den Geist des lebendigen Gottes erkannte, der kein Schauwunder für die menschliche Neugier verwandelt und kein Schwelgen in einem magischen Machtbewußtsein duldet, sondern durch seine Wunder die Menschen in seinen Dienst stellen und zum freudigen Tun seines Willens ausrüsten will"[25].

Für rûach Jahweh steht öfters jad Jahweh, die Hand Jahwehs, der die gleichen Wirkungen zugeschrieben werden wie der rûach Jahweh, mit Ausnahme des einfachen Wortempfanges.

An mehr als 200 Stellen redet das AT von der Hand Jahwehs, der unwiderstehlichen Machttaten Jahwehs zugeschrieben werden, wie die Herausführung aus Ägypten, "mit starker Hand" (Ex 3,19; 6,1; 13,9; 32,11; Dt 3,24; 6,21; 7,8; 9,26; Dan 9,15) oder *"mit starker Hand und ausgerecktem Arm"* (Dtn 4,34; 5,15; 7,19; 11,2; 26,8; Jer 32,21; Ez 20,33; Ps 136,12; - 1 Kön 8,42 = 2 Chr 6,32 und Jer 21,5 nicht direkt von Ägypten); eine festgefügte deutero-

---

[22] Zur Komposition von Ez 8-11 siehe W. EICHRODT, *Der Prophet Hesekiel. Kap.* 1-18 (ATD 22/1), Göttingen 1968[3], 50 - 56. - W. ZIMMERLI, *Ezechiel* I, 201 - 209.
[23] Zur ursprünglichen Selbständigkeit von Kap. 11 siehe W. EICHRODT, *Der Prophet Hesekiel*, 67 - 68. Ein ähnliches Entrückungserlebnis siehe Ez 43,5.
[24] Für Babylon vgl. J. HEHN, *Zum Problem des Geistes im Alten Orient und im Alten Testament*, in *ZAW* 43 (1925) 223 - 224. Siehe noch J. GUILLET, *Thèmes Bibliques*, 228 - 230. - E. JACOB, *Théologie de l'AT*, 99.
[25] W. EICHRODT, *Theologie des AT* II/III[4], 30.

nomische Formel, die vielleicht von der Exodustradition stammt und den ersten Artikel des
alten Credo Israels mitgeprägt hat.

Vor allem aber wird der Hand Jahwehs die tranceartige Erregtheit des Propheten zugeschrieben. In den vier großen Visionsberichten Ezechiels (Ez 1,3; 8,1; 37,1; 40,1) wird berichtet, wie der Prophet von der *Hand* Jahwehs befallen, d.h. in einen Zustand der Verfallenheit und der Verzückung versetzt wurde[26].

1.4. Träume

Außergewöhnliche menschliche Fähigkeiten können im populären Sprachgebrauch auf
eine göttliche *rûach* zurückgeführt werden, wie die Gabe der *Traumdeutung*[27].

Das Traumdeuten ist nur Sache Gottes (Gen 40,8; 41,8). Es übersteigt darum jede menschliche Kraft, wie die Josefsgeschichte zeigt.

Für den *Elohisten*[28] war die *rûach* des Pharao beunruhigt[29], weil weder er noch seine
Wahrsager den Traum deuten konnten (Gen 41,8). Für E weist *rûach* auf die Psychologie
und die Lebenskraft des Pharao hin, die aus sich nichts ist (Gen 41,8). Sie ist das genaue Ge-
genteil von der *rûach* *ᵃlohîm*, der von Haus aus Macht und lebenspendende Kraft eignet.
Im Grunde hat die *rûach* eines Menschen nur Bestand, wenn sie von Gott immer wieder erneuert wird.

Für den *Jahwisten* wurde Joseph durch die *rûach* *ᵃlohîm*[30] mit einer über alles menschliche Wissen hinausragenden Gabe der Weisheit ausgerüstet, so daß er alle Schriftkundigen
und Weisen Ägyptens weit übertraf (vgl. Gen 41,8.24).

Die gleiche Gabe der Traumdeutung ist auch *Daniel* verliehen. Die Heiden Nebukadne-
zar, Belsazzar und die Königin Mutter erkennen und bekennen, daß auf Daniel die "*rûach*
ᵃlohîm qaddîsîn", der "Geist der heiligen Götter" (Dan 4,5.6.15; 5,11.14), wie Pharao es bei
Josef feststellte (Gen 41,38) ruht. Sie sehen in Daniel einen Mann, der nur in der Kraft der
göttlichen *rûach* die Träume auslegen kann. Durch diese göttliche Gabe "verstand sich Daniel auf Visionen und Träume aller Art" (Dan 1,17), bei dem "man Erleuchtung und Weisheit und Einsicht fand, wie nur die Götter sie haben" (Dan 5,11), so daß er alle Zeichendeu-
ter und Wahrsager beschämte (Dan 1,20; 2,2)[31].

---

[26] W. ZIMMERLI, *Ezechiel I*, 49 - 50: "Das einfache Wortereignis, bei dem die visionären und tranceartigen Züge fehlen, ist nie mit der Rede von der *Hand* Jahwehs eingeleitet". Zum Thema von der Hand
Jahwehs: S. 47 - 50. Vgl. noch A.S. VAN DER WOUDE, in *THWAT* II, 672 - 674.

[27] Vgl. A. RESCH, *Der Traum im Heilsplan Gottes. Deutung und Bedeutung des Traumes im
AT*, Freiburg 1964, 95 - 107, 123 - 126; R. ALBERTZ/C. WESTERMANN, in *THWAT* II, 742.

[28] Gen 41 wird grosso modo E zugeteilt. Daneben werden *jahwistische* (J) Einschübe festgestellt: Gen
41,29-30.38.41-42a. 43-45.48.53-57. Vgl. E. OSTY, 114 - 116; D. LYS, *Rûach*, 52.

[29] *paᶜam* im Ni. "umgetrieben werden" wie Ri 13,25; Ps 77,5; Dan 2,3.

[30] Der Ausruf Pharaos (41,38) ist eine Bestätigung der Aussage Josefs: "Elohim wird zum Wohl des Pharao
eine Antwort geben" (41,16). Die "*rûach* *ᵃlohîm*" im Munde eines Nichtisraeliten weist vielleicht auf auße-
risraelitischen Ursprung hin. Vgl. *THWAT* II, 742.

[31] Vgl. D. LYS, *Rûach*, 252, 254; A. RESCH, *Der Traum im Heilsplane Gottes*, 117 - 126.

1.5. Kunstfertigkeit

Eine andere Erscheinung in der Welt des Charismas ist die über das gewöhnliche Niveau hinausragende *Kunstfertigkeit*, die von der späteren Priesterschrift dem "*Geist der Weisheit*" (Ex 28,3; vgl. Dtn 34,9) oder dem "*Geist Gottes*" (Ex 31,3; 35,31) zugeschrieben wird.

Die staunenerregenden Machttaten der *rûach Jahweh*, die bei älteren Erzählungswerken beim Auszug aus Ägypten, während der Wüstenwanderung, in der Richter- und Königszeit eine große Rolle spielten, fehlen bei P schlechthin.

Das ganze Interesse von P kreist um den Kult und die Legitimation der sakralen Ordnung. Von daher kommt es, daß P vom charismatischen Künstler Bezalel und den andern Sachverständigen redet (Ex 28,3; 31,3; 35,31). Jahweh hat alle Sachverständigen "mit dem *Geist der Weisheit*" erfüllt (Ex 28,3), den Bezalel "mit dem *Geiste Gottes*, mit Weisheit, mit Verstand und mit Kenntnis für jegliche Arbeit: Pläne zu entwerfen und sie in Gold, Silber und Kupfer auszuführen und durch Schneiden und Fassen von Steinen und durch Schnitzen von Holz allerlei Werke herzustellen" (Ex 31,3-5 = 35,31-33). Der Herr hat Künstler und Handwerker mit dem "*Geiste der Weisheit*" oder "mit dem *Geiste Gottes*" erfüllt für die Anfertigung von Kultgegenständen: die Kleider des Hohepriesters (Ex 28,3), das Offenbarungszelt, die Bundeslade, den Tisch mit seinen Geräten, den Leuchter aus reinem Gold usw. durch die Goldschmiede, die Steinmetzen, die Bildhauer, die Kunstweber, die Buntwirker (Ex 31,4-11; 35,33.35).

Hier wie bei der Traumdeutung kommt der *Geist Gottes* nicht über einen Menschen, um durch ihn außerordentliche Taten zu vollbringen oder das Wort Gottes machtvoll zu verkünden (Mi 3,8), sondern um ihn mit *Weisheit* zu erfüllen: eine Gabe, die ausdrücklich als "*Geist Gottes*" bezeichnet wird (Ex 31,3; 35,31). Es geht hier nicht um einen vorübergehenden Geistbesitz, sondern um einen bleibenden, der den Kunstsinn eines Schneiders, eines Goldschmiedes, eines Steinmetzen, eines Bildhauers usw. weckt und erhält.

Aus unseren Texten geht hervor, daß echte menschliche Fähigkeiten sich nur entfalten können, wenn der *Geist Gottes*, der ein *Geist der Weisheit* ist, das Herz des Menschen erfüllt. Die Gaben der Weisheit, des Verstandes, der Kenntnis für jegliche Arbeit ruhen im *Herzen* des Menschen, weil der *Geist Gottes* es erfüllt. Das führt uns in die Nähe von Ez 36-37, wo der Herr der messianischen Zeit ein *neues Herz* und einen *neuen Geist* schenken wird; der *Geist Gottes* scheint das *Herz von Stein* in ein *neues Herz*, in ein Herz von Fleisch umzuwandeln und den *Geist des Menschen* in einen *neuen Geist*, in den Geist des Herrn[32].

Der König David hat den Plan für den Tempelbau durch die *rûach*, die in ihm wohnt (*barûach ᶜimmô*), entworfen (1 Chr 28,11-18, bes.V.12). Der Entwurf ist das Werk des *göttlichen* Geistes, nicht des eigenen[33]. Diese theologische Deutung wird gestützt durch V.19, wo für *rûach* die *jad Jahweh*, die Hand Jahwehs eingesetzt wird[34].

---

[32] Vgl. D. LYS, *Rûach*, 192 - 193, vgl. 100 - 101.

[33] Die übliche Übersetzung "alles, was er im Sinne, im Geiste (*rûach*) hatte", entspricht nicht dem Sprachgebrauch des Chronisten, der *rûach* gewöhnlich von Gott verwendet. Vgl. J.M. MYERS, *I Chronicles* (AB), New York 1965, 190. - H. CAZELLES, *Le Livre des Chroniques*, Paris 1961², 123. - E. OSTY, 810; *BJ*, 468g.

[34] Zur Chronik-Stelle siehe D. LYS, *Rûach*, 211: "Il s'agit sans doute d'un simple projet de l'esprit humain, que David ne réalisa pas lui-même; cependant le V.19 déclare que tout cela est revélation de Dieu; et

1.6. Die Verzückung Bileams

Ob sich in alter Zeit die prophetische "Erregtheit" auch in *Worten* geäußert hat, wissen wir nicht mehr. Wie dem auch sei, in einem altertümlichen Text werden *Weissagungen*, die im Zustand der Ekstase gemacht werden, der *rûach ˒ᵉlohîm* zugeschrieben. Nach dem jüngeren Elohisten legt Gott seine Worte in den Mund des Propheten Bileam (Num 23,5.16). Für den christlichen Leser bildet die *Herabkunft des Geistes* Gottes auf Bileam den Auftakt zu den kommenden messianischen Stücken.

Im Bileamzyklus (Num 22-24) tritt der heidnische Wahrsager Bileam als *Ekstatiker* auf:

Als Bileam aufblickte, sah er Israel im Lager, nach Stämmen geordnet.

Da kam die rûach ˒ᵉlohîm[35] *über ihn (hajah ᶜal)*[36]*, er begann mit seinem Orakelspruch und sagte:*

Spruch des Bileams, des Sohnes Beors,

Spruch des Mannes mit geschlossenem Auge.

Spruch dessen, der Gottesworte hört,

der eine Vision des Allmächtigen sieht,

der daliegt mit entschleierten Augen:

Jakob, wie schön sind deine Zelte,

wie schön deine Wohnstätten, Israel! ...

Sein König ist Agag überlegen,

seine Königsherrschaft erstarkt.

Ja, Gott hat ihn aus Ägypten geführt...

Er duckt sich, liegt da wie ein Löwe,

wie ein Raubtier. Wer wagt es, ihn aufzujagen?

Wer dich segnet, ist gesegnet,

und wer dich verflucht, ist verflucht

(Num 24,2-5.7b.8a.9).

Selbst wenn Balak ihm sein Haus voll Silber und Gold gäbe, kann er dem Befehl des Herrn nicht zuwiderhandeln. Er muß sagen, was der Herr sagt:

Und er begann mit seinem Orakelspruch und sagte: Spruch Bileams, des Sohnes Beors,

Spruch des Mannes mit geschlossenem Auge,

Spruch dessen, der Gottesworte hört,

der die Gedanken des Höchsten kennt,

der eine Vision des Allmächtigen sieht,

der daliegt mit entschleierten Augen:

Ich sehe ihn, aber nicht jetzt,

---

l'esprit de Yahweh inspira ce messie jusqu'à sa mort; c'est peut-être tout cela que veut suggérer à l'arrière plan la formule équivoque de 1 Chr 28,12, qui pourtant présente *r.* comme le centre de l'homme".

[35] Hier wie Gen 41,38 steht "*rûach ˒ᵉlohîm*" wohl deshalb, weil es sich um einen Heiden handelt. Vgl. D. LYS, *Rûach*, 46 Anm. 1.

[36] Vor- und Zeitwort bezeichnen die Besitzergreifung des Menschen durch den Gottesgeist. Der Gebrauch des Vorwortes "*ᶜal*" anstelle von "*bᵉ*" deutet vielleicht an, daß der Geist Gottes hier nicht im Menschen (*bᵉ*)wirkt, sondern ihn überwältigt (*ᶜal*) und ihm sozusagen Freiheit und Initiative entreißt. Vgl. D. LYS, *Rûach*, 44 - 45.

ich erblicke ihn, aber nicht in der Nähe:
Ein Stern geht auf in Jakob,
ein Szepter erhebt sich in Israel.
Er zerschlägt Moab die Schläfen
und allen Söhnen Sets den Schädel.
Edom wird sein Eigentum,
Seir, sein Feind, wird sein Besitz.
Israel aber wird mächtig und stark.
Aus Jakob steigt einer herab
und vernichtet alles, was in Seir entkam
(Num 24,15-19)[37].

Nach diesem jahwistischen Bruchstück (Num 24,1-25)[38] wird der Heide Bileam aus Pethor am Euphratstrom von der *rûach ʾᵉlohîm* befallen und trägt unter dem Zwang einer höheren Eingebung seine zwei Sprüche vor (num 24,2-9 und 24,15-24). Es geht hier nicht um Wahrsagerei (vgl. 24,1) noch um Träume oder Gesichte (vgl. 22,9.20) noch um Begegnungen mit Jahweh (vgl. 23,3.15) noch um Worte, die in den Mund Bileams gelegt werden (vgl. 22,35; 23,5.16), sondern um zwei "Sprüche", die der Seher durch göttliche Eingebung empfängt (Num 24,3 und 15).

Der Heide Bileam, der Jahweh als seinen Gott verehrt[39] und Israel segnet (Num 22,18 und 23,11-12.25-26; 24,10), schaut mit seinem geistigen Auge in der Ekstase die glorreiche Zukunft des auserwählten Volkes und des Messias wie die Zertrümmerung seiner Feinde[40].

Merkmale

Fassen wir das Ergebnis der bisherigen Untersuchung zusammen, so können wir sagen: auf die *rûach Jahweh* werden über alles Menschenmaß und über alle Menschenkraft hinausgehende Wirkungen zurückgeführt, wie außerordentliche Körperkraft, kriegerische Heldentaten, prophetische Begeisterung, geheimnisvolle Träume und deren Deutung, Kunstfertigkeit...
Folgende Merkmale sind ihnen gemein:

[37] "La parole de Balaam a une allure oraculaire voire magique, et en fin de compte cette inspiration a un caractère de contrainte comme les actes extraordinaires des autres textes" (D. LYS, *Rûach*, 185). Der Bileamzyklus stammt von einer "jahwistischen" und "elohistischen" Quelle: in Kap. 22 sind jahwistische und elohistische Bruchstücke ineinander verarbeitet worden, Kap. 23 hat vornehmlich elohistischen Charakter, Kap. 24 hingegen gehört zu einer sehr alten Überlieferung. Vgl. D. LYS, *Rûach*, 38 Anm. 1. - Vgl. J. DE VAULX, *Les Nombres* (Sources Bibliques), Paris 1972, 255 - 304, bes. 258-260, 283, 285-294.
[38] "Il est rempli de l'Esprit de Yahweh (V.2); cela correspond à une conception moins évolué du prophétisme que celle de l'élohiste, la "rûach" était moins précise que le "DABAR", Parole que Dieu mettait dans la bouche du prophète dans les textes élohistes", J. DE VAULX, *Les Nombres*, 285. Cfr. A. NEHER, *L'essence du prophétisme*, Paris 1972, 106 - 110.
[39] Die neue Religion der Israeliten hatte ihn wohl tief beeindruckt. Der Jahwekult war außerhalb Israels wohl nicht bekannt. Vgl. H. CAZELLES, *Les Nombres* (La Sainte Bible de Jérusalem), Paris 1958 , 105c.
[40] Spätere Überlieferungen sehen in Bileam einen Feind Israels, der gegen seinen Willen von Gott gezwungen wurde, das auserwählte Volk zu segnen; vgl. Dtn 23,5-6; Jos 24,9-10; Neh 13,2. Das NT hat diese Deutung übernommen: 2 Petr 1,15-16; Jdt 11; Offb 2,13-14. Siehe *BJ*, 186 f.; *E.OSTY*, 334; H. CAZELLES, *Les Nombres*, 105c.

a) Die Geistverleihung ist vor allem ein *freies Gnadengeschenk* Jahwehs, nach dem Ausdruck der Schule eine *gratia gratis data*. Jahweh "gibt", "schenkt" (*natan*) seinen Geist, z.B. Num 11,25.29; 2 Kön 19,7.

Der heldische wie der prophetische Geist erfaßt nie alle Volksglieder, sondern nur eine Auslese von führenden Männern.

b) Diese Gabe ist *göttlichen Ursprungs*. Die *rûach* kommt "über" (*cal*) einen Menschen, z.B. Ri 3,10; 11,29; 1 Sam 16,16; 2 Chr 15,1. Der Geist "entsteht nicht im Menschen, er kommt von außen und von oben und bleibt etwas Besonderes, Fremdes, ein Herrscher über den Untertan"[41].

c) Die Gabe des Gottesgeistes nimmt nur *vorübergehend* Besitz vom Erkorenen. Plötzliches und unvermitteltes Auftreten kennzeichnet sie durchwegs. Die *rûach Jahweh* "fällt her" über einen Menschen (*salach*) im Sinne von "anspringen"[42], z.B. Ri 14,6.19; 1 Sam 10,6.10; 11,6. Die Neo-Vulgata gibt das hebr. Zeitwort gut wieder in Ri mit "irruit", in 1 Sam mit "insiluit".

Weiter heißt es von der *rûach* Jahweh, daß sie einen Menschen "bekleidet" (*labas*) mit einem Kleid, das er wieder ablegen wird, z.B. Ri 6,34; 1 Chr 12,19; 2 Chr 24,20.

Der Gottesgeist "weicht" (*cabar*) von einem Propheten, um mit einem andern zu reden (1 Kön 22,24; vgl. Num 5,14.30).

Andere Wendungen schildern eher den heftigen und stürmischen Charkater der *rûach Jahweh*, sei es im Augenblick der Mitteilung oder im Laufe der Einwirkung auf den Charismatiker. Der Geist des Herrn begann den Simson zu "stoßen" (*pacam*, Ri 13,25); ein böser Geist "überfällt" den König Saul (*bacat*, 1 Sam 16,14.15); der Geist des Herrn "entführt" den Gottesmann (1 Kön 18,12; 2 Kön 2,16) oder "entrückt" den Propheten (Ez 3,12.14; 8,3; 11,1.24; 43,5) - in beiden Fällen *nasa'* -, er "stellt" ihn auf die Füße (*camad*, Ez 2,2; 3,24) oder "ergreift" ihn (*laqach*, Ez 3,14; vgl. Gen 2,15; 5,24; 2 Kön 2,16) oder "wirft" ihn auf einen Berg oder in ein Tal (*salak*, 2 Kön 2,16). Immer wieder aufs neue kommt die *rûach Jahweh* über die Helden und die alten Propheten.

d) Aus den geschilderten Geisteswirkungen gewinnt man die Vorstellung der *rûach* als einer *geheimnisvollen, übernatürlichen* und *wunderbaren Kraft*, die sich bis zur unheimlichen, stürmischen Gewalt steigern kann, der Grundbedeutung von *rûach* entsprechend.

Vor allem in älteren Texten stellt sich der Hebräer diese Kraft als macht- und geheimnisvollen *Sturmwind* vor, der das Ende der Sintflut herbeiführt (Gen 8,1 P), der Berge zerreißen und Felsen zerbrechen kann (1 Kön 19,11), der dem bedrängten Gottesvolk einen Weg durchs Rote Meer bahnt (Ex 14,21; vgl. 15,10-11; Jes 11,5), der auf dem Wüstenzug Wachteln und Mannaregen herbeitreibt (Num 11,31; Ex 16,13-16; Ps 78,24-28), der das bundesbrüchige Volk in die Verbannung jagt (Jer 22,23; Hos 13,15; Ez 13,13) und dem geläuterten "Rest" einen Weg durch den Euphrat öffnet (Jes 11,15), der über der Urflut hin- und herfegt (Gen 1,2 P).

In dichterischen Stücken wird Kraft und Geheimnis des Windes anthropomorphistisch als "Hauch des Herrn" oder als "Schnauben der Nase" dargestellt, womit das Leben der

---

[41] P. VOLZ, *Der Geist Gottes*, 21. Vgl. A. NEHER, *L'essence du prophétisme*, 93.
[42] Zur Grundbedeutung von *salach* siehe auch M. BUBER, *Königtum Gottes*, Berlin 1936, 291 - 292 Anm. 71.

Schöpfung und die Taten der Geschichte hervorgebracht werden (vgl. Ex 15,8.10 mit Ex 14,21; 2 Sam 22,16 = Ps 18,16; Jes 11,15; 27,8; 30,28; 33,11; 34,16; 40,7; 59,19; Hos 13,15; Ez 37,1-10; Ijob 4,9; 26,13; Ps 18,16; 147,18).
Diese sinnlich-materielle Vorstellung schwingt immer noch leise mit, wie z.b. in der klassischen Wendung des Jesaja:

Auch der Ägypter ist nur ein Mensch und kein Gott ('el),
seine Pferde sind nur Fleisch (basar), nicht Geist (rûach).
Streckt der Herr seine Hand aus,
dann kommt der Beschützer zu Fall;
und ebenso fällt auch sein Schützling;
sie gehen alle beide zugrunde
(Jes 31,3; vgl. Jer 17,5-6).

Der Prophet wendet sich gegen die unheilvolle Bündnispolitik. In ihrer Verblendung setzen König und Volk von Juda das ganze Vertrauen auf Ägyptens Reiterei und Kampfwagen. Ein verhängnisvolles Unterfangen! Sie zählen auf menschliche Ohnmacht statt auf Gottes Allmacht! Diesen Gegensatz hat Jesaja auf die kurze Formel gebracht: Mensch-Gott, Fleisch-Geist. Wie in der doppelten Antithese "Mensch" und "Fleisch" sich entsprechen, so auch "Gott" und "Geist". Der Mensch ist nur *basar*, d.h. ein schwaches, verderbliches und vergängliches Geschöpf; Gott hingegen ist *rûach*, d.h. mächtiger, unverderblicher und unvergänglicher "Geist". Der Prophet will nichts aussagen über das "geistige" Wesen Gottes; denn nach dem ganzen Zusammenhang stellt er durch den Gegensatz *rûach-basar* nicht so sehr den "Geist" dem Stoffe, das Immaterielle dem Materiellen gegenüber, als vielmehr die ohnmächtigen, sterblichen Ägypter = *'adam* dem allmächtigen Gott = *'el*, die Rosse und Streitwagen = *basar* dem unbesiegbaren Odem = *rûach*. Auch sonst bezeichnet *basar* die hinfällige, ohnmächtige, hilflose, sterbliche Natur des Menschen im Gegensatz zur *rûach*, dem allmächtigen, lebenspendenden Gotteshauch (vgl. Gen 6,3 J; Jes 40,5; Ps 78,39) oder zum starken Gott (vgl. 2 Chr 32,8; Ijob 10,4; Ps 36,5; Jer 17,5; Dan 2,11). Die *rûach* ist eine göttliche Kraft. Eben weil Juda sich nicht auf *'el* und *rûach*, sondern nur auf *'adam* und *basar* verläßt, ist es mit Ägypten, der schützenden Ohnmacht, dem Untergang geweiht.

Auf dem Messias ruht als eigene Gabe der "Geist der Stärke" (*rûach gᵉbûrah*, Jes 11,2); darum heißt er "ᶜimmanû-'el", "Gott mit uns" (Jes 7,14), "'el gibbôr", "starker Gott" (Jes 9,5), der "den Tyrannen mit dem Stab seines Mundes und den Gottlosen mit dem Hauche (*rûach*) seiner Lippen töten wird" (Jes 11,4).

Deutlich kommt der Begriff der *rûach* als außergewöhnliche Kraft da zum Ausdruck, wo in dichterischer Sprache der Sturmwind als "Hauch des Herrn" dargestellt wird, der mit unwiderstehlicher Gewalt alle Hindernisse hinwegfegt, z.B. Ex 15,8.10; Ijob 4,9; Ps 18,16; 147,18; Jes 11,15; 28, 30; 34,16; 40,7; 59,19[43].

Selbst im Buche der Weisheit ist das *pneúma* nicht ganz dieser sinnlichen Bedeutung entkleidet. Der Verfasser betont mit Nachdruck, daß Gott die feindlichen Ägypter "durch einen bloßen Hauch" (héni pneúmatos) hätte vernichten können, von seiner Rache verfolgt

---

[43] Vgl. R. KOCH, *La théologie de l'Esprit de Yahvé dans le Livre d'Isaïe*, in *Sacra Pagina* I, Paris-Gembloux 1959, 419 - 433.

und vom "Hauche seiner Allmacht" (hypó pneúmatos dynámeos) hinweggefegt (Weish 11,20 vgl. Jes 11,4).

Ähnlich wird beim letzten Gericht der "Hauch der Allmacht" (pneúma dynámenos), d.h. der allmächtige Gotteshauch[44] sich gegen sie erheben und wie ein Wirbelwind sie zerstreuen (Weish 5,23).

So ist mit dem Begriff der göttlichen *rûach* immer auch der Gedanke der göttlichen Kraft verbunden. Es ist eine göttliche Kraft, die auf die auserkorenen Menschen einwirkt, deren physische, psychische und geistige Fähigkeiten zum Teil ins Riesenhafte steigert, sie über das gewöhnliche Maß hinaushebt. "Die Hauptsache bei dem Begriff des Geistes ist stets, daß er übernatürliche Kraft ist. Dies ist die eigentliche Dimension des Geistes"[45].

Eine genaue Entsprechung dieser alttestamentlichen Geistesauffassung findet man im NT wieder. So stehen Lk 1,35 pneúma hágion und dynamis hypsístou ganz parallel. Von Jesus heißt es, daß er die Wundergabe der Teufelsaustreibung besaß, weil Gott ihn mit "heiligem Geist und mit Kraft" (pneúmati hagío kai dynámeí) gesalbt hat (Apg 10,38). Für eine mutige Verkündigung des Gotteswortes werden die Apostel der "Kraft des heiligen Geistes" (dynamis... tou hagíou pneúmatos) ausgerüstet (Apg 1,8).

e) Die besprochenen Geisteswirkungen gehen über das physisch-psychische Gebiet nicht hinaus. Sittliche Handlungen werden von der *rûach Jahweh* noch nicht abgeleitet. Die außergewöhnliche Gabe der *rûach Jahweh* hat keine unmittelbare Beziehung zur Sittlichkeit des charismatischen Volksführers. Sie ist ihm nicht geschenkt zu seiner eigenen sittlichen und religiösen Vervollkommnung, sondern lediglich zu Nutz und Frommen des Volkes, der Gemeinschaft. Es ist eine *gratia gratis data, non gratum faciens*, wie Thomas sagt[46]. Die Träger des Herrengeistes stehen im Dienste einer großen und heiligen Sache: dem Einbruch von Kanaans Baalkult und heidnischer Sitte zu wehren! Mögen sie, wie der Heide Bileam, der Volksheld Simson, auch ethisch indifferent sein, so geht es doch nicht an, daraus zu folgern, Jahweh sei es auch. Jahweh ist seit den ältesten Zeiten eine hohe sittliche Macht und sein Geist ist immer auch ein *heiliger* Geist (Jes 63,10.11; Ps 51,13), einmal wegen seines göttlichen Ursprungs und dann auch wegen der heilsamen Wirkungen, die er im Gottesvolk hervorbringt[47].

---

[44] Wie 11,20; vgl. 1,3. Nicht "ein gewaltiger Sturmwind", von dem erst in der zweiten Halbzeile die Rede ist. Siehe P. HEINISCH, *Das Buch der Weisheit*, Münster i.W. 1912, 106.
[45] H. GUNKEL, *Die Wirkungen des heiligen Geistes*, 47.
[46] S. ThI.IIq.3 ad corp.
[47] Vgl. R. KOCH, *Geist und Messias*, 33 - 37. "La rûah est terrifiante par sa liberté même; elle apparaît et disparaît au gré de Dieu", A. NEHER, *L'essence du prophétisme*, 93. In den alten Erzählungen von der Gefährdung und Rettung Saras (Gen 12,10-20 J = 20,1-18 E) und Rebekkas (Gen 26,1-11 J) tritt Jahweh von allem Anfang an als Beschützer der Ehe auf, wenn sich auch das sittliche Betragen Abrahams nur nach und nach verfeinert. Vgl. *BJ*, 42h.

2. Bleibende Wirkungen

Während bisher die Geistergriffenheit nur vorübergehend auftrat, weist sie in andern, vorzugsweise späteren Texten *dauerhaften* Charakter auf. Der Geist des Herrn ruht (*nûach*) vor allem auf den großen Persönlichkeiten Mose und Elija, die an zwei entscheidenden Wendepunkten der Heilsgeschichte mit unerhörter Machtfülle und mit staunenerregender Wunderkraft ausgerüstet wurden sowie auf den charismatischen Königen Saul und David und den faszinierenden Schriftpropheten.

2.1. Der Volksführer Mose

In der unmittelbaren Theokratie, die mit dem Sinaibunde begründet wurde (vgl. Ex 19,5), ist *Jahweh* der König, Fürst und Führer seines Volkes Israel (vgl. 1 Sam 8,7; 9,16). Der irdische Herrscher ist nur sein Stellvertreter, sein Vezier, den Jahweh jeweils erwählt, mit der Gabe der *rûach* erfüllt und mit der religiös-politischen Führung betraut[48].

So wurde Mose für eine kluge Staatsführung und eine weise Gesetzgebung mit dem Geiste des Herrn erfüllt:

Ich kann dieses ganze Volk nicht allein tragen, es ist mir zu schwer. Wenn du mich so behandelst, dann bring ich mich lieber gleich um, wenn ich überhaupt dein Wohlgefallen gefunden habe! Ich will mein Elend nicht mehr ansehen.

Da sprach der Herr zu Mose: Versammle siebzig von den Ältesten Israels vor mir, Männer, die du als Älteste des Volkes und Listenführer kennst; bring sie zum Offenbarungszelt! Dort sollen sie sich mit dir zusammen aufstellen. Dann komme ich herab und rede dort mit dir. Ich nehme etwas vom Geist, der auf dir ruht (nûach), und lege ihn auf sie. So können sie mit dir zusammen an der Last des Volkes tragen, und du mußt sie nicht mehr allein tragen (Num 11,14-17).

In den Versen 12,24-25 wird dann die Ausführung beschrieben. Wenn auch die "Entlastungsfrage" nicht mit der prophetischen "Entzückungserfahrung" gelöst werden konnte, so haben die siebzig Ältesten dem geisterfüllten Mose mit Rat und Tat die Last des Amtes zu tragen geholfen[49].

Gegen Ende seines Lebens flehte Mose zu Gott um einen Nachfolger: Der Herr, der Gott der Geister für alles Fleisch, setze einen Mann als Anführer der Gemeinde ein...; die Gemeinde des Herrn soll nicht sein wie die Schafe, die keinen Hirten haben (Num 27,16-17)[50].

Der Herr erhörte die Bitte des Mose. Er wählte den Josua, einen Mann, "in dem die *rûach* ist" (Num 27,18), der "mit der *rûach* der Weisheit erfüllt ist" (Dtn 34,9), d.h. in Josua schal-

---

[48] "Es gibt im vorköniglichen Israel kein Aus-sich-der-Herrschaft, denn es gibt keine politische Sphäre außer der theopolitischen", M. BUBER, *Königtum Gottes*, 140.

[49] Vgl. D. LYS, *Rûach*, 187 - 189.

[50] Gott gibt den Odem, der alles Fleisch belebt (vgl. Num 16,22). - LXX trennt "Gott der Herr der Geister und allen Fleisches": Gott ist der Herr der Geister und der Körper, was einen platonischen Einfluß verrät. Siehe J. DE VAULX, *Les Nombres* (Sources Bibliques), Paris 1972, 194.

tet und waltet dauernd die *rûach* des Herrn als charismatische Berufsgabe für eine gerechte und weise Führung des Volkes[51].

2.2. Das charismatische Königtum

In der ältesten Zeit betrachtete man auch das Königtum als charismatische Herrschaft. Der irdische König ist nur Jahwehs Stellvertreter, der dessen Anordnungen auszuführen hat. Er muß deshalb vom Geiste seines Herrn erfüllt und geleitet sein.

Saul, der vorübergehend mit dem Charisma der ekstatischen Prophetie ausgerüstet war, stand zugleich unter dem bleibenden Einfluß des Gottesgeistes, der ihm für die Ausübung des königlichen Amtes geschenkt war. Nach seiner selbstverschuldeten Verwerfung durch den Herrn zog sich der Geist Gottes von ihm zurück (1 Sam 14,14).

An seiner Stelle ward *David* zum Vertreter des Gottkönigs gewählt. Nach der feierlichen Salbung kam die *rûach Jahweh* über ihn von diesem Tage an und weiterhin. Das Verbum *salach* drückt gewöhnlich nur einen vorübergehenden Geistesbesitz aus; darum bemerkt der Verfasser ausdrücklich, daß die *rûach Jahweh* auch weiter auf David ruhte (vgl. 1 Sam 16,13). Als dann das Königtum mit Salomon eine feste erbliche Einrichtung wurde, verlor es den theokratisch-charismatischen Charakter. Die charismatische Herrschaft wurde abgelöst von der davidischen Erbmonarchie. Das Königtum "trat damit aus dem Gebiete des Unerklärlich-Wunderbaren, dem eigentlichen Wirkungskreis der rûach, hinaus"[52].

2.3. Die Wundertäter Elija und Elischa

Das Auftreten des *Elija* bildet den andern großen Wendepunkt in der alttestamentlichen Heilsgeschichte. Der Einbruch des phönikischen Baalskultes bildete eine tödliche Gefahr für den Jahwismus. Es ging da um Sein oder Nichtsein des Jahwehglaubens.

In dieser Zeit höchster Gefahr trat der Prophet *Elija* auf den Plan. Vom Geist des Herrn ergriffen (2 Kön 2,15; vgl. V.9), trat er zur Rettung des Jahwismus in die Welt des Wunders: die wunderbare Vermehrung von Mehl im Topfe und von Öl im Kruge (1 Kön 17,7-16), die Totenerweckung des Knaben (1 Kön 17,17-24 = 2 Kön 4,1-37: Elischa).

Elijas Geschichte ist ganz in Wunder gehüllt, der eigentlichen Welt der *rûach Jahweh*. Für die negative Kritik ist das Wunder zwar der Legende liebstes Kind. Wir halten es da lieber mit GERHARD VON RAD: "Es wäre sehr kurzschlüssig, wenn sich die historisch-kritische Geschichtswissenschaft als den einzigen Weg in die Geschichte Israels verstehen wollte und wenn sie dem, was Israel etwa in Sagen meldet, eine Begründung in der wirklichen Geschichte abspräche"[53].

---

[51] In den babylonischen und assyrischen Königsinschriften ist die Herrscher- und Richtergewalt der Fürsten als ein Geschenk der Götter aufgefaßt. Vgl. H. JUNKER, *Prophet und Seher in Israel*, 45.
[52] W. EICHRODT, *Theologie des AT* II/III[4], 22. - M. BUBER sagt richtig: "Der eigentliche Widerpart der unmittelbaren Theokratie ist das erbliche Königtum", *Königtum Gottes*, 139.
[53] G. VON RAD, *Theologie des AT* I, 473 - 474.

Elijas Tod wurde dann zur Stunde der prophetischen Sendung seines Jüngers *Elischa* (2 Kön 2,1-18; vgl. V.9-10). Auf ihm ruhte von nun an der Geist des Herrn, der ihn zum Gottesmann und zum Wundertäter machte: das Wasserwunder (2 Kön 2,19-22), die spottenden Knaben (2,23-25), das Ölwunder (4,1-7), die Totenerweckung (4,8-37), der Tod im Topf (4,38-41), die Brotvermehrung (6,1-7), das Grab des Propheten (13,20-21).
CLAUS SCHEDL vergleicht diese Wundererzählungen mit den "Fioretti" des Poverello von Assisi, d.h. mit den im Jüngerkreis entstandenen und zum Teil mit Legenden durchwirkten Wundern. "Auch Wunderberichte können genau so historisch sein wie wunderlose Chronikberichte, zumal bei dem ausgeprägten atl. Gottesbegriff"[54]. Also weder wörtliche Deutung noch künstlerischer und künstlicher Legendenkranz!

2.4. Die Schriftpropheten

Als die bevorzugten Träger des Gottesgeistes gelten aber die klassischen *Propheten*.
2.4.1. In jüngster Zeit hat man den Besitz des Gottesgeistes als Quelle der prophetischen Inspiration den *vorexilischen* Propheten abgesprochen. Man erkennt zwar ihre göttliche Inspiration an, bestreitet aber deren Ausrüstung mit der *rûach Jahweh*. So schreibt bereits S. MOWINCKEL: "The pre-exilic reforming prophets never in reality express a consciousness that their prophetic endowment and power are due to possession by or any action of the spirit of Jahweh"[55]. R. ALBERTZ/C. WESTERMANN sprechen ebenfalls die Gabe der *rûach Jahweh* den vorexilischen Propheten ab: "Sie fehlt... völlig in der Schriftprophetie von Amos bis Jeremia. Erst in nachexilischer Zeit wird die *Prophetie* selbstverständlich als Wirken des göttlichen Geistes verstanden"[56].
Es ist richtig, diese Propheten reden *ausdrücklich* nur selten (Hos, Mi und Jes) oder überhaupt nicht (Am, Jer) von der *rûach Jahweh*. Daraus folgt aber noch nicht, daß sie ihn ablehnen.
Die vorexilischen Schriftpropheten haben ihre Botschaft nicht auf dem Geist des Herrn (*rûach*), sondern auf dem *Wort Gottes* (*dabar*) gegründet. Aber nach alttestamentlicher Theologie setzt das *Wort* die *rûach*, den schöpferischen Hauch voraus. Die *rûach* trägt den *dabar*. Die *rûach* verleiht dem *Wort* die Kraft, zu verwirklichen, was es aussagt. Auf der *rûach* gründet die schöpferische und zerstörende *Wortmacht* (vgl. Hos 6,5; Jes 11,4; Jer 23,29; Weish 18,14-16). Nur auf Grund der *rûach* Jahweh ist das Wort Gottes wirkungsvoll. Der Geistbesitz war für die vorexilischen Propheten so selbstverständlich, daß sie ihn ausdrücklich gar nicht eigens erwähnen zu müssen glaubten[57].

---

[54] C. SCHEDL, *Geschichte des AT* IV, 124.
[55] S. MOWINCKEL, *"The spirit" and the "word" in the pre-exilic prophets*, in *JBL* 53 (1934) 199.
[56] R. ALBERTZ/C. WESTERMANN, in *THWAT* II, 746.
[57] "Il est certain que pour les prophètes ce n'est pas l'esprit mais la *parole* qui les qualifie pour leur ministère... Mais la parole suppose l'esprit, c'est-à-dire le souffle créateur de vie, et c'était là pour les prophètes une telle évidence qu'ils jugeaient inutile de l'affirmer explicitement", E. JACOB, *Théologie de l'AT*, 101 - 102; ID., *Osèe...* (Commentaire de l'AT XIa), Neuchâtel 1965, 68 - 69. - A. NEHER, *L'essence du Prophétisme*, Paris 1972, 104: "Cette affinité profonde de la *ruah* et du *davar* nous paraît essentielle". - D. LYS, *Rûach*, 68 Anm. 1: "Il y a affinité profonde entre parole et esprit, la parole établissant au fois la dimension horizontale

Es kommt noch hinzu, daß die alten $n^e b\hat{i}$ '$\hat{i}m$ durch ihr tranceartiges und wildes Gebaren die *rûach Jahweh* in Verruf gebracht hatten. Später beriefen sich dann die "Hofpropheten" auf den *Geist des Herrn*, um den Königen Sieg und Rettung zu verkünden. Doch ihre Botschaft war alles andere als geisterfülltes Gotteswort. Jeremias schleuderte ihnen das bissige Urteil entgegen: "Die Propheten sind nur *rûach*, d.h. Wind, Gottes Wort ist nicht in ihnen" (Jer 5,13; vgl. Jer 2,24; 22,22; 51,16; 52,23). Nicht ein einziges Mal spricht er von der *rûach Jahweh*.

2.4.2. Aber es hat doch nicht an einigen vorexilischen Schriftpropheten gefehlt, die den *Geistbesitz* für sich beanspruchten. Gewöhnlich führt man als Belege an: *Hos 9,7; Mi 3,8; Jes 30,1; 31,3.*

Nun stellt sich die Frage, ob diese Propheten die *rûach Jahweh* wirklich als *Quelle ihrer Inspiration* angenommen haben. Der Text bei Hosea lautet:

Der Prophet ist ein Narr, der *Geistesmann* (*'is harûach*) ist verrückt (Hos 9,7).

Nachdem Hosea Unheil und Strafgerichte angedroht hatte, zog er sich den Zorn und den Spott des Volkes zu (V.7). Der Prophet schildert realistisch die Sendung des Propheten, der von Gott gesandt über das gewöhnliche Maß hinausgehoben wird, darum als "Verrückter", als "Mann der *rûach*", als ekstatischer Schwärmer, verhöhnt und verachtet wird[58]. Die Stelle beweist nur, daß Hosea nach populärer Auffassung ein "Mann des Geistes" war, ähnlich wie ein Saul (1 Sam 10,6.10), wie ein Elija, ein Elischa, ein Micha ben Jimla (1 Kön 18,12; 22,22; 2 Kön 2,9.15), wie die rasenden Prophetenschwärme aus alter Zeit (1 Sam 10,9-13; Jer 23,9). Danach denkt das Volk an die ekstatischen Prophetenscharen, die Hosea nicht verleugnet[59]. Es besteht also kein Zusammenhang zwischen der *rûach* und der Vermittlung des *Herrenwortes*, wohl aber zwischen der *rûach* und dem Charisma der *Verzückung* (vgl. Ez 3,14; 8,3; 11,1; 43,5; Apg 8,39)[60]

Der zweite Beleg stammt von *Micha*:

Ich aber, ich bin erfüllt mit Kraft (koach),
mit dem Geist des Herrn ('ät-rûach Jahweh)
und mit Recht
und mit Stärke (g^e bûrah),
Jakob seine Frevel vorzuhalten
und Israel seine Sünden (Mi 3,8).

Vers 8 ist überladen. Eine Reihe von Auslegern sprechen sich doch für die Echtheit der Stelle aus. Micha fühle und wisse sich in seinem schweren Beruf mit der *rûach Jahweh* erfüllt, um dem treulosen Volk die Frevel vorzuhalten, ganz im Gegensatz zu den Lügenpro-

---

du dialogue, alors que l'esprit réalisait verticalement une présence". - "Le souffle porte la parole, qui, à son tour donne un sens au souffle", J. GUILLET, *Thèmes Bibliques*, Paris 1954, 214.

[58] In einigen Mari-Briefen bezeichnet muhhim = mesugga^c einfach den Seher, den Propheten. Vgl. P.G. RINALDI, *I Profeti Minori* (La Sacra Bibbia, fasc. II.), Torino-Roma 1960, 93. - *DBS* VIII, Paris 1972, 887 - 888.

[59] Meistens denkt man an ein Zwiegespräch zwischen Hosea und dem Volk. So z.B. H.W. WOLFF, *Dodekapropheton I Hosea* (BKAT XIV/1), Neukirchen 1961, 202. - E. JACOB, *Osée...*, 68 - 69; ID., *Théologie de l'AT*, 101 - 102. - CH. HAURET, *Amos et Osée* (Verbum Salutis AA, 5), Paris 1970, 214. - R. KOCH, *Geist und Messias*, 47 Anm. 52.

[60] Vgl. R. ALBERTZ/C. WESTERMANN, *Geist*, in *THWAT* II, 747. - E. OSTY, 695 u. 708.

pheten, die zwar auch einer *rûach* folgen, aber nicht der *rûach Jahweh*, sondern nur dem Wind[61].

Andere Erklärer streichen "Geist des Herrn" als Glosse von Jes 11,2 her: "Anerkanntermaßen ein Einschub"[62].

Wieder andere behalten *rûach Jahweh* bei und streichen dafür *koach* als Doppel zu *ge-bûrah*[63].

Wegen der eigentümlichen Form "*'ät-rûach*", in der *'ät* nicht den Akkusativ meint, sondern die Präposition "mit" oder "durch", und wegen des Zeitwortes "*ml'*" = "voll sein", das nur im späten P vorkommt (Ex 31,3; 35,31; Dtn 34,9), dürfte unser Vers ein Einschub sein, der die *rûach* richtig als Quelle einer kraftvollen Verkündigung des Gotteswortes deutet[64].

Den dritten Beleg liefert *Jesaja*, den man den Propheten des Geistes genannt hat: Jes 30,1-2; 31,1.3.

Weh den trotzigen Söhnen
- Spruch des Herrn -,
die einen Plan ausführen,
der nicht von mir ist,
und ein Bündnis schließen,
das nicht nach meiner rûach ist, ...
ohne meinen Mund zu befragen
(Jes 30,1-2).
Wehe denen, die nach Ägypten ziehen,
um Hilfe zu finden,
und sich auf Pferde verlassen,
die auf die Menge ihrer Wagen vertrauen,
und auf ihre zahlreichen Reiter.
Doch auf den Heiligen Israels blicken sie nicht
und fragen nicht nach dem Herrn...
Auch der Ägypter ist nur ein Mensch ('adam)
und kein Gott ('el),
seine Pferde sind nur Fleisch (basar),
nicht Geist (rûach).
Streckt der Herr seine Hand aus,
dann kommt der Beschützer zu Fall
und ebenso fällt auch sein Schützling,

---

[61] So A. VAN HOONACKER, *Les douze Petits Prophètes*, Paris 1908, 379. - A. WEISER, *Das Buch der Zwölf Kleinen Propheten* (ATD 24), Göttingen 1959³, 257 - 258. - J. GUILLET, *Thèmes Bibliques*, 238 Anm. 156. - P.G. RINALDI/F. LUCIANI, *I Profeti Monori* (La Sacra Bibbia III), Torino-Roma 1969, 27.

[62] W. EICHRODT, *Theologie des AT* II/III⁴, 31 Anm. 55. - A. GEORGES, *Michée...* Paris 1958 , 31 (= *BJ*, beidemale in Klammern). - A. DEISSLER/K. DELCOR, *Le Petits Prophètes* (La Saint Bible de Pirot-Clamer), Paris 1961, 319. - E. OSTY, 2008; *BHS*. - R. ALBERTZ/C. WESTERMANN, in *THWAT* II, 747.

[63] J. LIPPL/J. THEISS, *Die zwölf kleinen Propheten* I, Bonn 1937, 197. - E. JACOB, *Théologie de l'AT*, 102 Anm. 1. - D. LYS, *Rûach*, 91 Anm. 1.

[64] Vgl. R. ALBERTZ/C. WESTERMANN, in *THWAT* II, 747.

58 R. Koch, Der Geist Gottes

sie gehen beide zugrunde (Jes 31,1.3).
Auch für Jesaja ist der Prophet der Träger des Gottesgeistes. Er stimmt da überein mit Hosea und Micha. Eine andere Frage ist es aber, ob er das *Wort* Gottes von der *rûach Jahweh* herleitet.

Vielfach hat man die Formulierungen "*von mir*" (30,1) und "*'el*" (31,3) vom *inneren Wesen Gottes* als der Quelle der prophetischen Inspiration verstehen wollen[65]. - Es frägt sich aber, ob so eine abstrakte Vorstellung von Gott im Alten Testament vorliegt, wenn auch die Neueren den dynamischen Charakter der *rûach* betonen. "Was von solchen Exegeten aus dem Text herausgelesen wird, liegt jenseits des Horizontes nicht nur Jesajas, sondern des Alten Testamentes überhaupt"[66].

Für andere sind die Wendungen "meinen Mund befragen" (30,2) und "nach dem Herrn fragen" (31,1) ein Beweis für die Inspiration des Propheten: der Geist des Herrn redet und wirkt durch den "Mund des Propheten, verwirft er die unheilvolle Bündnispolitik. Jesaja wird von Jahwehs Geist inspiriert in der heftigen Auseinandersetzung mit dem königlichen Hof[67].

Jüngst hat man die Meinung vertreten, es sei nach dem ganzen Zusammenhang weit mehr an das *Machtwirken* Gottes als an das *kraftgeladene Gotteswort* zu denken. An beiden Stellen handle es sich um politische Verträge und Kriegsrüstungen, nicht um Prophetie. R. ALBERTZ/C. WESTERMANN vermuten, daß Jesaja hier Elemente aus der Überlieferung des heiligen Krieges aufgenommen habe: "Gegenüber ängstlichem politischem Kalkül hält Jesaja daran fest, daß allein Gottes Geist zur Rettung befähigen kann, durch den Jahwe selber in den Kampf eingreift (31,4 f.; vgl. Ri 5,4 f.)"[68]. Der große Dichter stellt hier Gott dem Menschen gegenüber, den Löwen der ägyptischen Heerschar, den Herrn der Heere dem kriegerischen Einsatz Ägyptens[69].

Aber hier wird der Kampf auf dem Parkett der Diplomatie ausgetragen. Jesaja führt gegen das diplomatische Intrigenspiel des Hofes seine inspirierte Drohrede ins Feld. Das Bündnis mit Ägypten "ist nicht nach Jahves Geist, entspricht nicht seinem Willen; es ist ein reinmenschliches Gemächte, das gegen Jahves Geschichtsplan gerichtet ist... Man war fort, ohne Jahves Mund, d. i. ohne den Propheten befragt zu haben, ob es Jahve gutheißt oder nicht"[70].

Jesaja lebt in der Welt des Charismas. Außer der *prophetischen Inspiration* weiß er sich mit der Gabe der *Entrückung* ausgerüstet (Jes 8,11), wie sein Zeitgenossen Hosea (9,7) und

[65] "rûach définit la nature de Dieu", D. LYS, *Rûach*, 84. - "Bien qu'Isaïe ne dise pas formellement que Dieu est esprit, ni que Yahweh est esprit et est le seul à l'être, sa pensée va certainement jusque là", P. VAN IMSCHOOT, *Théologie de l'AT* I, 197. - F. BAUMGÄRTEL, in *ThWNT* VI, 1959, 361 - 362. Weitere Belege bei H. WILDBERGER, *Jesaja* (BK AT X/3), Neukirchen-Vluyn 1978, 1231 - 1232.
[66] H. WILDBERGER, *Jesaja*, 1232.
[67] B. DUHM, *Das Buch Jesaja*, Göttingen 1968[5], 215. - J. FISCHER, *Das Buch Isaias* (HSAT I), Bonn 1937, 198 - 199, 208.
[68] R. ALBERTZ/C. WESTERMANN, in *THWAT* II, 748.
[69] H. WILDBERGER sagt zur kriegerischen Deutung der Jesaja Stellen durch R. ALBERTZ/C. WESTERMANN (*THWAT* II, 747 - 748) "R. ALBERTZ/C. WESTERMANN mögen recht haben, wenn sie vermuten, daß Jesaja hier in verkürzter Redeweise ein Traditionselement aus dem Umkreis des heiligen Krieges aufnehme", *Jesaja*, 11,52.
[70] J. FISCHER, a.a.O. 199.

später Jeremia (15,17) und Ezechiel (4,14). Wenn er sich darauf beschränkt, von der "*Hand*" des Herrn zu sprechen (8,11), "stellt er die Hörer vor das Geheimnisvolle, nicht rational Analysierbare des Vorganges hin; seine Scheu, mit Worten zu artikulieren, was man im Grunde nicht aussprechen kann, ist unverkennbar. Ohne Zweifel ist aber ein *ekstatisches Erlebnis* gemeint"[71].

2.4.3. Amos, Jeremia

Der Prophet *Amos* meint mit *rûach* einmal den *Wind* (Am 4,13), nie aber ausdrücklich den Geist des Herrn. Wenn er auch weder mit den landläufigen Amts- oder Dauerpropheten noch mit den Prophetenscharen (vgl. 1 Sam 10,5-12; 1 Kön 20,35; 2 Kön 2,3.5.7) etwas zu tun haben will (vgl. Am 7,14), weiß er doch um den jähen Einbruch Jahwehs in sein Bauernleben. Nicht aus eigenem Antrieb, sondern auf Befehl einer höheren Macht "tritt er als Prophet" auf:

Der Herr hat mich von meiner Herde weg gegriffen (laqach[72]) und zu mir gesagt: Gehe und rede als Prophet zu meinem Volke Israel! (Am 7,15: hinnabe' wie V.12.13.16; 2,12; 3,8).

Diesem Überfall des Herrn kann er nicht widerstehen:

Der Löwe brüllt - wer fürchtet sich nicht?

Gott, der Herr, spricht -

wer wird da nicht zum Propheten? (Am 3,8).

Wie der Mensch bei einem Löwengebrüll vor Schrecken jäh zusammenfährt, so muß Amos Unheil androhen, wenn der Herr ihn überfällt. Er fühlt sich vom *Worte* Gottes übermannt, wie das Lamm von einem Löwen. Sehr wahrscheinlich haben Amos, Obadja, Nahum, Zefania und Habakuk nie von der *rûach Jahweh* gesprochen, weil sie durch die alten Ekstatiker und die Pseudopropheten, die ihre "Heilsprophetie" auf den Geist des Herrn zurückführten (vgl. Am 7,15; Jer 29,26-27; 1 Kön 22,24), in Verruf gekommen war. Dafür spricht die Auseinandersetzung Micha ben Jimlas mit den Hofpropheten Ahabs (1 Kön 22 = 2 Chr 18)[73].

So stehen die *vorexilischen* Propheten auf einer Linie mit den Vertretern des ältesten Prophetentums in Israel, die mit der Gabe des Gottesgeistes waren, wie ein *Mose* (Num 11,17), die Prophetin *Debora* (Ri 4,4)[74], *Elija* und *Elischa* (2 Kön 2,9.15). Auch in den Propheten des VIII. und VII Jahrhunderts waltet die *rûach Jahweh*. Sie wird zwar selten (Hos, Mi, Jes) oder überhaupt nicht (Am, Obd, Nah, Zef, Hab) erwähnt, nie aber geleugnet. Hinter dem Wort Gottes steht die *rûach Jahweh*, die das Wort trägt. Das trifft auch zu für Jeremia.

---

[71] H. WILDBERGER, *Jesaja* (BKAT X/1), Neukirchen-Vluyn 1972, 336.

[72] *laqach* im Sinne von erwählen, berufen wie in Num 3,41.45; 2 Sam 7,8; Jer 20,7-9; Phil 3,12. Vgl. S. AMSLER, *Amos*... (Commentaire de l'AT XIa), Neuchâtel 1965, 231.

[73] Siehe J. KÖBERLE, *Gottesgeist und Menschengeist im AT*, in *NKiZ* 13 (1902) 404. - E. JACOB, *Théologie de l'AT*, 101 - 102. - D. LYS, *Rûach*, 68 Anm. 1. - R. KOCH, *Geist und Messias*, 50 Anm. 56. - A. NEHER, *L'essence du prophétisme*, Paris 1972, 103 - 104: "Amos décrit... la révélation comme une contrainte, un saisissement, on pourrait dire: un rapt... Dieu l'a pris derrière les troupaux, dans l'effroi, et l'oblige à parler. Il se sent surpris par la parole de Dieu, comme la proie par le lion". - R. ALBERTZ/C. WESTERMANN, in *THWAT* II, 748.

[74] Es steht zwar nichts im Text von einer Ausrüstung mit dem Geiste des Herrn; man darf aber füglich annehmen, daß auch Debora wie die übrigen "Richter" den Geist des Herrn besaß. M. BUBER vermutet, daß zu Beginn des Siegesliedes (Ri 5) die Geistesmitteilung ursprünglich erwähnt worden sei (*Königtum Gottes*, Berlin 1936, 172).

Der Prophet *Jeremia* spricht nie ausdrücklich von einer Ausstattung des Wortempfängers mit der *rûach Jahweh.* Am häufigsten kommt bei ihm *rûach* in der Bedeutung von "Wind" vor, z.B. 2,24; 4,11; 13,24; 22,22; 49,32.36; 51,16 = 10,13), einmal im übertragenen Sinn von "eitler Sache" (5,13). Ferner bezeichnet *rûach* das Prinzip des physischen Lebens (10,14 = 51,17) und der geistigen Vorgänge im Menschen (51,1.11). Wenn Jeremia die *rûach Jahweh* nie erwähnt, so ist es doch nicht so, als ob er sie nicht kännte, geschweige denn sie ablehnte. Den falschen Propheten, die sich in trügerischer Sicherheit wiegen (5,12), spricht der Prophet mit einem Wortspiel die echte Geistesgabe ab:

Diese Propheten werden zu rûach, zu Wind,
das Gotteswort ist nicht in ihnen (Jer 5,13).

Diese Scheinpropheten, die eine schönere Zukunft mit den sattesten Farben ausmalen und ohne Gott auszukommen meinen, werden zu "Wind", d.h. sie sind mit ihren "Sieg-Heil!"-Sprüchen nur "leere Luft", "eitler Dunst", eine "windige" Sache, ein Nichts, und deshalb gar nicht ernst zu nehmen. Besäßen sie die echte prophetische *rûach,* so wäre das Wort Gottes in ihnen. So dürfte in diesem Spottwort ein indirektes Zeugnis für die *rûach Jahweh* als Quelle der prophetischen Inspiration vorliegen.

In der Berufungsvision betont Jeremia mit Nachdruck, daß die göttliche *Hand* seinen Mund berührte und Jahweh seine Worte in den Mund legte. Jeremia nimmt die göttliche Inspiration für sich in Anspruch, die er auf die *"Hand"* des Herrn zurückführt (Jer 1,9; vgl. 15,17). Mit gleichem Recht hätte er die Mitteilung des Gotteswortes der *rûach Jahweh* zuschreiben können. Er bezeichnet seine eigene prophetische Verkündigung mit dem Zeitwort *nibba'* (11,21; 19,14; 25,13; 26,11.12), ebenfalls die seiner Vorgänger (28,8) oder mit *hitnabbe'"* (26,20), die den Geistbesitz voraussetzt. Zudem weiß er sich vom Herrn mit unwiderstehlicher Macht ergriffen und vom Herrn betört und bezwungen (4,19; 20,7): lauter charakteristische Geisteswirkungen[75].

Hätten Jesaja, Amos, Hosea, Micha und Jeremia die *rûach Jahweh* abgelehnt, so sieht man nicht ein, wie bei *Ezechiel* der Geist des Herrn unvermittelt eine so große Rolle spielt. Wenn diese Propheten selten oder überhaupt nicht davon reden, gibt nicht das Wort den Ausschlag, sondern die Sache.

2.4.4. Ezechiel

Der Prophet *Ezechiel* spricht wieder ganz unbekümmert von der *rûach Jahweh.* Auf Schritt und Tritt betont er, unter der Einwirkung der *rûach Jahweh* zu stehen, zu reden und zu handeln. Der Geist des Herrn "kommt" über den Propheten von außen und von oben (2,2; 3,24); er "fällt auf ihn" (*nafal,* 11,5), er "hebt ihn empor" in den Zustand der Verzückung (*nasa',* 3,12.14; 8,3; 11,1.24; 37,1) und bewirkt die "leibliche" Entrückung (43,5; vgl. 2,2; 3,24).

In einer Reihe von Texten verwendet er wie Jesaja und Jeremia den gleichbedeutenden Ausdruck "Hand des Herrn" (1,3; 8,1; 37,1; 40,1).

---

[75] "Jérémie ressent pathétiquement la connaissance prophétique comme une séduction, un viol. Peu de prophètes ont eu, autant que Jérémie, la sensation aiguë et torturante d'être *possédé* par Dieu. La possession vient du *davar* de Dieu et non de sa *rûach,* soit; mais ... la *parole* s'identifiait en lui, psychologiquement, avec la *rûach* ... Cette affinité profonde de la *rûach* et du *davar* nous paraît essentielle" (A. NEHER, a.a.O., 203 - 204).

So wird die Prophetie vor, in und nach dem Exil als Wirken des göttlichen Geistes verstanden.

2.5. Die Berufung

Die *rûach Jahweh* kommt plötzlich und unverhofft über den Propheten, von außen und von oben. Wie ein Blitz aus heiterem Himmel. Der Prophet erlebt in seiner *Berufung* den lebendigen Gott, der in seine kleine Welt einbricht, ihn ganz erfüllt und beglückt[76]. *Amos* hat versucht, diese unaussprechliche Begegnung mit Beispielen aus dem Bauernleben zu veranschaulichen:

Gehen zwei den gleichen Weg,
ohne daß sie sich verabredet haben?
Brüllt der Löwe im Wald,
und er hat keine Beute?
Gibt der junge Löwe Laut in seinem Versteck,[77]
ohne daß er einen Fang getan hat?
Fällt ein Vogel zur Erde,
wenn niemand nach ihm geworfen hat?
Springt die Klappfalle vom Boden auf,
wenn sie nichts gefangen hat?
Bläst in der Stadt jemand ins Horn;
ohne daß das Volk erschrickt?
Geschieht ein Unglück in einer Stadt,
ohne daß der Herr es bewirkt hat?
Nichts tut Gott, der Herr,
ohne daß er seinen Knechten, den Propheten,
zuvor seinen Ratschluß offenbart hat.
Der Löwe brüllt - wer fürchtet sich nicht?
Gott, der Herr, spricht -
wer wird da nicht zum Propheten? (Am 3,3-8).

An Beispielen aus dem Leben des Wanderers, des Raubtieres, des Jägers und des Städters zeigt Amos, wie er von der *rûach Jahweh* ergriffen, ja überwältigt worden ist. Die Bilder weisen alle hin auf den unentrinnbaren Zusammenhang zwischen Wirkung und Ursache (V.3-5b) oder zwischen Ursache und Wirkung (V.5c-8). Ohne Bild: er kann gar nichts anderes als sich der göttlichen Macht ausliefern. Er gerät ganz in ihren Bann. Dem unausweichlichen Zwang der Berufung zum Prophetenamt kann er sich nicht entziehen: bei den zwei *Männern*, die einander kennen lernen, weil sie sich vorher begegnet sind, geht es um Jahweh selber, der dem Propheten seinen *sôd* (Rat, Geheimnis) vermittelt; der brüllende

---

[76] "L'expérience prophétique est une gustation de l'Absolu", A. NEHER, *L'essence du prophétisme*, 98 Anm. 1.

[77] "Aus seiner Höhle", wahrscheinlich späterer Einschub. Vgl. *BHS*, ad 1.

Löwe meint Jahweh, der "von Sion her brüllt" (Am 1,2); der *Jungleu* sinnbildet Jahweh, der den Amos wie eine Beute "weggenommen hinter der Herde" (Am 7,15); die *Vogelfalle* weist hin auf Jahweh, der wie ein *Netz* Ephraim einfängt (vgl. Hos 7,11-12). Amos lüftet hier den Schleier über seiner Berufung zum Prophetendienst, den er in 7,15 andeutet. Stammelnd berichtet er von der unsäglichen Begegnung mit Gott wie die übrigen Propheten in ihren Berufungsvisionen (vgl. Jes 6; Jer 1; Ez 1-3)[78].

Amos will aber seine Erfahrung nicht allein auf seine Berufung beschränken[79], sondern nach dem Zusammenhang umfaßt sie den prophetischen Dienst am Worte[80]. "Jahweh hat geredet, das ist die einzige Legitimation des Amos. Für die Auswirkung dieses unableitbar vehementen Eingriffs und umgekehrt für die Notwendigkeit seines niederschmetternden Verkündigens Verständnis zu erwecken, dem dient seine Einschärfung des Fragens nach Ursache und Folge"[81].

Jeremia vergleicht in Kapitel 20 sein Berufungserlebnis mit der Begegnung von zwei Verliebten[82]:

Du hast mich betört, o Herr[83],
und ich ließ mich betören;
du hast micht gepackt[84] *und überwältigt... (Jer 20,7).*

Das kühne Bild des von seinem Liebhaber *betörten* und *überwaltigten* Mädchens veranscheulicht den ganzen Aufruhr der Gefühle, die eine verschmähte Liebe auslöst. Das verwegene Bild dient Jeremia dazu, seine eigene Erfahrung dunkel anzudeuten. Er hat das prophetische Amt nicht gesucht, ja er hat sich dagegen gesträubt. Jahweh hat ihn dann bestrickt und überwältigt. Der Sinn vom "verführten Mädchen" ist in seiner ganzen Schärfe zu verstehen. "Du hast meine Einfalt ausgenützt, hast mir alle möglichen Versprechungen gemacht, und nachdem ich so dumm war, mich mit dir einzulassen (*patah*), hast du mich in meiner Schande sitzen lassen (Im Deutschen würde das vulgäre "hereinlegen" den Ton am besten treffen)"[85].

---

[78] "3,3-8 renvoie un écho certain de la menière dont la vocation a été perçue", L. MONLOUBOU, in: *Introduction à la Bible* II, Paris 1973 , 365; vgl. S. 348. - Ferner A. NEHER, *L'essence du prophétisme*, 100 - 101.

[79] So die etwas einseitige Darstellung und Erklärung von A. NEHER, *L'essence du prophétisme*, 100 - 101.

[80] "On aurait tort d'en limiter la portée au seul événement de sa vocation. C'est tout son ministère de prophète qui est l'écho de la parole de Dieu (van Hoonacker)", S. AMSLER, *Amos*, 189.

[81] H.W. WOLFF, *Hosea*, 227.

[82] Zur Abfassung von 20,7-18, dem letzten der fünf berühmten "Bekenntnisse" vgl. 11,18 - 12,5; 15,10-21; 17,14-18; 18,18-23. Siehe A. WEISER, *Das Buch des propheten Jeremia* (ATD 20/21), Göttingen 1960[4], 168 - 169.

[83] Das Zeitwort *patah* im modernen Sinn von "verführen" auch Ez 22,15; Sir 24,10; vgl. Ri 16,5. LXX (*apatao*) und Vulg. (*seducere*) haben den Sinn gut getroffen. Siehe A. PENNA, *Jeremia*, Torino-Roma 1954, 167. - A. WEISER, *Das Buch des Jeremia*, 170; wie die modernen Übersetzungen von E. OSTY, *BJ*, *BC*, *PLEIADE*. Man hat versucht, den starken Ausdruck "verführen" abzuschwächen, in "überzeugen", so F. ZORELL, *Lexicon hebr. et aram.*, 674.

[84] *chazag* im sexuellen Sinn in Ex 22,25; 2 Sam 13,11. Beide Bilder im sexuellen Sinn. Vgl. A. HESCHEL, *Die Prophetie*, Krakau 1936, 92 - 93. -E. OSTY weist auf das Verbum in Phil 3,12.

[85] W. RUDOLPH, *Jeremia* (HAT 12), Tübingen 1968, 130 - 131. - "L'empoignement et l'embrassement de l'amour, la violence pathétique sont des symboles que le prophète a jugés adéquats pour décrire sa connaissance: la connaissance par l'amour des conjoints", A. NEHER, *L'essence du prophétisme*, 101.

Vers 7 ist nach dem *parallelismus synonymus* aufgebaut. Das Bild vom verführten Mädchen wechselt daher nicht über in das vom Ringkämpfer, wie W. RUDOLPH meint[86]. Der erste Akt der Prophetie ist *rezeptiver* Art. Der Prophet verhält sich passiv. Er wird von einer höheren Macht überwältigt, der *rûach Jahweh*, auch wenn sie bei Amos und Jeremia nicht ausdrücklich erwähnt wird.

In alter Zeit wird der *nabî'* auch "Seher" (*ro'äh* oder *chozäh*) genannt[87]. Er "sieht", d.h. er macht eine persönliche Gotteserfahrung, die er erkennen, verstehen und beschreiben kann. Diese erlebnisstarke Begegnung mit Jahweh äußert sich nicht bloß in übermenschlichen Kraftproben, in kriegerischen Heldentaten, in staunenerregenden Wundern oder in prophetischer Erregtheit, sondern auch in Gesichten, Träumen und Verzückung. Alle diese Erlebnisse überschreiten nicht den inneren Raum. Darum redet der Prophet davon in der ersten Person: *ich* habe geträumt, *ich* habe gesehen, *ich* bin entrückt oder mit der *rûach Jahweh* erfüllt worden.

Anders ist das *Wort*, der *dabar*: er ist *objektiver* Art. An die Stelle der ersten Person tritt die dritte: das Wort Gottes, die Rede Gottes erging an den Propheten.

Die *rûach* kommt von außen und von oben über einen Menschen, ohne daß man sie erwecken könnte oder müßte. Weder Magie noch allerlei Betäubungsmittel führen zur *rûach*, weit weniger noch zum *dabar*. Das *Wort* steht in schroffem Gegensatz zum *Schweigen*. Die Magie geht im Schweigen vor sich, genauso wie die mystische Verzückung. Das *Wort* hat nichts zu tun weder mit der einen noch mit der anderen Erscheinung. Der alte *nabî'*, der mit der *rûach Jahweh* ausgestattet war, hatte eine andere *Sendung* als der klassische Prophet[88].

2.6. Die Sendung

Auf die Berufung folgt die *Sendung*. Nach dem Berufungserlebnis kommt die Mitteilung und die Verkündigung des Gotteswortes. Die *rûach Jahweh* bildet die unmittelbare Quelle der göttlichen Offenbarung und der prophetischen Predigt, mit einem Worte die sprudelnde Quelle der *prophetischen Inspiration*, die Berufung und Sendung umfaßt. Die *rûach* wird ergänzt durch das *Wort*, das der Herr schenkt und das der Prophet zu verkünden hat. Die *rûach Jahweh* ist keine magische, blinde, dämonische Kraft, die später vom vergeistigten und versittlichten Begriff des Gotteswortes abgelöst worden wäre[89].

Die großen Gestalten der Heilsgeschichte weisen alle mit größtem Nachdruck auf den göttlichen Ursprung ihrer Verkündigung hin. Gott selber hat ihnen sein Wort übergeben.

---

[86] Vgl. W. RUDOLPH, *Jeremia*, 131.

[87] Eine Übersicht der Stellen, wo die zwei Ausdrücken, siehe bei M.A. VAN DEN OUDENRIJN, *De prophetiae chrismate in populo israelitico libri quattuor*, Romae 1926, 37, 40 - 41, oder *De vocabulis quibusdam termini nabî synonymis*, in *Bib* 6 (1925) 294, 297 - 298. - R. KOCH, *Geist und Messias*, 52.

[88] Vgl. A. NEHER, *L'essence du prophétisme*, 106 - 108.

[89] So P. VOLZ, *Der Geist Gottes*, 2 - 6. Zur Entwicklung seines Geistbegriffes in großen Zügen siehe R. KOCH, *Geist und Messias*, XX - XXIII.

2.6.1. Im Sendungsbericht des *Mose* führt der Jahwist die Worte des Mose an: "Aber bitte, Herr, ich bin keiner, der gut reden kann, weder gestern noch vorgestern, noch seitdem du mit deinem Knecht sprichst. Mein Mund und meine Zunge sind nämlich schwerfällig".

Der Herr entgegnete ihm: "Wer hat dem Menschen den Mund gegeben, und wer macht taub oder stumm, sehend oder blind? Doch wohl ich, der Herr! Geh also! Ich bin mit deinem Mund und weise dich an, was du reden sollst" (Ex 4,10-12), d.h. Mose spricht von nun an nicht mehr im eigenen Namen, sondern im Auftrag des Herrn.

2.6.2. Jahrhunderte später wird ein großer Dichter und ein gottbegnadeter Redner, der Prophet *Jesaja*, seinen Sendungsbericht in die Worte fassen:

Da flog einer der Serafim zu mir; er trug in seiner Hand eine glühende Kohle, die er mit einer Zange vom Altar genommen hatte.
Er berührte damit meinen Mund und sagte:
Das hier hat deine Lippen berührt:
Deine Schuld ist getilgt,
deine Sünde gesühnt.
Danach hörte ich die Stimme des Herrn, der sagte:
Wen soll ich senden? Wer wird für uns gehen?
Ich antwortete: Hier bin ich, sende mich! (Jes 6,6-8).

Ausdrücklich geht es hier nur um die Reinigung der Lippen. Es liegt aber auf der Hand, daß die Lippen bereitet werden für die *Sendung*, die in der Verkündigung des göttlichen Wortes gipfelt. Nach der "Entsühnung" kann der Prophet "Werkzeug Jahwes, Künder und Vollstrecker seines Willens werden, aus der visio folgt die missiō"[90].

Jesaja fühlt sich zu seinem schweren Dienst an Worte Gottes nicht gezwungen oder vergewaltigt wie Jeremia (Jer 20,7). Gott sendet seine Propheten nie *ex abrupto*. In Freiheit erklärt er sich bereit, sich senden zu lassen: "Hier bin ich! Sende mich!" Zuerst hat der die hehre Majestät des Herrn "geschaut", d.h. in einem visionären Schauen hat er den Gott-König auf einem hohen und erhabenen Thron sitzend erlebt, bekleidet mit dem Königsmantel, dessen Säumen allein schon den Tempel füllten. "Es ist das tief erschütternde und zugleich befreiende Erleben gewesen, das Jesaja seine vorbehaltlose Bereitschaft ermöglichte"[91].

2.6.3. Auch in der "Berufungsvision" des *Jeremia* (Jer 1,4-10) folgt auf die Berufung (V.4-5) und den Widerstand (V.6-8) die *Sendung* (V.8-9).

Dann streckte der Herr seine Hand aus, berührte meinen Mund und sagte zu mir: Hiermit lege ich meine Worte in deinen Mund. Sieh her! Am heutigen Tag setzte ich dich über Völker und Reiche; du sollst ausreißen und niederreißen, vernichten und einreißen, aufbauen und einpflanzen (V.9-10).

Bei seiner Berufung und Sendung ist Jeremia dem lebendigen Gott begegnet, wie ein Jesaja (Jes 6,1-13) und ein Ezechiel (Ez 2,1-3,15) in ihren Berufungsvisionen. Die Szene in V.9 ist nicht bloß literarische Einkleidung, sondern "der Reflex eines Zusammentreffens mit Gott, das bis in die Sphäre der sinnlich-körperlichen Reaktion hineinreicht, wenn auch an-

---

[90] H. WILDBERGER, *Jesaja*, 253. - W. ZIMMERLI stimmt dem zu: "So könnte auch der jesajanische Bericht die Form einer Berufungserzählung belegen, in der die Bereitung des Mundes für die Botschaft nicht unerwähnt bleiben darf", *Ezechiel* (BKAT XIII/1), Neukirchen-Vluyn 1969, 32.
[91] H. WILDBERGER, *Jesaja*, 254.

dererseits die Ausdrucksweise "er ließ meinen Mund rühren" das Bemühen nicht verkennen läßt, den Vorgang in einer vom Geheimnis umwobenen Schwebe zwischen Übersinnlichem und Sinnlichem zu lassen"[92].

Im letzten und leidenschaftlichsten aller fünf "Bekenntnisse" (Jer 20,7-18) gewährt Jeremia uns einen Blick in sein wild tobendes Herz. Nach dem aufwühlenden Berufungserlebnis (V.7a), da Gott ihn gezwungen und überwältigt hat, kommt nun die prophetische Sendung, die wie ein Alpdruck auf ihm lastet:

Zum Gespött bin ich geworden den ganzen Tag,
ein jeder verhöhnt mich.
Ja, sooft ich rede, muß ich schreien:
"Gewalt und Unterdrückung!" muß ich rufen.
Denn das Wort des Herrn bringt mir
den ganzen Tag nur Spott und Hohn.
Sagte ich aber: Ich will nicht mehr an ihn denken
und nicht mehr in seinem Namen sprechen!,
so war es[93] mir, als brenne in meinem Herzen ein Feuer,
eingeschlossen in meinem Inneren.
Ich quälte mich, es auszuhalten,
und konnte es nicht... (V.7b-9).

Seine Verkündigung trägt Jeremia nur Schmach und Schande ein, so daß er am liebsten das Wort Gottes totschweigen möchte. Aber da wird *es* in seinem Innern wie brennendes Feuer, eingeschlossen in seinen Gebeinen, so daß er innerlich an ihm zu verbrennen droht. "Das Gotteswort, das nicht aus seiner Seele aufsteigt, sondern wie ein zerstörender Brand in sie hineinfährt, zwingt zur Weitergabe in der *Verkündigung*. Die angezündete Fackel muß leuchten, sonst verbrennt sie ihren Träger"[94]. Wenn auch die *rûach Jahweh* als Quelle der prophetischen Inspiration hier nicht ausdrücklich erwähnt wird, so setzt der erschütternde Zwang zur Predigt und das Martyrium des Propheten die Geistgabe doch voraus. O. PROCKSCH bemerkt dazu sehr richtig: "Er (Jeremia) beschreibt am Worte Gottes weniger den dianoetischen Sinn, obwohl er auf die Erkenntnis den größten Wert legt, als den <u>dynamischen</u> (ich unterstreiche), den er im fortwährenden Ringen mit Gott am stärksten empfand"[95].

In einem scharfen und eindringlichen Spruch gegen die Lügenpropheten (Jer 23,23-32) hebt Jeremia die überlegene Macht des echten Prophetenwortes hervor:

Der Prophet, der einen Traum hat, erzählt nur einen Traum; wer aber mein Wort hat, der redet wahrhaft *mein Wort.* Was hat das Stroh mit dem Korn zu tun? Wort des Herrn. Ist nicht mein Wort wie Feuer - Wort des Herrn - und wie ein Hammer, der Felsen zerschmettert? (Jer 23,28-29).

---

[92] A. WEISER, *Das Buch des Propheten Jeremia,* Göttingen 1960[4], 7.
[93] Das Subjekt von "so war" ist nicht Gott, sondern das Wort. Vgl. O. PROCKSCH, Art. *lego*, in *ThWNT* IV, Stuttgart 1942, 96.
[94] O. PROCKSCH, *ebd.*
[95] O.PROCKSCH, *ebd.* - Weiter oben sagt der gleiche Verfasser: "Man darf den Empfang von Gottes Wort durch den Propheten als einen dynamischen Vorgang bezeichnen, wenn auch die nt.liche enge Verbindung von Wort und Geist im AT selten zutage tritt" (S. 93).

Die *Lügenpropheten* mögen ihre Träume zum besten geben, wenn das ihnen Spaß macht. Sie sollen sich aber ja nicht einbilden, im Namen Gottes zu reden. Denn zwischen Raum und echtem Gotteswort gähnt ein unüberbrückbarer Abgrund[96]. Die *Träume* sind aber nicht nur eine "windige" Sache, eine leere und eitle (vgl. Jer 5,13), sie sind auch ganz und gar wirkungslos, im schroffem Gegensatz zum mächtigen Gotteswort. Die Kraft und die Gewalt des göttlichen Wortes verdeutlicht Jeremia an zwei Bildern: Das Gotteswort ist wie ein verzehrendes *Feuer* (vgl. Jer 5,14; 15,17; 20,9) und wie ein *Hammer*, der Felsen zerschmettert. Der *dabar* ist mit Kraft geladen, weil er im Grunde von der *rûach Jahweh* getragen und mit unwiderstehlicher Macht ausgerüstet wird. Aus der nie versiegenden Quelle der *rûach Jahweh* strömt fort und fort Gewalt und Kraft ein in das Gotteswort[97].

2.6.4. Der Prophet *Sacharja* I (Sach 1-8)[98] hielt um 518 eine in Prosa gehaltene geharnischte Kurzpredigt über das gottgefällige Fasten (Sach 7,4-14). Sie zerfällt in zwei Teile: 7,4-7 und 7,11-14[99]. Beidemale beruft er sich auf die Botschaft seiner Vorgänger.

Im ersten Teil seiner Predigt geißelt er das rein äußere Fasten, das sich aus Anlaß der zwei Erinnerungsfeiern: Zerstörung Jerusalems und Ermordung Godolias (vgl. 2 Kön 25,2.5 und Jer 41,1-2) auf Essen und Trinken bei den Opferriten beschränkte, ganz auf Kosten des Willens Gottes, wie ihn die früheren Propheten verkündet hatten:

Kennt ihr nicht die *Worte*, die der Herr durch[100] die früheren Propheten verkünden ließ...(V.7).

Leider erfahren wir nichts über den *Inhalt* der Worte, da die Rede in V.7 abgebrochen zu sein scheint, das mit dem eingesetzten Spruch 7,8-10 das sittliche Ideal des Propheten zeichnet: Brüderlichkeit und sittliches Handeln als Ausdruck des göttlichen Willens (vgl. Sach 8,16-17)[101].

Im zweiten Teil (7,11-14) ermahnt er seine Zuhörer, nicht nach dem Beispiel der Väter zu leben: sie kannten zwar den Willen Gottes, handelten aber nicht danach:

Doch sie weigerten sich hinzuhören, sie zeigten sich störrisch und verstopften ihre Ohren, um nicht zu hören. Sie machten ihr Herz hart wie Diamant, um die *Offenbarung* und die *Worte* nicht hören zu müssen, die der Herr der Heere durch seinen Geist (*berûchô*) vermittels der früheren Propheten gesandt hat... (V.11-12).

---

[96] In der kleinen Sammlung von Sprüchen über die Propheten (Jer 23,9-40: V.9-12 = allgemeiner Verfall; V.13-15 = die verkommenen Propheten von Jerusalem; V.16-22 = Propheten ohne Berufung; V.23-32 = Traum und Gottes Wort; V.33-40 = die Last) schlägt der vorletzte ganz scharfe Töne an. Siehe A. WEISER, *Das Buch des Propheten Jeremia*, 207 - 208.

[97] Nach 1 Kön 19,11 zerbricht die *rûach* = Wind die Felsen, nach Ez 27,26 die Tharsisschiffe.

[98] Der Prophet Sacharja I übte sein Amt aus von Oktober/November 520 - November 518 (vgl. Sach 1,1; 7,1). Das rechte sittliche Handeln und die eschatologische Heilszeit lagen ihm vor allem am Herzen. Vgl. K. ELLIGER, *Das Buch der zwölf kleinen Propheten* II (ATD, 25), Göttingen 1967⁶, 99 -100. - *BJ*, 1089.

[99] Die Verse 8-10 sind wohl später eingefügt worden; denn für "Sacharja" steht in V.4 "an mich", und "Sebaoth" fehlt. Vgl. K. ELLIGER, *Das Buch der zwölf kleinen Propheten*, 137.

[100] Wörtlich "durch die Hand". "Eine Bezeichnung der göttlichen Einwirkung, die sich unwiderstehlich des Propheten bemächtigte, *fast gleichbedeutend mit dem Geiste Gottes*", E. KAUTZSCH, *Bibl. Theologie des AT*, Tübingen 1911, 194 - 195.

[101] Vgl. K. ELLIGER, *Das Buch der zwölf kleinen Propheten*, 136.

Die Stelle enthält ein klares Zeugnis von der Geistausstattung auch der vorexilischen Propheten, der Klassiker, mit deren Botschaft er sich völlig eins weiß: Aufruf zur Umkehr und zum brüderlichen Handeln[102]. In unserem Text stehen sich die Wendungen "durch seinen Geist" und "durch die Hand der Propheten" sehr nahe[103]. Der *terminus technicus* "Hand Jahwehs" kommt im AT über 200 mal vor. Des öftern kann er ausgetauscht werden mit "*rûach Jahweh*". Der *Geist des Herrn* kommt über (*hajah* ᶜal) die Volksführer (Ri 3,10; 11,29), er fällt (*mafal*) auf den Propheten (Ez 11,5). Die *Hand Jahwehs* lastet (*chazaq*) auf dem Propheten (Jes 8,11), sie kommt über ihn (*hajah* ᶜal) (Ez 1,3; 8,1; 37,1; 40,1).

Wie die *rûach Jahweh* ist auch die *jad Jahweh* tätig bei der Schöpfung (*rûach Jahweh* = Sal 33,6; Ijob 26,13; Jdt 16,14; Jes 40,13 - *jad Jahweh* = Jes 45,12; 48,13; Ijob 26,13), in der Heilsgeschichte (Ex 9,3; 1 Sam 6,9; Am 9,2; Rut 1,13; Dtn 2,15), vor allem aber im prophetischen Erlebnis des VI. Jahrhunderts bei Jeremia und Ezechiel, als der Geistbesitz durch die Zunftpropheten in Verruf geraten war.

Die *Hand Jahwehs* bemächtigt sich des Propheten und ermächtigt ihn zu unerschrockener Verkündigung des Gotteswortes (2 Kön 3,16).

Bei den Propheten *Jeremia* und *Ezechiel* spielt die *Hand Jahwehs* eine wichtige Rolle. Das Wort kommt vor allem in den vier großen Visionsberichten vor mit den ekstatischen Erfahrungen (Ez 1,3; 8,1; 37,1; 40,1), während sich die *rûach Jahweh* auf das einfache und vornehmere *Wortereignis* beschränkt. Ez 33,22 trennt das Kommen der *Hand Jahwehs* vom eigentlichen Wortempfang. Die *Hand Jahwehs* verursacht einen Zustand der Verfallenheit, in dem auch der Wortempfang vor sich gehen kann. Das einfache Wortereignis, bei dem die visionären und tranceartigen Züge fehlen, wird bei Ezechiel nie mit der *Hand Jahwehs* eingeleitet[104]. Wenn die Propheten, vor allem Jeremia und Ezechiel, die überwältigende Einwirkung Gottes auf ihre Person im Zustand der Verzückung schildern wollen, greifen sie zum *terminus technicus* "*Hand Jahwehs*", der "zu der Unmittelbarkeit ihres Gotterlebens sich besser fügt als die rûah"[105].

---

[102] "Der Geist brachte das in der Vergangenheit ergehende Gotteswort hervor, das auch in der Gegenwart normierende Bedeutung hat", W. EICHRODT, *Theologie des AT* II/III⁴, 37 Anm. 90.

[103] Es liegt auf der Hand, daß die Formel "durch die Hand früherer Propheten" auf die göttliche Macht hinweist, die durch sie wirkt.

[104] Vgl. W. ZIMMERLI, *Ezechiel* I, 49 - 50; das Ganze S. 47 - 50. Siehe R. KOCH, *Geist und Messias*, 32.

[105] W. EICHRODT, *Theologie des AT* II/III⁴, 31.

2.7. Das innige und lebendige Ergriffensein vom Worte Gottes

Vaticanum II hatte das ekstatische Erlebnis bei Berufung und Sendung der Propheten vor Augen, als es vom "suavis et vivus Sacrae Scripturae affectus" (Liturgiekonstitution, 24) sprach. In der Begegnung von *dabar* und *rûach* entzündet sich im Herzen der Propheten der göttliche Funken der Freude und der Seligkeit inmitten aller Schande und Schmach, aller Leiden und Verfolgungen, die dem Propheten die Verkündigung der Botschaft Gottes einträgt. Jeremia und Ezechiel vergleichen Aufnahme und Weitergabe des Gotteswortes mit einer *Speise*, die man gierig verschlingt.

2.7.1. *Jeremia* empfindet es als höchste Lust und tiefste Freude, Verkünder des Wortes zu sein

Du weißt es, Herr...
Bedenke, daß ich deinetwillen Schmach erleide.
Kamen Worte von dir,
so verschlang ich sie,
dein Wort war mir Glück und Herzensfreude;
dein Name ist über mir ausgerufen,
Herr, Gott der Heere... (Jer 15,15-16).

So oft ein Herrenwort zu ihm kam, hatte er es gierig in sich aufgenommen, wie man eine Lieblingsspeise verschlingt. Die Gewißheit, daß Jahwehs Namen über ihm ausgerufen ist, d.h. daß er Gott ganz ausgeliefert, daß er von Gott beschlagnahmt ist, erfüllte den Propheten mit Seligkeit und Wonne. In der dunklen Nacht der Erniedrigung und der Verzweiflung strahlt das geistgetragene Gotteswort auf wie ein lichter Strahl.

2.7.2. In seiner Berufungsvision (Ez 1,1-3,15) berichtet *Ezechiel*, wie er das Wort Gottes gierig verschlang und dabei eine unsagbare Freude verspürte:

Er sagte zu mir: Menschensohn, iß, was du vor dir hast; Iß diese Rolle! Dann geh, und rede zum Haus Israel! Ich öffnete meinen Mund, und er ließ mich die Rolle essen. Er sagte zu mir: Menschensohn, gib deinem Bauch zu essen, fülle dein Inneres mit dieser Rolle, die ich dir gebe. Ich aß sie, und sie wurde in meinem Munde süß wie Honig (Ez 3,1-3).

Dieses "Essen des Gotteswortes" ist wohl nicht rein geistig als Seelenseligkeit aufzufassen. Die Propheten haben sich das *Wort* Gottes einverleibt, genau wie sie von der *rûach Jahweh* ganz erfüllt und beglückt waren. Diese Wonne haben sie wohl nicht nur mit der Spitze des Willens, "la fine pointe de la volonté" (Franz von Sales), erfahren, sondern auch im physiologischen und psychischen Raum mit den Wallungen und den Erregungen ihres Herzens und Gemütes[106].

2.7.3. Wenn die *Propheten* manchmal fast zusammenbrachen unter der Last der Verkündigung des Gotteswortes, so strömten sie doch auch über von Freude und Wonne bis in den blutigen Martyrertod hinein.

Als zur Zeit des Königs Joasch von Juda die obere Schicht einem maßlosen Götzendienst fröhnte, schickte der Herr Propheten zu ihnen, um sie zur Umkehr zum Herrn zu bewe-

---

[106] "Elle (la logophagie) devait parfois s'exprimer par des sensations physiologiques. Le *davar* provoquait, sans doute, des altérations psychiques aussi concrètes que la *rûach*, et l'on était fou de *davar* comme on l'était *de rûach*", A. NEHER, *L'essence du prophétisme*, 105.

gen; doch sie hörten nicht auf ihre Warnung; ja sie schreckten nicht davor zurück, unschuldiges Blut zu vergießen.

Da kam der Geist Gottes über (labas) Secharja, den Sohn des Priesters Jojada. Er trat vor das Volk und hielt ihm vor: So spricht Gott: Warum übertretet ihr die Gebote des Herrn? So könnt ihr kein Glück mehr haben. Weil ihr den Herrn verlassen habt, wird er euch verlassen. Sie aber taten sich gegen ihn zusammen und steinigten ihn auf Befehl des Königs im Hof des Hauses des Herrn. König Joasch dachte nicht mehr an die Treue, mit der ihm Jojada, der Vater Secharjas, gedient hatte, sondern ließ dessen Sohn töten. Dieser aber rief sterbend aus: Der Herr möge es sehen und vergelten! (2 Chr 24,20-22).

Dieses aus der Kraft des *Gottesgeistes* gesprochene Unheilswort entfesselte die Wut des königlichen Hofes, und unter einem Hagel von Steinen sank *Secharja* tot in die Knie im Vorhof des Tempels als glorreicher Blutzeuge des Gotteswortes.

Nachdem Jesus seine 7 "Weh-Rufe" gegen die Heuchelei, die Selbstgerechtigkeit, den Formalismus und die Kasuistik der Pharisäer geschleudert hatte (Mt 23,13-33), scheint er (oder Matthäus) unsere Stelle im Auge gehabt zu haben:

Darum hört: Ich sende Propheten, Weise und Schriftgelehrte zu euch: ihr aber werdet einige von ihnen töten, ja sogar kreuzigen, andere in euren Synagogen auspeitschen und von Stadt zu Stadt verfolgen. So wird all das unschuldige Blut über euch kommen, das auf Erden vergossen worden ist, vom Blut Abels, des Gerechten, bis zum Blut des Zacharia, Barachias Sohn, den ihr im Vorhof zwischen dem Tempelgebäude und dem Altar ermordet habt (Mt 23,34-35).

Matthäus spannt einen weiten Bogen vom ersten (Gen 4) bis zum letzten im AT erwähnten Mord (2 Chr 24,20-22)[107]. Mit *Zacharias* ist "fast sicher" an den Ermordeten von 2 Chr 24,20-22 gedacht, der Priester war und im Tempelhof getötet wurde. Nach 2 Chr 24,20 ist Secharja ein Sohn Jojadas, während nach Mt 23,35 Secharja ein Sohn Bacharias ist, von dem nirgends erwähnt wird, daß er ermordet wurde. Ziemlich sicher liegt bei Mt eine Verwechslung vor[108].

Wie dem auch sei, der letzte Blutzeuge des AT hat dem heiligen *Stephanus*, dem Bannerträger der endlosen Prozession der christlichen Martyrer, die Wege geebnet zu einem geisterfüllten Bekennermut und zu heldenhafter Zeugniskraft.

Sie wählten Stephanus, einen Mann, erfüllt vom Glauben und vom Heiligen Geist... Stephanus aber, voll Gnade und Kraft, tat Wunder und große Zeichen unter dem Volk. Doch einige von der sogenannten Synagoge der Libertiner... erhoben sich, um mit Stephanus zu streiten, aber sie konnten der Weisheit und dem Geist, mit dem er sprach, nicht widerstehen... Und als alle, die im Hohen Rat saßen, auf ihn blickten, erschien ihnen sein Gesicht wie das Gesicht eines Engels (Apg 6,5.8.9.10.15).

Nach der aufrüttelnden Umkehrpredigt (Apg 7,1-53) stürmten seine Feinde auf ihn los und knirschten mit den Zähnen:

Er aber, erfüllt vom Heiligen Geist, blickte zum Himmel empor, sah die Herrlichkeit Gottes und Jesus zur Rechten Gottes stehen... So steinigten sie Stephanus; er aber betete und rief: Herr

---

[107] Der jüdische Kanon schloß mit den Büchern der Chronik.
[108] An eine Verwechslung denken *BJ*, 1448. - E. OSTY, 2130. - E. SCHWEIZER, *Das Evangelium nach Matthäus* (NTD 2), Göttingen 1976, 290. Andere denken an eine Glosse. Vgl. K. GALLING, *Die Bücher der Chronik Esra, Nehemia* (ATD, 12), Göttingen 1954, 140.

Jesus, nimm meinen Geist auf! Dann sank er in die Knie und schrie laut: Herr, rechne ihnen diese Sünde nicht an! Nach diesen Worten starb er (Apg 7,55.56.59.60).
Bei Abfassung der Stephanuserzählung hat Lukas unsern Bericht von der Steinigung des Secharja sicher als Vorlage benützt, dabei aber das alttestamentliche Thema der Rache völlig überwunden (vgl. 2 Chr 24,22 mit Apg 7,60!). Lukas hätte dem heiligen *Stephanus* keine größere Ehre erweisen und kein schöneres Grabmal errichten können als ihm die Züge des sterbenden Jesus zu leihen: "Herr Jesus, nimm meinen Geist auf" (Apg 7,59) = "Vater, in deine Hände lege ich meinen Geist" (Lk 23,46). - "Herr, rechne ihnen diese Sünde nicht an!" (Apg 7,60a) = "Vater, vergib ihnen, denn sie wissen nicht, was sie tun!" (Lk 23,34). - "Nach diesen Worten starb er" (Apg 7,60b) = "Nach diesen Worten hauchte er seinen Geist aus" (Lk 43,46)[109].

Zusammenfassend kann man feststellen:
Der Geist des Herrn verleiht das Charisma der Prophetie, das ein Zweifaches in sich begreift:
Eine tiefe *Erfahrung des Gottesgeistes,* das göttliche *Pathos,* das die Träger des Gottesgeistes für immer prägt.
Auftrag und Vollmacht, Berufung und Sendung, unerschrocken die von Gott stammende Botschaft den Zeitgenossen zu verkünden. Dieser unwiderstehliche Drang zur Verkündigung ist dem Propheten Last und Lust in einem.
Die in diesem Abschnitt besprochenen Geisteswirkungen weisen teilweise die gleichen Eigentümlichkeiten auf wie die des ersten. Sie stellen eine Gabe dar, ein übernatürliches Charisma, das auserkorenen Männern verliehen wird zur Führung des auserwählten Volkes. Art und Umfang der Wirkungen sind aber doch verschieden:
Sie treten nicht mehr nur von Zeit zu Zeit auf, stoßweise, sondern sie haben *dauerhaften Charakter.* Der Geist des Herrn "läßt sich nieder", "ruht" (*nûach* Num 11,25; 2 Kön 2,15), "erfüllt" (*ml'* Ex 31,3; 33,31; Dtn 34,9). Die Gabe des Gottesgeistes rüstet aus für den hohen Beruf des Führer- und Prophetenamtes, auch für das künstlerische Schaffen. Sie wird darum als *bleibender* Besitz aufgefaßt und dargestellt.
Das Auftreten und Wirken der *rûach Jahweh* hat nicht mehr das Stürmische, Unvermittelte, das Jähe der Geisteswirkungen der älteren Zeit. Die *ruhige* Art seines Wirkens hängt zusammen mit der Entfaltung einer durchwegs nicht mehr geistigen Tätigkeit. Es ist die Rede weder von körperlichen Kraftproben noch von kriegerischer oder religiöser Erregtheit und Begeisterung. Im Vordergrund steht nun die charismatische Berufsausrüstung als Wirkung einer bleibenden Geistesgabe. Vom Geiste des Herrn geht die Begabung zum *Führeramt* und zum *prophetischen Berufe.* Zum Wirkungskreis der *rûach* gehören auch wunderbare Heilstaten, übermenschliche Kenntnisse, die Deutung geheimnisvoller Träume, außergewöhnliche künstlerische Begabung; seltener die Voraussage zukünftiger Ereignisse.
Aber das *punctum saliens* der charismatischen Geistbegabung im Alten Testament gipfelt in der Feststellung: "Die geisterfüllte *Tatverkündigung* und vor allem das *Wortereignis* pro-

---

[109] Vgl. G. STÄHLIN, *Die Apostelgeschichte* (NTD 5), Göttingen 1980[7], 114. - E. OSTY, 2332. - *BJ,* 1582h.

phetischen Sprechens ist die *Urform von Geisterfahrung.* Das prophetische Wortereignis kann als der Inbegriff des Charismatischen überhaupt angesehen werden"[110].

II. Religiös-sittliche Wirkungen

Bis jetzt sind wir aus der Welt des Charismas nicht herausgetreten. Durchwegs werden in älterer Zeit *einzelne* Führergestalten mit dem Geist des Herrn beschenkt. Alles Große, alles Edle, alles, was irgendwie über das gewöhnliche Maß hinausragt, wird dem Geist des Herrn zugeschrieben, wie bei den "Richtern", den Kriegern, den Ekstatikern, den Künstlern und Wundertätern, den Königen und Propheten. Die Gemeinschaft der Prophetenschwärme stellt eher eine Ausnahme dar[111].

Hier drängt sich nun die Frage auf, ob der Geist des Herrn bereits in der *alttestamentlichen Moral* eine Rolle spielt. H. GUNKEL ist der Ansicht, Frömmigkeit und Sittlichkeit hätten im AT nichts zu tun mit dem Geist des Herrn. Erst Paulus hätte das sittliche Leben mit dem Gottesgeist in Verbindung gebracht[112].

Auch hier gilt das geflügelte Wort des hl. Augustinus: "Novum Testamentum in Vetere latet". Das trifft auch für die Geisttheologie zu: "Schon im Alten Testament finden sich Spuren der Erkenntnis, daß der Geist Gottes auch als sittliche Lebenskraft im Menschen bleibend wirkt"[113]. "Werden auf die rûach schon... geistige Wirkungen zurückgeführt, so ist der Schritt nicht mehr groß, von ihr auch geistliche, das heißt sittliche und religiöse, die Kraft zum Guten, zu Gott wohlgefälligen Leistungen usw. abzuleiten"[114].

Die Stellen sind zwar nicht zahlreich, aber doch klare und zwingende Zeugnisse für die moralische Wirksamkeit der *rûach*[115]. Die Belege stammen alle aus nachexilischer Zeit: Jes 63,10-14; Ps 51,13; 143,10; Neh 9,20. - Jes 63,10.11 und Psalm 51,13 sprechen vom "heiligen Geist Jahwehs", Psalm 143,10 und Neh 9,20 hingegen vom "guten Geist Jahwehs".

---

[110] H. MÜHLEN, *Der gegenwärtige Aufbruch der Geisterfahrung und die Unterscheidung der Geister*, in *Gegenwart des Geistes. Aspekte der Pneumatologie (Quaestiones Disputatae, 85)*, Freiburg 1979, 27.

[111] Num 11,29 mit der Gruppe der 70 Ältesten stammt nicht aus der Moseszeit. Ihre Erwähnung dürfte eine Legitimierung der Prophetenschwärme aus der Königszeit sein (vgl. 1 Sam 10,5-6 usw.).

[112] H. GUNKEL, *Die Wirkungen des hl. Geistes...*, Göttingen ³1909, 9.78. Vgl. auch P. GÄCHTER, *Zum Pneumabegriff des hl. Paulus*, in ZKTh 53 (1929) 354.

[113] E. KALT, *Geist*, in Bibl. Reallexikon I², Paderborn 1938, 627.

[114] A. BERTHOLET, *Geist und Geistesgaben im AT*, in RGG II², Tübingen 1928, 942.

[115] Zu den folgenden Ausführungen siehe z.B. P. VAN IMSCHOOT, *L'esprit de Jahvé, principe de vie morale dans l'Ancien Testament* I, Tournai 1954, 187 - 194. - D. LYS, *Rûach*, 154 - 155, 281 - 282, 293 - 294. - F.-X. DURRWELL, *L'Esprit Saint de Dieu*, Paris 1983, 24 - 26.

1. Der "heilige Geist des Herrn"

1.1. Jes 63,10.11[116]

Im ergreifenden Bitt- und Bußpsalm Jes 63,7-64,11, der wohl nicht lange nach dem Fall Jerusalems entstanden ist[117], sticht der Abschnitt 63,7-14 in die Augen, wonach die nachexilische Gemeinde der Taten des ersten Exodus unter der Führung des geisterfüllten Mose gedachte:

(9)*In seiner Liebe und seinem Mitleid*
hat er selbst sie erlöst.
Er hat sie emporgehoben und sie getragen,
in all den Tagen der Vorzeit.
(10)*Sie aber lehnten sich gegen ihn auf*
und betrübten seinen heiligen Geist.
Da wandelte er sich und wurde ihr Feind...
(11)*Nun dachten sie an die Tage der Vorzeit,*
die Zeit seines Knechtes Mose:
Wo ist der, der den Hirten seiner Herde aus dem Meer herausgeführt hat?
Wo ist der, der seinen heiligen Geist in ihn gelegt hat,
(12)*der an der rechten Seite des Mose ging*
und ihm half mit mächtigem Arm,
der das Wasser vor ihm zerteilte,...
(13)*der sie durch die Fluten führte*
wie Pferde durch die Steppe,
ohne daß sie strauchelten?
(14)*Der Geist des Herrn ließ sie zur Ruhe kommen,...*
So führtest du dein Volk einst,
um dir herrlichen Ruhm zu verschaffen.
(Jes 63,9.10.11.13.14)

In der Herzmitte dieser "eigentümlichen und ganz selbständigen Überlieferung" (C. WESTERMANN) ragt der große Charismatiker Mose, der eigens mit Namen genannt wird, in die Höhe. Von den Ufern des Nil bis zum Schilfmeer war er ganz in den Bann des "heiligen Geistes" oder des "Geistes des Herrn" geraten[118].

Im Elend des Exils sehnten sich die Verbannten leidenschaftlich (vgl. das zweifache "Wo ist...?) nach einem Retter, wie Mose einer war, "sein Knecht"[119], der "Hirt seiner Herde".

---

[116] Siehe D. LYS, *Rûach. Le souffle dans l'Ancien Testament*, Paris 1962, 154 - 155, 290. - Vgl. die Jesaja Kommentare von B. DUHM (Göttingen [5]1968), J. FISCHER (Bonn 1939), JOHN L. McKENZIE (New York 1968), A. PENNA (Torina-Roma 1958), C. WESTERMANN (ATD 19, 1966).

[117] J. FISCHER setzt die Zeit der Abfassung zwischen 536 - 520 an (S. 191). Siehe noch C. WESTERMANN (S. 306 - 307) und D. LYS (*Rûach*, 147 Anm. 2).

[118] Das Nomen *qodäs* bezeichnet heilige Zeiten, Orte und Gegenstände, das Eigenschaftswort *qadôs* die Personen. Vielleicht wollte der Verfasser damit sagen, daß Gott nicht *rûach ist*, sondern *rûach hat*. Vgl. P. VAN IMSCHOOT, *Théologie de l'AT* I, 58.

[119] Lies ͨ*abdo*.

Wunderbar hatte ihn der Herr aus dem Meer, d.i. aus dem Nil[120] errettet (vgl. Ex 2,1-10) und seinen *heiligen Geist* in ihn gelegt (V.11). Auf dem Wüstenzuge empörte sich das Volk gegen Mose und betrübte den *heiligen Geist* des Herrn (vgl. Ex 17,1-4.7(!); 32,1-6). Aber der Herr stand ihm mit mächtigem Arm zur Seite und spaltete die Wasser des Schilfmeeres und führte die Israeliten durch die Fluten wie Pferde durch die Steppe, und der *Geist des Herrn* brachte es zur Ruhe, ins Gelobte Land (vgl. Ex 14,16. 21-22; 15,8-10; 2 Sam 22,16 = Ps 18,16; Ps 78,13)[121].

Unser Stück beschwört die ideale Zeit des Wüstenzuges herauf, in der Mose mit *heiligem Geist* oder mit dem *Geist des Herrn* ausgerüstet war, um mit den 70 Ältesten (vgl. Num 11,25-29) die Herde Gottes zu schützen und zu leiten. Mit Jesaja 63,7-16 kommt man aus der Welt des Charismas nicht hinaus. Der *heilige Geist Jahwehs* bezeichnet wie später bei den Richtern und den Königen Saul und David die in der Geschichte Israels wirkende göttliche Kraft. Anders verhält es sich mit Psalm 51,13.

1.2. Psalm 51,12-14[122]

Unter den Bußpsalmen nimmt Psalm 51 den ersten Platz ein. Was den Verfasser des *Miserere* bedrängt, das ist das tiefe Sündenbewußtsein, das er als Unreinheit versteht; was ihn beglückt, das ist die Verzeihung, die er als Reinigung auffaßt.

Mit seinen Bitten um ein reines Herz, um einen willigen Geist und um den heiligen Geist Gottes beruft er sich auf die großen prophetischen Verheißungen, die bei *Jeremia, Ezechiel* und dem *Trito-Jesaja* über den "Alten Bund" hinausreichen. Allgemein nimmt man heute eine Abhängigkeit von diesen Exilspropheten an[123].

(12)*Ein reines Herz erschaffe mir, o Gott,*
und einen neuen, festen Geist gib in meine Brust!
(13)*Verwirf mich nicht von deinem Angesicht,*
und deinen heiligen Geist nimm nicht von mir!
(14)*Gib mir die Freude an deiner Hilfe zurück*
und mit willigem Geist rüste mich aus!

Hat Gott auch all seine Schuld getilgt (V.11), weiß der Psalmist um seines Herzens Sinnen und Trachten, das von Jugend auf (vgl. Gen 8,21), ja vom Mutterschoß an (Ps 51,7) böse ist, und um seinen Willen, der zwischen Gut und Bös schwankt.

Darum versteigt er sich zur kühnen Bitte, Gott selber möge ihm ein "reines Herz" schaffen. Nur zu gut weiß er, daß der Mensch solch ein Herz nicht bereiten kann. Nur Gottes freie, schöpferische Tat kann das Innere des Menschen von Grund auf erneuern. Unerhört

---

[120] Auch in Ex 18,2; 27,1 bezeichnet *jam* den Nil. Vgl. B. DUHM (S. 467 - 468), J. FISCHER (II, S. 193), C. WESTERMANN (S. 309). Die Rettung aus dem Schilfmeer wird in V.12-14 erwähnt.

[121] "L'esprit de Jahweh menait son peuple au repos (V.14) en agissant sur Moïse", D. LYS, *Rûach*, 155.

[122] Vgl. vor allem H. GUNKEL, *Die Psalmen*, Göttingen ⁵1968. - Al WEISER, *Die Psalmen* (ATD 14/15), Göttingen ⁵1978. - E. BEAUCAMP, *Le Psautier. Ps 1-72* (Sources Bibliques), Paris 1976.

[123] Siehe die Psalmenkommentare von GUNKEL, KRAUS, WEISER. "Le pénitent, roi ou simple particulier, reprend à son compte, de toute manière, la prière d'Israël exilé", E. BEAUCAMP, *op. cit.*, 224. - "Aucun doute n'est possible: c'est à l'école de Jérémie, d'Ezéchiel et d'Isaïe 40-66 que s'est formé l'auteur du Miserere", P.-E. BONNARD, *Le Vocabulaire du Miserere*, in *A la Rencontre de Dieu. Mémorial Albert Gelin*, Lyon 1961, 140.

kühn ist hier der Gebrauch von *bara'*. Im ganzen Alten Testament ist Gott allein Subjekt von *bara'*: Himmel und Erde, Sonne, Mond und Sterne, Licht und Dunkel, den Menschen hat der allmächtige Gott aus dem Nichts erschaffen. Er kann auch das "reine Herz" (V.12), das "zerknirschte Herz" (V.19) erschaffen. Der Glaube an den *Schöpfergott* ist erst spät, zur Zeit des Exils, so richtig erblüht, als Zweifel am *Geschichtsgott* im Herzen der Verbannten aufstiegen (vgl. Ez 37,11). Jahweh, der Himmel und Erde erschaffen hat und das Wunder des "reinen Herzens" tut, wird auch die Großtat der glücklichen Heimkehr vollbringen (Jes 45,8; 48,6-7; Jer 31,22).

Doch nicht nur um das Schöpfungswunder des "reinen Herzens" betet der Büßer zu Gott, sondern auch um einen "neuen, festen Geist" (V.12), um einen "willigen Geist" (V.14), um einen "zerbrochenen Geist" (V.19). Während das Herz (*leb*) im Alten Testament durchweg den Sitz alles Fühlens, Denkens und Wollens bildet, bezeichnet die *rûach* vor allem das religiös-sittliche Leben, die Beziehung zum Bundesgott[124].

Für den Psalmisten empfängt der Geist des Menschen den "heiligen Geist" d.i. die göttliche Kraft für die geistige Erneuerung. In der Bekehrung gibt er den Ausschlag. Er bildet in Psalm 51 "die Gottesmacht, die den Menschen aussondert, reinigt und ihn im Innersten antreibt, Jahwehs Willen zu erfüllen (Ez 36,27)"[125].

Was Ezechiel und Jeremias für die messianische Zukunft verheißen, das erwartet der große Dichter des Miserere bereits für die Gegenwart. "Das ist die aus dem Alten Testament steil emporragende Erkenntnis der in Psalm 51 geäußerten Bitten"[126].

2. Der "gute Geist" des Herrn
2.1. Psalm 143,10

Ist Psalm 51 der bedeutendste der sieben *kirchlichen Bußpsalmen* (Ps 6; 32; 38; 51; 102; 130; 143), so kommt an letzter Stelle der kurze Psalm 143, auch er nachexilischen Ursprungs.

Obwohl er im Grunde das Klagelied eines von Feinden bedrängten Mannes darstellt (V.3,9.12), offenbaren die Verse 2,8 und 10 ein tiefes *Reuegefühl*, so daß die alte Kirche ihn mit Recht zu den "Bußpsalmen" zählt[127].

Der Büßer hält zuerst fest, daß kein Mensch vor Gott gerecht ist. In seiner Not beschwört er die glorreichen Großtaten des Bundesgottes herauf und bittet um die Führung des "guten Geistes" auf dem Heilsweg.

Lehre mich, deinen Willen zu tun,
denn du bist mein Gott!

---

[124] "L'esprit est aussi le siège de la pensée (Ez 11,5; 20,32) et l'organe religieux par excellence par lequel l'homme communique avec Dieu" (E. JACOB, *Vocabulaire Biblique*, Neuchâtel-Paris 1956², 125; Ders., *Théologie de l'Ancien Testament*, Neuchâtel-Paris 1955, 132: "L'esprit devient l'organe religieux par excellence, le siège des facultés proprement spirituelles".
[125] H.-J. KRAUS, *Psalmen* I, 546.
[126] H.-J. KRAUS, *ebd.*
[127] "Die Intention dieser Verse ist fraglos die der Buße, die Hinkehr des ganzen Lebens zum Gott Israels", H.-J. KRAUS, *Psalmen* II (BKAT XV/2), Neukirchen ²1978, 1119.

Dein guter[128] *Geist leite mich*
auf dem Pfad![129] (Ps 143,10).
Der Psalmist schildert den "guten Geist" Jahwehs als Führer auf dem Weg des ersten
Exodus. Er "ist eine Manifestation der führenden Gegenwart Jahwehs"[130], wie etwa beim
mosaischen Wüstenzug (Jes 63,14), in der davidischen Königszeit (1 Sam 16,16) oder beim
zweiten Exodus (Jes 42,16). So erwartet der Dichter vom "guten Geist" Jahwehs, daß er ihm
den Willen des Bundesgottes kundtue und ihn lenke und leite auf dem Bundeswege[131].
    Nach alttestamentlicher Auffassung aber trägt die *rûach* das Wort Gottes und verleiht
ihm schöpferische Kraft. Der gute Geist des Herrn führt die Israeliten mit seinen Ratschlä-
gen, auf dem Weg der Bundessatzungen, er hilft ihm aber auch, sie im religiösen Leben zu
befolgen. Der Büßer "kennt die menschlichen Schwächen und Hemmungen, die da auf dem
Wege liegen und nur überwunden werden können, wenn Gottes guter Geist dem Menschen
dauernd zur Seite steht und den Weg ebnet, daß er nicht an seinen eigenen Fehlern zu Fall
kommt"[132].
    Der "gute Geist" weckt die Vorstellung vom Heiligen Geist, den Christus nach seiner
Himmelfahrt über seine Jünger ausgegossen hat (Apg 2,33).

2.2 Neh 9,20
Während Psalm 143 allein unter den sieben Bußpsalmen die Großtat des Wüstenzuges
unter Führung des "guten Geistes" kurz streift, stellt ihn der Chronist in den Rahmen einer
liturgischen Bußfeier hinein. Er spannt einen weiten Bogen von der Schöpfung bis zur
nachexilischen Gemeinde[133].
    Du hast sie in deinem großen Erbarmen nicht in der Wüste verlassen. Die Wolkensäule wich
nicht von ihnen bei Tag, sondern führte sie auf ihrem Wege; ebenso erhellte die Feuersäule bei
Nacht den Weg, den sie gehen sollten. Du gabst ihnen deinen guten Geist, um sie zur Einsicht zu
bringen. Du entzogest ihnen das Manna nicht und gabst ihnen Wasser für ihren Durst (Neh
9,19-20).
    Mit großer dichterischer Kraft und einem tiefen Sündenbewußtsein gewährt uns der
Chronist einen Einblick in den Aufbau einer Bußliturgie: Lobpreis des Schöpfers (V.6); Berufung Abrahams und Landnahme (V.7-8); Befreiung aus ägyptischer Knechtschaft und Zug
durchs Rote Meer (V.22-25); Richterzeit (V.26-28); Prophetie und Unterdrückung durch
fremde Völker (V.29-31); letzter Aufschrei: "Wir sind in großer Bedrängnis" (V.32-37).
    Diese Bußliturgie umfaßt die ganze Bundesgeschichte. Dabei ragt besonders der Wüsten-
zug empor, auf dem der "gute Geist" Jahwehs eine führende Rolle gespielt hat. Mit dieser

---

[128] B S A lesen *hágion* für *ágathon*. Siehe D. LYS, *Rûach*, 281 Anm. 2.
[129] Les *lᵉ'ôach* für *'ārās* mit einigen Handschriften, Syr. So auch E.J. KISSANE, *The book of Psalms*, Dublin
1964, 630, wie GUNKEL, WEISER, KRAUS.
[130] H.-J. KRAUS, *ebd.*
[131] "L'esprit divin n'est donc pas tant ici un principe de vie morale qu'un mentor qui dirige par ses avis", P.
VAN IMSCHOOT, in *ETL* 16 (1939) 465.
[132] A. WEISER, *Die Psalmen*, 564.
[133] Neh 9,5b-37 ist mit Esr 9,6b-15 nicht vor dem 5. Jahrh. entstanden. Für F. MICHAELI stammte das
Bußgebet von den nach dem Fall in Jerusalem zurückgebliebenen Juden. Vgl. F. MICHAELI, *Les Livres des*
Chroniques, d'Esdras et de Néhémie (Commentaire de l'Ancien Testament XVI), Neuchâtel-Paris 1967, 341 -
342.

Erlösungstat ist eine Hoch-Zeit des Gottesgeistes angebrochen (V.19-20; vgl. Jes. 63,11-14; Ps 143,10).

Hier wird dem "guten Geist" Gottes die Rolle zugeschrieben, die Israeliten auf der Wüstenwanderung in den Worten Gottes, wohl in den Zehn Worten (Ex 20,1-17), zu unterweisen[134]. Der Geist des Herrn vermittelt die Kenntnis des göttlichen Willens. Er ist deshalb der Lehrmeister Israels, ähnlich wie in Neh 9,30 und Sach 7,12, wo die *rûach* Jahweh sich der Propheten als Werkzeug bedient, um die Weisungen Gottes zu verkünden. An den drei Stellen ist die Gemeinschaft das Objekt der Geisteswirkungen. In Neh 9,20 (auch in Hag 2,5) wirkt der Geist des Herrn direkt auf das Volk ein, in Neh 9,30 und Sach 7,12 dagegen mittels der Propheten, wie in Jes 63,10-14 durch Mose. "In der Geistwirkung also, deren sich die Gemeinde freuen und getrösten kann, spricht derselbe Gott zu ihr, der das kleine, widerspenstige und ungehorsame Volk Israel erwählt und durch die Jahrhunderte geleitet hat und der nun seine Offenbarung an diese Geschichte und ihre Überlieferung bindet"[135].

3. Der Geist der Weisheit[136]

Nach den oben erklärten Texten leitet und erleuchtet die *rûach Jahweh* die nachexilische Gemeinde auf dem Wege der Bundessatzungen (vgl. Jes 63,10-14; Ps 143,10; Neh 9,20.30; Hag 2,5; Sach 7,12).

Ein Echo dieser nachexilischen Texte finden wir im *Weisheitsbuche*. Der Weisheitscharakter dieser Aussagen hat dann unter dem Einfluß der griechischen Philosophie dazu geführt, daß der Geist des Herrn nach und nach mit der Weisheit (*sophía*) sinnverwandt, ja schließlich gleichbedeutend wurde[137].

3.1. Der (heilige) Geist des Herrn[138]
Einen Anklang an Wort und Inhalt der *rûach Jahweh* findet man in einigen Texten des Weisheitsbuches.
Der Geist des Herrn erfüllt den Erdkreis,
und er, der alles zusammenhält, kennt jeden Laut (1,7).

---

[134] *sakal* = "Intellegere fecit, docuit", F. ZORELL, *Lexicon hebr. et aram. Veteris Testamenti*, Romae 1961, 800.

[135] W. EICHRODT, *Theologie des Alten Testamentes* II/III, Stuttgart-Göttingen ⁴1961, 37.

[136] Vgl. außer den Kommentaren zum Weisheitsbuch besonders P. VAN IMSCHOOT, *Sagesse et esprit dans l'Ancien Testament*, in *RB* 47 (1938) 23 - 49; Ders., *Théologie de l'Ancien Testament* I, Tournai 1954, 191 - 192. - D. COLOMBO, *Pneuma Sophias eiusque actio in mundo in libro Sapientiae*, in *Studi biblici franciscani. Liber Anuus* I., Jerusalem 1950-1951, 107 - 160. - H. KLEINKNECHT, *Pneuma*, in *ThWNT* VI (1959) 350 - 355, 369 - 370. - C. LARCHER, *Etudes sur le Livre de la Sagesse* (Etudes Bibliques), Paris 1969, 329 - 414. - A.-M. DUBARLE, *La manifestation naturelle de Dieu d'après l'Ecriture* (Lectio Divina, 91), Paris 1976, 127 - 154.

[137] Stil, Sprache und Themen des Weisheitsbuches weisen auf die erste Hälfte des I. Jahrh. v. Chr. Vgl. A. LEFÈVRE, in *Introduction à la Bible* I, Tournai 1957, 765.

[138] Vgl. C. LARCHER, *Etudes...*, 362 - 363.

In V.7a finden wir Spuren von Texten wie Jer 23,24 und Ps 139,7, um die Allgegenwart des Gottesgeistes zu preisen. In V.7b kann man den Einfluß der Stoa feststellen, wonach der Geist das All zusammenhält und ihm Einheit verleiht.

Nach 12,1 "ist in allem dein unvergänglicher Geist". Auch hier beruft sich der Verfasser auf den Geist des Herrn, der alle Geschöpfe erschaffen hat (creatio prima) und sie auch am Leben erhält (creatio secunda) (vgl. Gen 2,7; Ps 104,28-30; Job 34,14-15). Auch nach der Stoa weht das Pneuma in allen Wesen und es erklärt "die gesamte, organische wie unorganische Welt in ihrem Zusammenhalt und ihrer Einheit"[139].

An das physische Lebensprinzip spielt auch noch 9,17 an:

Wer hat je deinen Plan erkannt,

wenn du ihm nicht Weisheit gegeben

und deinen heiligen Geist aus der Höhe gesandt hast?

Hier liegt die Berufung auf den "heiligen Geist" auf der Hand (vgl. Ps 51,13; Jes 63,11). Ohne den Beistand des heiligen Gottesgeistes vermag der Mensch die Werke der Schöpfung nicht zu ergründen und den Gott der Schöpfung zu erkennen.

In zwei Texten wird dem "Geist des Herrn" eine *geschichtsmächtige* Rolle zugeschrieben.

Und auch ohnedies hätten sie durch einen bloßen Hauch hinsinken können, von deiner Rache verfolgt

und vom Hauch deiner Macht hinweggefegt (11,20).

Der Hauch der Allmacht wird sich gegen sie erheben

und wie ein Wirbelsturm sie zerstreuen (5,23).

An beiden Stellen denkt der Verfasser an den "Hauch, der aus dem Munde Jahwehs" kommt. Nach alttestamentlicher Lehre trägt die dynamische *rûach* das Wort und verleiht ihm die Kraft, die ägyptische Streitmacht zu zerschlagen (11,20) und die Gottlosen im Weltgericht zu vernichten (5,23). Das sind Anklänge an das Alte Testament.

Der Messiaskönig wird den Gottlosen der messianischen Zeit (Jes 11,4; vgl. Ps 2,9) und den Gesetzwidrigen im Weltgericht (2 Thess 2,8) mit dem "Hauch seines Mundes", d.h. mit dem kraftgeladenen Gotteswort töten.

Im Laufe der sprachlichen Entwicklung wird dann das machtvolle Wort Gottes den Vergleich mit einem "scharfen, zweischneidigen Schwert" anregen, das aus dem Munde des Gottesknechtes (Jes 49,2; vgl. Eph 6,17; Hebr 4,12) und des Weltenrichters (Offb 1,16; 2,12.16; 19,15) hervorgehen wird.

Der Verfasser des Weisheitsbuches kannte die alttestamentliche Geist- und Worttheologie, wie die dramatische Geschichte von der wunderbaren Befreiung aus der ägyptischen Knechtschaft bezeugt (11,5-19,22). Den Untergang der ägyptischen Streitkräfte schreibt er, wie eben gezeigt wurde, dem "Hauch deiner Macht" zu (11,20). Beim Tod der Erstgeborenen holt er weit aus und bringt den Vergleich mit dem scharfen Schwert. "Als tiefes Schweigen das All umfing..., da sprang dein *allmächtiges Wort* vom Himmel, vom königlichen Thron herab als harter Krieger... Es trug das *scharfe Schwert* deines unerbittlichen Befehls, trat hin und erfüllte alles mit Tod" (Weish 18,14-16)[140].

---

[139] H. KLEINKNECHT, in *ThWNT* VI, 352.

[140] "Le souffle de la bouche peut être meurtrier comme un glaive (Is. XI,4), s'il sort de la bouche d'un être vivant doué surhumaine... Le souffle de Yahvé sera d'autant plus efficace que Yahvé lui-même est plus puis-

3.2. Der Geist der Weisheit
Der Verfasser hat die *Weisheit* als *Frucht des Geistes* dargestellt und schließlich die *Weisheit* mit dem *Geiste* gleichgesetzt.

3.2.1 Der Weisheit werden die gleichen Wirkungen zugeschrieben wie der rûach: beide erhalten die Welt und lenken die Geschichte.
"Der Geist des Herrn erfüllt den Erdkreis und hält alles zusammen" (1,7); die Weisheit "entfaltet machtvoll ihre Kraft von einem Ende zum andern und durchwaltet voll Güte das All" (8,1). - Der Geist "ist in allem" (12,1); die Weisheit "durchdringt und erfüllt alles" (7,24), "sie ist nur eine und vermag doch alles, ohne sich zu ändern, erneuert sie alles" (7,27). - Der alles vermögende Geist ist zugleich "einzigartig und mannigfaltig", er "überwacht alles" (7,22.23), er "kennt jeden Laut"; die Weisheit "weiß und versteht alles"[141].
Auf dem Wüstenzug wird die Führung des Gottesvolkes der "heiligen und alles vermögenden" (7,22 und 23) *Weisheit* zugeschrieben (10,15 - 11,2), wie früher dem *"heiligen Geist"* (Jes 63,11-14)[142].

3.2.2. Weisheit und Sittlichkeit
Wichtiger als die Tätigkeit der Weisheit im Kosmos und in der Geschichte ist die Rolle, die der *Geist der Weisheit* auf religiös-sittlichem Gebiet spielt. Sie ist die religiöse und sittliche Erzieherin Israels.
War in nachexilischer Zeit die religiöse Erziehung der *rûach Jahweh* vorbehalten (Ps 143,10; Neh 9,20), wird sie nun dem "heiligen Geist, dem Lehrmeister" (1,5) zugeschrieben, im Grunde der *Weisheit*, die ein menschenfreundlicher Geist ist, doch die Reden des Lästerers nicht straflos läßt" (1,6).
(4)In eine Seele, die auf Böses sinnt,
kehrt die Weisheit nicht ein,
noch wohnt sie in einem Leibe,
der sich der Sünde hingibt.
(5)Denn der heilige Geist
flieht vor der Falschheit,
er entfernt sich von unverständigen Gedanken
und wird verscheucht, wenn Unrecht naht (1,4-5).
Der heilige Geist, hier gleichbedeutend mit der Weisheit, wie auch in 7,22-24; 9,17, ist eine göttliche Macht, die den Gerechten erleuchtet und stärkt für die Erfüllung des göttlichen Willens. Er ist nach der Lehre des Weisheitsbuches das Prinzip des religiös-sittlichen Lebens, nicht eigentlich in dem Sinne, daß es hervorbringt, sondern eher erhält und vor Gefahren beschützt; denn er flieht vor der Sünde (1,3; 7,23), er will nichts mit der Sünde zu

sant et redoutable", P. VAN IMSCHOOT, in *RSchPhilTh* 23 (1934) 556. Siehe noch R. KOCH, *Geist und Messias*, 88 Anm. 47 u. 48.
[141] Vgl. P. VAN IMSCHOOT, *Sagesse et esprit dans l'Ancien Testament*, in *RB* 47 (1938) 38 - 39. - P. BEAUCHAMP, *L'Esprit Saint et l'Ecriture biblique*, in *L'Esprit Saint* (Publications des Facultés Universitaires Saint Louis, 10) 39 - 63, surtout p. 53 - 63.
[142] Vgl. P. VAN IMSCHOOT, a.a.O. 43.

tun haben. Der heilige Gottesgeist ist nur dem Gerechten geschenkt, noch nicht dem Sünder, wie auch nach Psalm 51,13. Er wandelt den Sünder nicht in einen Heiligen um[143].

Diesen Schritt tun die exilischen Propheten Ezechiel und Jeremias und ihre Erben Paulus und Johannes. Der heilige Geist wird den Sünder in ein neues Geschöpf umwandeln (Ez 36,26-27; Jer 31,31-34; 32,38-40), in eine *kainé ktísis* (2 Kor 5,17; Gal 6,15; Joh 3,3-7).

Pneúma und *sophía* reden und handeln im Weisheitsbuche wie Personen. Diese Personifikation bildet eine entfernte Vorbereitung auf das Geheimnis der menschgewordenen *Weisheit* und der göttlichen *dynamis*, des *Lógos* und des *Pneúma hágion*. Die Gleichsetzung von *Pneúma* und *Sophía* kann nur im Lichte des Neuen Testaments erahnt werden. "Der Herr ist der Geist", wird Paulus sagen. Der erhöht Kyrios und der Geist sind aufs innigste miteinander verbunden, ja wesensgleich, nicht der Natur nach, sondern nach der Wirksamkeit, d.h. der Herr vollbringt das Werk der Erlösung mit dem heiligen Geist, der in ihm wohnt[144].

Mit der religiös-sittlichen Bedeutung von *rûach* und *sophía* ist ein Höhepunkt der alttestamentlichen Theologie erreicht, der auf geradem Wege zu den Geistverheißungen der messianischen Zeit führt.

---

[143] "Dans le livre de la *Sagesse*, qui identifie la *sophia* au *pneuma* divin et fait de la sagesse une force d'odre moral, cette force n'est communiquée qu'aux justes (*Sap.* I, 4-5; VII, 27)... Elle ne crée pas dans l'homme la vie morale et religieuse... Elle ne transforme pas le pécheur en saint", P. VAN IMSCHOOT, in *RB* 47 (1938) 49.

[144] Vgl. R. KOCH, *L'aspect eschatologique de l'Esprit du Seigneur d'après Saint Paul*, in *Studiorum Paulinorum Congressus Internationalis Catholicus 1961* (Analecta Biblica 17/18) I., Romae 1963, 132.

II. TEIL

Bis jetzt sind wir aus der Welt des Charismas nicht herausgetreten. Durchwegs werden in älterer Zeit einzelne Führergestalten mit dem Geist des Herrn ausgerüstet. Alles Große, alles Edle, alles, was irgendwie über das gewöhnliche Menschenmaß hinausragt, wird als Wirkung der *rûach Jahweh* dargestellt, wie bei den "Richtern", den Propheten, den Königen, den Künstlern, den Wundertätern. Die Gemeinschaft der Prophetenschwärme stellt eher eine Ausnahme dar[1]. Diesen *individuellen* Charakter der Geisterfahrung kann man solange feststellen, als der Geist des Herrn das Außergewöhnliche oder gar Absonderliche bewirkt.

Erst mit den höheren Geisteswirkungen trat die *Gemeinschaft* ins Blickfeld der großen Propheten. Die *allgemeine Geistbegabung* zeichnen sie als Idealbild der *messianischen* Heilszeit.

Die Propheten waren hilflose und schmerzvolle Zeugen, wie das Volk den Sinai-Bund schmählich gebrochen, die Bundessatzungen mit Füßen getreten hatte (vgl. Jer 31,33). Mit ihrem drängenden Aufruf zur Umkehr hatten sie tauben Ohren gepredigt (vgl. Jes 6,9-10).

Zur Strafe wird der Herr die davidische Monarchie zerschlagen und das treulose Volk in die Verbannung treiben. Doch ein "Rest" wird aus der nationalen Katastrophe heil hervorgehen, wie es besonders Proto-Jesaja verheißt (vgl. Jes 1,27; 4,2; 6,13; 10,22).

In der nachexilischen Zeit wurde der Mangel an Geisteswirkungen immer spürbarer. Die macht- und segensvollen Erfahrungen des Gottesgeistes schienen fast gänzlich erloschen zu sein. Die Propheten *Obadja, Jona, Nahum, Habakuk, Zefania* und *Jeremia* erwähnen die *rûach Jahweh* überhaupt nicht. Ja, zur Zeit der Makkabäer traten gar keine Geistesmänner mehr auf den Plan (vgl. Ps 74,9; Dan 3,38; 1 Makk 4,46; Syrische Apokalypse des Baruch 85,1.3).

Da kann man leicht verstehen, wie die Propheten in der trostlosen Lage ihrer Zeit sich der glorreichen Vergangenheit erinnerten, wo Gott durch seinen Geist, durch den Charismatiker Mose vor allem, machtvoll und wunderbar in die Geschicke des auserwählten Volkes eingegriffen hatte (Jes 63,10-14).

Aber weit mehr noch wandten sie ihre Blicke einer schöneren Zukunft zu. Sie sehnten die Herrlichkeit der kommenden Heilszeit herbei, wo ein neuer Geistesfrühling anbrechen und eine Hoch-Zeit *religiös-sittlicher* Erneuerung kommen würde.

Unter den Propheten, die die Wunderwirkungen des Gottesgeistes verheißen, ragt *Jesaja* einsam in die Höhe. Wenn *Ezechiel, Jeremia, Haggai, Sacharja* und *Joel* von der Gabe des

---

[1] Num 11,29 mit dem Kollektiv der 70 Ältesten stammt wohl nicht aus der alten Mosezeit, sondern dürfte eine Legitimierung der Prophetenschwärme aus der Königszeit sein.

Gottesgeistes reden, sind sie zum großen Teil das treue Echo *Jesajas*, des gottbegnadeten Propheten, der die alttestamentliche Geist-Gottes-Theologie für immer geprägt hat[2].

In der eschatologischen Zeit wird der Geist des Herrn nicht mehr wie in den früheren Jahrhunderten nur einzelnen Männern und Frauen mitgeteilt, sondern von nun an vorwiegend über die *Heilsgemeinschaft* ausgegossen: "Über uns" (Jes 32,15), "über deinen (Jakobs) Samen" (Jes 44,3), "über das Haus Davids" (Sach 12,10), "über alles Fleisch" (Joel 2,28). Nach Hag 2,5 "bleibt mein Geist unter euch".

Wegen seiner bevorzugten Stellung wird aber der Geist des Herrn im Leben und Wirken des kommenden Retters eine hervorragende Rolle spielen. Ein Strahl von der messianischen Geistesfülle wird auch auf die endzeitliche Gemeinde und deren Mitglieder fallen.

---

[2] Vgl. R. KOCH, *La théologie de l'Esprit de Yahvé dans le Livre d'Isaïe*, in *Sacra Pagina*, 1959, 419-433. "Un tel génie religieux a profondément marqué son époque et a fait école", *La Bible de Jérusalem*, Paris [2]1973, 1078. Im Buche Jesaja bezeichnen *51 rûach*-Texte Gott, den Menschen oder den Wind. *Proto-Jesaja* mit 17 Texten: Gott = 11x; den Menschen = 3x; den Wind = 3x. *Deutero-Jesaja* mit 10 Texten: Gott = 5x; den Menschen = 2x; den Wind = 3x. *Trito-Jesaja* mit 24 Texten: Gott = 7x; den Menschen = 14x; den Wind = 3x. Vgl. D. LYS, *Rûach*, 77 (1), 146(2), 215(1).

Drittes Kapitel

DER GEIST DES HERRN UND DER MESSIAS

Das Idealbild des geistgesalbten Retters der kommenden Heilszeit strahlt im *jesajanischen* Schriftenkreis herrlich auf. Es hebt sich vom jeweiligen geschichtlichen Hintergrund ab. *Proto-Jesaja* schildert ihn als charismatischen König, *Deutero-* und *Trito-Jesaja* leihen ihm die Züge eines geistbegnadeten Propheten.

I. Der Messias König (Jes 11,1-9)[1]

Die Kapitel 6 - 12 bilden eine literarische und theologische Einheit, das *Immanuelbuch*, das mit der Theophanie und dem Sendungsauftrag Jesajas in Kap. 6 eröffnet und mit dem Lobpreis der Erlösten in Kap. 12 beschlossen wird.

Diese Kapitel sind wohl während des syrisch-ephraimitischen Krieges entstanden (vgl. Jes 7,1-9). Entscheidend ist hier, meint HANS WILDBERGER, Struktur und Thematik der Weissagungen über Heilskönige aus dem Alten Orient. Sie sprechen "vom kommenden Herrscher als einem Wahrer der *Gerechtigkeit,* zugleich aber auch als Garanten des *Friedens,* wobei unter dem Frieden keineswegs bloß Friede unter den Menschen und Völkern, sondern auch im Tierreich gemeint sein kann. Der Übergang von 5 zu 6, d.h. vom Thema der Gerechtigkeit zum Thema Friede, ist von der Gattung her geradezu erforderlich"[2].

Mit Kapitel 11,1-9 wird der Höhepunkt des "königlichen Messianismus" (A. GELIN) erreicht. Jesaja hat das Messiasbild des "Immanuelbuches" mit satten Farben ausgemalt. Nach altorientalischem Stilgesetz, sich nie ganz "auszugeben", fügt der Prophet dem Messiasbild immer neue Steinchen ein, bis das Mosaik in voller Farbenpracht erstrahlt.

Der gottbegnadete Prophet verspricht in einer Zeit drohenden Untergangs die Geburt des *"Immanuel",* des *"Sohnes" (ben)* aus königlichem Geblüt (7,10-17).

---

[1] Vgl. u.a. R. KOCH, *Geist und Messias,* 73-98. - A. CHEVALLIER, *L'Esprit et le Messie dans le Bas-Judaïsne et le Nouveau Testament* (Etudes d'Histoire et de Philosophie Religieuses, N°49), Paris 1958, passim. - D. LYS, *Rûach,* 81-91, 188-189, 221, 223. - J. COPPENS, *Le messianisme royal* (Lectio Divina, 54), Paris 1968, 82-85. *Ders., Les espérances messianiques du Proto-Isaïe et leurs prétendues relectures,* in *ETL* 44 (1968) 491-497. *Ders., Le roi idéal d'Is. 9,5-6 et 11,1-5 est-il une figure messianique,* in *Mémorial A. Gelin,* Le Puy 1961, 85-108. - L. ALONSO SCHÖKEL, *Dos poemas à la paz. Estudio estilistico de Is 8,23 - 9,6 y 1,1-6,* in *EBib* 18 (1959) 149-169. - S. VIRGULIN, *Il virgulto di Iesse: Is 11,1-9,* in *Introduzione alla Bibbia* II/2, Torino 1971, 120-125. - H. WILDBERGER, *Jesaja* I. Teilband. Jesaja 1-12 (BKAT X/1), Neukirchen-Luyn 1972, 436-462 (reiche Literaturangaben S. 436-437). - J. VERMEYLEN, *Du Prophète Isaïe à l'Apocalyptique. Isaïe, I-XXXV, miroir d'un demi-millénaire d'espérience religieuse en Israël* (Etudes Bibliques) Tome I, Paris 1977; Tome II, Paris 1978.

[2] H. WILDBERGER, *a.a.O.,* 444.

Als das Südreich wieder in höchster Gefahr schwebte, stellte Jesaja ein "Kind" (*jäläd*) in Aussicht zur Rettung des Volkes, dessen Geburt lauten Jubel und überströmenden Frieden auslösen wird (9,5-6)[3].
Schließlich, aus dem *Stumpf* des abgehauenen Wurzelstockes Isais, d.h. der gedemütigten Monarchie, wird ein "Reis" hervorgehen, ein neuer Herrscher, der ein Reich vollkommener Gerechtigkeit (11,1-5) und überströmenden Paradieses-Friedens (11,6-8)[4] aufrichten wird, der auf der Gabe der Gotterserkenntnis gründet (11,9)[5].

1) Der neue Davidkönig (11,1-5)

Die Verse 11,2-5 entwerfen ein anschauliches Porträt des neuen Monarchen. Jeder Charakterzug steht in grellem Kontrast zur Mißwirtschaft der regierenden Kreise Jerusalems (5,19-23; 10,2) und vor allem zu den Machtansprüchen Assurs (10,5.13).
Das Südreich ist dem Untergang geweiht; denn König und Volk haben in schwerer Krisenzeit Jahwehs Verheißungen nicht geglaubt. Sie haben nicht auf den Herrn vertraut, sich nicht auf den Herrn gestützt. Jes 10,28-34 lassen erahnen, daß die Warnung nach dem syrisch-ephraimitischen Krieg (736/735) immer noch wie ein Damoklesschwert über der davidischen Monarchie schwebte: "Glaubt ihr nicht, so überlebt ihr nicht" (Jes 7,9)[6]. Menschlicher Unglaube wird das königliche Haus Davids in den Abgrund stürzen.
Nun kommt die große Überraschung. In schroffem Gegensatz zu den gefällten Bäumen Israels verheißt Jesaja ein Zweiglein, das aus dem Baumstumpf Isais hervorsprießen wird (V.1). Der Wurzelstock ist nicht tot!

Der Baumstumpf Isais

Das Gericht ist nicht das letzte Wort Gottes. Das letzte Wort Gottes ist hier und heute der "Immanuel" (7,14), das königliche "Kind" (9,5), der "Zweig aus dem Baumstumpf Isais" (11,1).
Ein Reis wird hervorgehen aus Isais Baumstumpf
und ein Schoß aus seinen Wurzeln hervorsprießen[7].
Der kommende Retter trägt zwar keinen Namen, wie in 7,14 und 9,5-6; man erfährt nur, daß ein junger Trieb aus dem Baumstumpf Isais, des Vaters von König David, hervorbre-

---

[3] "Le *fils* (ben) de 7,14 qui a nom Emmanuel est à identifier avec le petit enfant (jäläd) de 9,5", P. AU-VRAY, *Isaïe*, 122. "L'argument majeur allégué en faveur de l'authenticité isaïenne de la péricope réside dans la similitude d'Is., XI,1-5 et IX,1-6", J. VERMEYLEN, *a.a.O.* I, 1977, 270.
[4] H. WILDBERGER, *Jesaja*, 441.
[5] Das Königsbild geht wohl vornehmlich auf die Vorlage der Natanweissagung in 2 Sam 7,14 zurück. Siehe MAX ALAIN CHEVALLIER, *L'Esprit et le Messie*, 8.
[6] Der hebr. Satz bietet einen schönen Stabreim, der in unseren Sprachen nur ungenau übersetzt werden kann: *'im l'o ta' ᵃminû* (hifil von *aman*), *kî l'o te' aamenû*.
[7] Der hebr. Text bietet *jifräh* (von *farah*) = "bringt Frucht"; so auch die Einheitsübersetzung, BHS, ZB u.a. - LXX las *jifrach* (von *farach*) = anabesetai; Vulg. und Neo-Vulg. = "ascendet". So auch wegen des Parallelismus synonymus BJ, OSTY, RSV, NEB, AUVRAY, WILDBERGER...

chen wird, d.h. daß der Heilbringer als Thronerbe das Haus Isais weiterführen wird. Trotz der hereinbrechenden Strafgerichte wird die davidische Monarchie nicht ganz ausgelöscht werden. "Es kann doch nicht Zufall sein, daß Jesaja der fest gefügten jerusalemischen Königsideologie zum Trotz nicht mehr vom Haus oder Königtum Davids spricht (wie er es noch in 9,5-6 getan hatte), sondern vom *Geschlechte Isais*. Die Enttäuschung Jesajas über Hiskija muß um so tiefer gewesen sein, wenn 9,1 ff. tatsächlich die Hoffnungen widerspiegeln sollte, die man auf den damals geborenen *Kronprinzen Hiskija* setzte"[8].

Auch H. WILDBERGER verbindet 10,27-34 mit 11,1 ff. "10,27 läßt erkennen, daß Jesaja damals eine vernichtende Katastrophe für Jerusalem erwartet hat. Zu den 'Hochragenden' und 'Erhabenen', die nach ihm dabei vom Strudel der Ereignisse in die Tiefe gerissen werden (33b), können sehr wohl auch die Davididen gehören, die zweifellos ein wesentliches Stück der Schuld an den mißlichen Verhältnissen trugen"[9].

Andere Erklärer deuten 10,33-34 von den hochragenden Bäumen der assyrischen Heeresmacht, die durch Gottes allmächtige Hand gefällt werden. 11,1 bildet einen Kontrast: aus dem Baumstumpf Isais wird ein Zweig aufgehen. Das Bild beschreibt den Untergang des assyrischen Reiches und die Erwartung einer schöneren Zukunft für Israel[10].

Immer wieder stößt man auf die literarische Art der konzentrischen Kreise. Bereits in 6,13 tauchte das Bild von der mächtigen Eiche auf, von der beim Fällen nur ein "*Stumpf*" übrig bleiben wird. 11,1 holt weiter aus: das Wort "Stumpf" in 6,13 wird zu einem "*Baumstumpf Isais*", aus dem ein Zweig hervorwächst. Mit dem "Stumpf" in 6,13 meint Jesaja die gedemütigte Monarchie Davids, die mit einem Wald verglichen wird, dessen Bäume vom göttlichen Holzfäller umgehauen werden, wobei ihr Stumpf "*heiliger Same*" ist[11]. Im Grunde wird schon hier der Restgedanke ausgedrückt.

Bei den alten Völkern wird der Sippenverband gern als *Baum* dargestellt, dessen Kraft in den Wurzeln liegt. Der kommende Retter wird wie in Jer 23,5 und Sach 3,8 als Sproß am Baum seiner Familie angesehen, und nicht am mythischen Lebensbaum.

Der bleibende Geistbesitz

Auf dem "neuen David" wird die *rûach Jahweh* nach Jes 11,2 sich *dauernd* niederlassen:
(2)*Und auf ihm wird ruhen (rûach) Jahwehs Geist.*

Die Helden aus alter Zeit wurden auch mit der *rûach Jahweh* ausgerüstet, aber nur *vorübergehend*. Sie konnte plötzlich und unvermittelt über die Retter des Volkes in schwerer Not hereinbrechen, manchmal mit heftigen und stürmischen Ausbrüchen. Die *rûach Jahweh* kam (*hajah*) über die Richter Otniel (Ri 3,10), Jiftach (Ri 11,229), über die Boten Sauls (1 Sam 19,20); sie bekleidete (*labas*) den Richter Gideon, wie ein Kleid, das man anziehen und

[8] H. WILDBERGER, *Jesaja*, 445.
[9] H. WILDBERGER, *Jesaja*, 446.
[10] Vgl. J. VERMEYLEN, *Du prophète Isaïe...*, Tome I., 269-276.
[11] "Heiliger Same ist ihr Stumpf" fehlt in LXX. Wahrscheinlich hat der griechische Übersetzer das Wort *massābät* in V.13b durch eine *aberratio oculi* übersprungen und mit *massabtah* den Satz geschlossen. Vgl. H. WILDBERGER, *Jesaja*, 234. Auch P. AUVRAY, *Isaïe*, 91-92.

ablegen kann (Ri 6,34; vgl. 1 Chr 12,19; 2 Chr 24,20); sie fing an, den Simson umherzutrei-
ben (pa^cam: Ri 13,25), ihn anzuspringen (salach: Ri 14,6.19; 15,4; vgl. 1 Sam 10,6; 16,13).
Die rûach Jahweh entführte (nasa') den Elia auf einen hohen Berg (1 Kön 18,12; 2 Kön
2,9.16); sie war von Saul gewichen (sarah: 1 Sam 16,14). Immer aufs neue kam sie über die
Helden und Propheten.

Von David wird berichtet, daß die rûach Jahweh ihn ansprang (salach: 1 Sam 16,13), gleich
wird aber hinzugefügt: "Sie blieb bei ihm von jenem Tage an"[12].

Die vorexilischen Propheten kennen die rûach Jahweh noch nicht als bleibende Gabe.

Die Warnungen und Drohungen des Propheten Hosea schlug das sündige Volk in den
Wind: "Der Prophet ist ein Narr, der Geistesmann ist verrückt" (Hos 9,7). In den Augen des
Volkes gehört Hosea zu den exzentrischen Gruppen der prophetischen Begeisterung (vgl. 1
Sam 10,5.10; 19,20-24; 1 Kön 22,10-12)[13].

Im Text von Micha: "Ich bin erfüllt mit Kraft, mit der rûach Jahweh, mit Recht und
Stärke" (Mi 3,8) ist der "Geist des Herrn" überfüllt und er sprengt die dreifache Reihe
"Kraft, Recht und Stärke". Zudem bilden "Geist des Herrn" und "Stärke" eine Tautologie[14].

Nach dem Propheten Amos "formt der Herr die Berge und erschafft den Wind (rûach)"
(Am 4,13; vgl. 1,14; 8,4)[15].

Proto-Jesaja ragt einsam in die Höhe. Er ist der erste, der die rûach Jahweh als bleibenden
Besitz feiert, als fort und fort sprudelnden Quell von Religion und Sitte (Jes 11,1-5; 32,15-
20)[16].

Der Prophet des Exils, Ezechiel, wird eine Brücke vom vorübergehenden Charisma der
Entrückung zur bleibenden Gabe des religiös-sittlichen Lebens schlagen[17].

Im Gegensatz zu Jeremia wird er sehr oft die rûach Jahweh erwähnen. Auf Schritt und
Tritt betont er, unter dem Einfluß der rûach Jahweh zu stehen[18].

Ganz im Sinne der alten Prophetenvereine spricht Ezechiel von der Gabe der prophetischen Entrückung[19]. Die rûach kommt (bô') über den Propheten (2,2; 3,24; 11,1.24a; 43,5);
sie überfällt ihn (nafal: 11,5); sie hebt ihn empor in den Zustand der Verzückung (nasa':
3,12.14; 8,3; 11,1.24a; 43,5); sie entführt ihn (laqach: 3,14; 83,).

---

[12] "Alors fondit vers David l'Esprit de Yahvé, dès ce jour et dans la suite" (Trad. OSTY).

[13] "On le traite de fou, en proie au délire, à un accès de démence furieuse (cf. 1 Sam 21,14; 2 R 9,11; Jer
29,26)", CH. HAURET, Amos et Osée (Verum Salutis A.T. 5), Paris 1970, 215.

[14] Siehe P. AUVRAY, Isaïe, 142. - H.W. WOLFF, Das Dodekapropheton 4. Micha (BKAT XIV/4), Neukirchen 1982, 60 und 61.

[15] "Amos affirme que rûach n'est rien que le vent et que le vent est absolument créé par Dieu", D. LYS,
Rûach, 69.

[16] "Tous ces textes sont postérieurs à Isaïe si bien que l'on peut dire que le rejeton d'Is 11,1 est le premier
sur lequel l'Esprit divin se pose de façon permanente. Il n'est pas l'objet d'une simple impulsion, mais d'une
emprise qui revê toute son action", P. AUVRAY, Isaïe, 142-143.

[17] Vgl. W. ZIMMERLI, Ezechiel 2. Teilband (BKAT XIII/2), Neukirchen 1969, 1262-1265: Exkurs 3: rûach
im Buche Ezechiel. - D. LYS, Rûach, Paris 1962, 121-146.

[18] 52mal. Siehe W. ZIMMERLI, a.a.O., 1262. In einer Reihe von Entrückungsszenen wird berichtet: "Die
Hand des Herrn kommt über mich" (1,3; 8,1; 37,1; 40,1). Vgl. Lk 1,66; 11,20; Apg 4,29.30;13,11.

[19] Das Charisma der Verzückung wird einmal auf die "rûach 'elohîm" (11,24b), zweimal auf die "rûach
Jahweh" (11,5; 37,1), sonst auf das artikellose Wort rûach (3,12.14.24a; 8,3; 11,1.24a; 43,5) zurückgeführt.
Diese rûach "erscheint als eine fast vollständig wirkende Macht, so sehr auch deutlich ist, daß es sich in ihrem
Tun um Wirkungen von Jahwe her handelt", W. ZIMMERLI, a.a.O., 1264.

Am häufigsten ist die Rede von der aus der göttlichen Welt stammenden *rûach* (1,12.20(ter).21; 2,2; 3,12.14.24; 8,3; 10,17; 11,1.5.24(bis); 36,27; 37,1.9(ter).10.14; 39,29). Ein Fall für sich bildet die Auferweckung des toten Israel in 37,1-14. Es ergeht das Wort des Herrn an die *rûach*, von den vier Windrichtungen her zu kommen und die toten Menschenleiber zu neuem Leben zu erwecken. Hier ist nicht das naturhafte rûach-Verständnis als *Wind* gemeint, sondern die aus der göttlichen Welt stammende Lebenskraft. Genau wie in Gen 2,7 Gott seinen *Atem* (*n^esamah*) in den aus Erden geformten Menschen einhaucht. In 37,14 wird ausdrücklich bemerkt: "Ich lege meinen Geist (*rûchî*) in euch, daß ihr Leben bekommt, und setze euch in euer Land[20].

Der siebenfache Geist des Herrn (11,2-3a)

Auf dem kommenden Retter wird die *rûach Jahweh* in überreicher Fülle ruhen, wie aus der heiligen Siebenzahl hervorgeht:
(2)*Und auf ihm wird ruhen Jahwehs Geist*
Geist der Weisheit und der Einsicht
Geist des Rates und der Stärke
Geist der Erkenntnis und der Gottesfurcht
(3a)*Geist der Erkenntnis und der Gottesfurcht*
und er wird ihn erfüllen mit der Gottesfurcht[21].

In der Aufzählung der sieben Geistesgaben weichen die alten Übersetzungen vom hebr. Text ab. LXX und Vulgata fügen den sechs ersten Gaben noch eine siebente hinzu:
LXX (2d)*pneúma gnoseos kai eusebeías (jir'at)*
(3a)*emplesei autón pneúma phóbos Theoú (jir'at)*
Vulg.(2d)*Spiritus scientiae et pietatis.*
(3a)*Et replebit eum spiritus timoris Domini.*

Die sechste und siebente Gabe entspricht dem zweimaligen hebr. *jir'at Jahweh*, das LXX wohl abwechslungshalber mit zwei verschiedenen Wendungen übertrug: *eusebeia* und *phobos*, genau wie in Spr 1,7 das einmalige *jir'at*[22].

Die syrischen Väter kommen auf einem anderen Weg zur heiligen Siebenzahl, indem sie die *rûach Jahweh* in 2a als eigene, grundlegende Gabe annehmen. Der hl. Ephräm der Syrer[23]

---

[20] Siehe W. ZIMMERLI, *a.a.O.*, 1263-1264.

[21] V.3a wird allgemein als Dittographie gestrichen. Vgl. BHS, OSTY, BJ, AUVRAY, WILDBERGER...

[22] Das hebr. "*jir'at Jahweh reschît da^cat*" wird von LXX zu "*arché sophías phóbos Theoú...eusébeia dé eis Theón arché aisthésos*". Das einmalige jir'at gibt LXX chiastisch mit zwei Ausdrücken wider wie in Jes 11,2d.3a, nur in umgekehrter Reihenfolge. Die Lehre der Scholastik von den sieben Gaben des Heiligen Geistes beruht auf der falschen Übersetzung der LXX. Vgl. K. SCHLÜTZ, *Isaias 11,2* (Die sieben Gaben des Heiligen Geistes) in den ersten vier christlichen Jahrhunderten, in *AtlAbh* XI/4, Münster i.W. 1932. - A. VACCARI, *Spiritus septiformis ex Isaia 11,2*, in *VerbDom* 11 (1931) 129-133. - M. ZERWICK, *Cur numerus septenarius sanctus censeatur*, in *VerbDom* 24 (1944) 62-64.

[23] S. EPHRAEM, *Hymnus de Virginitate* V,3, in CSCO vol. 223, *Scriptores syri*, tom. 94, Louvain 1962, 17-18 (ed. BEVK). - TH. J. LAMY, *S. Ephraem hymni et sermones*, Mechliniae 1886, 793.

und Aphrat[24] ziehen zum Vergleich den siebenarmigen Leuchter heran, der mit dem Mittel-schaft und dem von ihm ausgehenden Dreierpaar sieben Lampen bildet (vgl. Ez 25,31-37; 37,17-23). Der Mittelschaft des goldenen Leuchters versinnbildet die grundlegende erste Gabe des Gottesgeistes, von dem drei Paare von Wirkungsstrahlen ausgehen, so daß man mit Recht von einem siebenfachen Gottesgeist reden kann[25].

Da die heilige Zahl Sieben im Alten Testament als Symbol der Vollendung, der Voll-kommenheit, der Fülle eine so große Rolle spielt, so lag es nahe, dem "neuen David" sieben Gaben zuzuschreiben. Es entspricht durchaus der hebr. Denkart, die *rûach Jahweh* als eigene und erste Gabe zu fassen, an die sich noch drei Paare geistvoller Kräfte anschließen[26].

Der Grieche kennt diese Theologie der Zahlen nicht mehr. Nach Johannes 3,34 gibt Gott seinen Geist Jesus Christus "in unermeßlicher Fülle".

Die Herrschergaben

Nach dem ganzen Zusammenhang ist hier die *rûach Jahweh* als eine über jedes irdische Maß hinausragende *Herrschergabe* aufgefaßt, die direkt von Jahweh stammt. Wie Saul und David (1 Sam 16,13-14) durch den Geist des Herrn zu charismatischen Volksführern bestellt wurden, so wird der Messiaskönig, ein zweiter David, in unvergleichlich höherem Maße mit Gottes Kraft erfüllt zur Ausübung des richterlichen Amtes, wie bei den Königen des Alten Orients. Diese grundlegende Berufsrûach wird Jahweh noch ergänzen und vervoll-kommnen durch Verleihung von drei Paaren auserlesener Herrscher- und Richtertugenden. Das geht hervor aus der Entfaltung des Geistbegriffes. Es werden drei Paare von Begabun-gen aufgezählt, die durch den Geist des Herrn verliehen werden: *Weisheit* und *Einsicht*, *Rat* und *Stärke*, *Erkenntnis* und *Furcht des Herrn*.

1) Der ideale König einer schöneren Zukunft wird mit der "*rûach der Weisheit* und der *Einsicht*" erfüllt werden (*rûach chokmah ûbînah*).

Die "Weisheit" meint eigentlich ein praktisches Wissen, den kundigen Sachverstand, um die Probleme des Alltags zu meistern.

Der assyrische Eroberer brüstete sich, die ganze Welt durch seine eigene *Weisheit* und seine *Klugheit* (*bechokmatî kî nebunôti*) zu unterjochen und wie ein Held die Könige vom Thron zu stürzen, und alle Länder der Erde zu sammeln, wie man verlassene Eier sammelt (10,13-14). Der Nachkomme Davids wird die zwei Gaben direkt aus Gottes Hand erhalten (11,2).

Bei seiner Thronbesteigung bat Salomo den Herrn: "Ich bin noch sehr jung und weiß nicht, wie ich mich als König verhalten soll... Verleihe daher deinem Knecht ein hörendes Herz, damit er dein Volk zu regieren und das Gute vom Bösen zu unterscheiden versteht".

---

[24] G. BEERT, *Aphrahats des pers. Weisen Homilien*, in TU 3. Band, 3. und 4. Heft, Leipzig 1888, 8. ± *APHRAATIS Sapientis Persae Demonstrationes* (ed. I Parisot), in *Patrologie Syriaca* I, Paris 1894, col. 20 (mit la-tein. Übersetzung). + APHRAAT, *Dem. I,9*, in...

[25] "Prima...mentio 'spiritus Domini' non extra dona ponenda est, sed cum sex sequentibus computanda est, quo fit ut septem omnino habeantur dona Spiritus", A. VACCARI, *Spiritus septiformis...*, in *VerbDom* 11 (1931) 132.

[26] Vgl. A. VACCARI, *a.a.O.*, 130; M. ZERWICK, a.a.O. 62-64.

Die Bitte gefiel dem Herrn: "Siehe, ich gebe dir ein so weises und verständiges Herz (*leb chokam w^{e}nabôn*), daß keiner vor dir und keiner nach dir kommen wird, der dir gleicht" (1 Kön 3,7.12). Das Volk bewunderte im König "Gottes Weisheit" (*chokmat 'älohîm*), die ihn befähigte, im Streit der zwei Huren um das Kind den rechten Entscheid zu treffen (1 Kön 3,28)[27]. Gott gab dem Salomo "Weisheit und sehr viel Einsicht und Weite des Herzens - reich wie der Sand am Gestade des Meeres" (1 Kön 5,9).

Die "weise Frau" von Tekoa pries den König David als einen "Engel Gottes", der Gutes und Böses unterscheiden kann (2 Sam 14,17.20).

Bei der Gabe der "*Einsicht*" geht es um das Unterscheidungsvermögen, um den Scharfsinn, der sich in der Lösung theoretischer Schwierigkeiten auszeichnet.

Die zwei Begriffe sind inhaltlich nahe verwandt. Immerhin läßt sich feststellen: "*chokmah* meint mehr die Weisheit, deren es bedarf, um die Probleme des Alltags zu bewältigen, während *bînah* in starkem Maße den Verstand, die intellektuelle Fähigkeit bezeichnet, die nötig sind, um eine Situation zu durchschauen, aus ihr die richtigen Schlüsse zu ziehen und die notwendigen Entschlüsse zu fassen"[28].

Nach Spr 8,15-16 rühmt sich die Weisheit: "Durch mich regieren die Könige, und entscheiden die Machthaber. Durch mich verstehen die Herrscher ihr Amt, die Vornehmen und alle Verwalter des Rechts". Vor allen andern Aufgaben ist der König Verwalter des göttlichen Rechts! Und Jahweh "leitet das Herz des Königs wie Wasserbäche, wohin er will" (Spr 16,10).

2) Weiter wird auf dem Heilsbringer der "Geist des *Rates* und der *Stärke*" ruhen.

Bereits in Jes 9,5 hat der Prophet im messianischen Kind den "*wunderbaren Ratgeber*" und den "*starken Gott*" gepriesen. Mit der Gabe des "*Rates*" hat Jesaja sicher nicht an die Ausarbeitung und Ausführung von Kriegsplänen gedacht (vgl. 2 Kön 18,20 = Jes 36,5), sondern an den "zivilen" Gebrauch des Wortes: es geht darum, die richtigen Entscheidungen zu treffen, den richtigen Plan zu fassen.

Ausgerüstet mit dem "Geist der Stärke" wird der kommende König immer und überall in der Lage sein, das einmal richtig Erkannte auch durchzuführen. "Hat er durch seine richterliche Weisheit und sein Unterscheidungsvermögen zwischen Schein und Wirklichkeit den richtigen Plan gefaßt, so wird er auch die Kraft besitzen, seinen Entschluß in die Tat umzusetzen: denn auf ihm ruht der Geist des Rates und der Heldenkraft"[29].

In Anlehnung an unsere Stelle läßt der Verfasser der Sprüche die personifizierte *Weisheit* sprechen: "Bei mir ist Rat (*'esah*) und Hilfe, ich bin die Einsicht (*bînah*), bei mir ist Kraft (*g^{e}bûrah*)" (Spr 8,14). Wie in Jes 11,2 sind diese göttlichen Gaben dem König geschenkt für eine gerechte und friedliche Herrschaft. Der "starke Gott" ist zugleich der "Fürst des Friedens", der "kein Ende hat" (9,5-6). Das Thema des Friedens, das hier angeschlagen wird, kommt in 11,6-8 zu voller Entfaltung. Der Messiaskönig des goldenen Zeitalters wird ein zweiter David sein[30].

---

[27] Vgl. R. KOCH, *Die Klugheit in biblischer Sicht*, in *Paulus Ruf*, Freiburg 1983, 1-5.

[28] H. WILDBERGER, *Jesaja*, 449

[29] O. KAISER, Der Prophet Jesaja. Kapitel 1-12 (ATD 17), Göttingen 1960, 117.

[30] "Le dons de conseil et de force lui accorderont la prudence du diplomate et la bravoure du guerrier, au point de faire de lui l'émule de David", J. COPPENS, Le messianisme royal, 84.

90   R. Koch, Der Geist Gottes

3) In der Krone des Messiaskönigs funkelt der kostbarste Edelstein: der "Geist der *Erkenntnis* und der *Furcht des Herrn*" (*rûach daᶜat wᵉjir'at Jahweh*)[31].
Beide Vokabeln sind Zentralbegriffe des Jahwehglaubens und im Raume der Religion und der Sitte beheimatet[32].
Der Begriff "*Erkenntnis*" atmet den Geist des Propheten Hosea (Hos 2,22; 4,1.6; 6,6; 11,1-4), für den es keineswegs nur um ein intellektuelles Wissen geht, sondern vielmehr noch um ein "Erfahren", ein "Vertrautwerden" mit Gott, eine Liebesbeziehung zwischen Gott und dem Menschen[33].
Der Messiaskönig wird Jahweh "erkennen", d.h. er wird mit allen Fasern seines Herzens seinen Gott lieben und seine Charakterzüge nachzuahmen suchen: Gerechtigkeit und Friedensliebe. Dem König *Joschija* zollt der Verfasser höchstes Lob: "Dem Schwachen und Armen verhalf er zum Recht. Heißt das nicht, mich wirklich erkennen?" (Jer 22,16).
Eng verwandt damit ist die "Furcht des Herrn"[34].
Diese Gabe hat nichts zu tun mit der Angst vor Gott; sie ist ja eine Gabe Gottes, eine geistgewirkte göttliche Eigenschaft.
Um den Sinn der "Furcht des Herrn" zu erfassen, dürfte es sich lohnen, einen Blick in die theologische Welt des Deuteronomiums und seiner Bundesthematik zu werfen. Die "Furcht des Herrn" ist im Licht des Bundesgedankens zu verstehen, wie jüngste Studien nachgewiesen haben[35].
Für Jesaja wird der Geist des Herrn dem König beistehen, daß er in Wort und Tat seinem Gott in Ehrfurcht und Liebe anhange, ihm die Bundestreue halte[36].
Die "Furcht des Herrn" drückt demnach eine religiös-sittliche Grundhaltung aus, die sich in der Befolgung der sittlichen Forderungen auswirkt. Tatsächlich steht die grundsätzliche Treue zum Bundesgott, die in der "Furcht des Herrn" verwurzelt ist, sehr oft parallel zu einer Reihe von Zeitwörtern, die auf die Befolgung der religiössittlichen und kultischen Forderungen pochen, wie "den Herrn lieben" (Dt 10,12), "dem Herrn dienen" (im kultischen Raum: Dt 6,13; 10.12.20), "in den Wegen des Herrn wandeln" (Dt 8,6; 10,12), "nach all die-

---

[31] Der Genitiv "des Herrn" bezieht sich auch auf das erste Wort. Die zwei verwandten Begriffe stehen im *status constructus* und sind per *modum unius* genommen, als Hendiadyon. Vgl. P. JOÜON, *Grammaire*, § 129a, S. 386 Anm. 3.
[32] Der sapientiale Charakter der Stelle spricht nicht gegen den jesajanischen Ursprung; denn Jesaja war wohl vertraut mit der höfischen "*chokmah*" seiner Zeit. Vgl. J. BECKER, *Gottesfurcht im A.T.* (Analecta Biblica, 25), Rom 1965, 258-259.
[33] "Une connaissance qui a Yahvé pour objet, renvoie à Osée, de façon indubitable", L. DEROUSSEAUX, *La crainte de Dieu dans l'A.T.*, Paris 1970, 274.
[34] Vgl. vor allem S. PLATH, *Furcht Gottes. Begriff jr' im A.T.*, Stuttgart 1963, 83-84. - J. BECKER, *Gottesfurcht im A.T.*, 258-260. - L. DEROUSSEAUX, *La crainte de Dieu*, 272-275, 316-317.
[35] Vgl. N. LOHFINK, *Das Hauptgebot. Eine Untersuchung literarischer Einleitungsfragen zu Dtn 5-11* (Analecta Biblica, 20), Romae 1963, 108-120. - J. BECKER, *Gottesfurcht im A.T.*, 91-11?. - L. DEROUSSEAUX, *La crainte de Dieu*, 268-278.
[36] "Le roi de l'avenir recevra de Yahvé l'Esprit de 'crainte de Yahvé', c'est-à-dire qu'il lui sera donné d'être fidèle à son Dieu en vérité"; "Elle (la sagesse royale) sera fondée aussi sur une 'crainte de Yahvé', c'est-à-dire une adhésion totale et fidèle à Yahvé", L. DEROUSSEAUX, *La crainte de Dieu*, 275. 278. - P. AUVRAY unterstreicht die Entwicklung, die der Begriff durchgemacht hat: "La crainte de Yahvé, une très ancienne valeur religieuse qui a vu depuis longtemps s'estomper l'aspect de crainte proprement dite pour dégager le respect, l'affection et même l'amour (Dt 6,2.5.13)", P. AUVRAY, *Isaïe*, 143.

sen Satzungen tun" (Dt 6,24), "seine Gebote halten" (Dt 5,29; 6,2; 8,6)[37]. Wir stimmen mit
G. WANKE überein: "Da die Normen des mit diesen Begriffen umschriebenen frommen
Verhaltens Gott und den Mitmenschen gegenüber aber im Gesetze greifbar sind, wird *Gott
fürchten* nebst *Gott lieben* nicht nur als eine Grundhaltung verstanden, sondern auch mit
der Befolgung sittlicher und kultischer Forderungen gleichgesetzt"[38].

So gesehen, schmückt der "Geist der Erkenntnis und der Furcht des Herrn" den Messiaskönig als einen *zweiten Moses*.

In 11,2 hat Jesaja ein herrliches Idealbild des geisterfüllten Königs entworfen. "Der Messias nimmt eine *einmalige Sonderstellung* ein, denn die Gaben der Weisheit sind ihm durch
den Gottesgeist direkt übermittelt. Er ist mehr als primus inter pares, er steht dem Volk als
Gottes Mandatar gegenüber, besitzt einen unvergleichlichen Auftrag und handelt in unbe-
streitbarer Autorität"[39].

Der Anwalt der Kleinen und Armen (Jes 11,3b-5)

Der Messiaskönig erhält die *siebenfache Geistesgabe* nicht für seine eigene Person, sondern
für sein hohes Richteramt im Dienste des Volkes. Er wird der Vater und der Wahrer des
Rechts sein, vor allem für die Armen und Kleinen:
(3b)*Er wird nicht nach dem Augenschein richten;*
nach dem, was er nur vom Hörensagen weiß, entscheidet er nicht,
(4) *sondern mit Gerechtigkeit hilft er den Geringen zum Recht. Er schlägt den
"Gewalttätigen"*[40] *mit dem Stab seines Mundes und tötet den Frevler mit seiner Lippen Hauch.*
(5)*Und Gerechtigkeit ist der Gürtel um seine Hüften
und Treue der Schurz seiner Lenden (Jes 11,3b-5).*
Jesaja zeichnet hier das Bild des Messiaskönigs mit altorientalischen Farben. Nach den
Vorstellungen des Alten Orients ist es eines Regenten höchste und heiligste Aufgabe, in der
Ausübung des Richteramtes gerechte Urteile zu fällen. "König der Gerechtigkeit": das ist
der schönste Edelstein im Diadem eines orientalischen Fürsten[41].

Nie wird der Messiaskönig nach dem richten, was die Augen sehen und die Ohren hören,
sondern in der Kraft des "Geistes der Weisheit und der Einsicht" vermag er zu erkennen,
was hinter dem, was zu sehen und zu hören ist, als Wirklichkeit steht. Im Buche der Sprüche wird die Unterscheidungsgabe des Königs aufs höchste gepriesen: "Des Königs Ehre ist
es, eine Sache zu erforschen. Der Himmel so hoch, und die Erde so tief, und das Herz des

---

[37] Eine Zusammenstellung siehe bei N. LOHFINK, *Das Hauptgebot*, 63-80. - L. DEROUSSEAUX, *La
crainte de Dieu*, 217 Anm. 32.
[38] G. WANKE, Art. *phobos*, in *ThWNT* IX, Stuttgart 1973, 198.
[39] H. WILDBERGER, *Jesaja*, 450.
[40] Die Lesart ^caris (gewalttätig) statt '*āräs* (Land) hat sich wegen des parallelismus synonymus mit *rasa^c*
(Frevler) allgemein eingebürgert. - Am MT halten fest AUVRAY, *BJ*.
[41] Belege bei L. DÜRR, Ursprung und Ausbau der israel.-jüdischen Heilandserwartung, Berlin 1925, 76-78.
- H. WILDBERGER; Jesaja, 450-452. Vgl. Psalm 72,1-2 und 4 mit einem Text aus der Keret Legende (Ugarit),
wonach der Sohn den König tadelt: "Du gibst den ärgsten Gewaltmenschen nach,... du lässest der Witwe
nicht Gerechtigkeit widerfahren, sprichst Notleidenden nicht Recht, entfernst nicht jene, die auf den
Schwachen treten" (bei H. WILDBERGER, *Jesaja*, 451-452).

Königs: sie sind nicht zu erforschen" (Spr 25,2-3). Der Geist des Herrn erschließt dem Messiaskönig ein Wissen, das ihm hilft, auch die verworrensten Zusammenhänge zu entwirren in viel höherem Maß noch, als es bei David (2 Sam 14,20) oder Salomo (1 Kön 3,11.28) der Fall war.

Es ist ein düsteres Bild, das Jesaja von der himmelschreienden Unterdrückung und schamlosen Ausbeutung der Armen und Kleinen entwirft (vgl. Jes 1,17; 5,20.23; 10,1-4).

Die Herstellung des Rechts für Arme und Kleine entspricht ganz und gar dem alttestamentlichen Gottesglauben: Jahweh ist ein Gott, der sich zum Anwalt der Kleinen macht (vgl. Ps 9,10; Ijob 5,15-16). Erfüllt vom "Geiste der Erkenntnis und Furcht des Herrn" wird der vollkommene Richter-König die Rechtsansprüche der Armen und Kleinen durch gerechten Schiedsspruch anerkennen und schützen. Die Armen werden seine Lieblinge sein. Psalm 72, "das Kompendium aller messianischen Theologie und des Königsideals im Alten Testament"[42] besingt diesen sozialen Sinn des Königs, der allein die brennenden Probleme auf dem Gebiet der sozialen Gerechtigkeit zu lösen vermag, mit den herrlichen Worten:

(12)*Denn er rettet den Gebeugten, der um Hilfe schreit, den Armen und den, der keinen Helfer hat.*

(13)*Er erbarmt sich des Gebeugten und Schwachen,*
er rettet das Leben der Armen.

(14)*Von Unterdrückung und Gewalttat befreit er sie,*
ihr Blut ist kostbar in seinen Augen
(vgl. 72,12-14; VV.2.4).

Den Bedrücker der Armen und Kleinen (vgl. Jes 1,10.23; 3,14-15; 5,7-8; 10,1-2) wird der mit dem "*Geist der Stärke*" ausgerüstete Heilskönig mit dem "Stab seines Mundes" schlagen, d.h. durch sein richterliches Urteilswort strafen und den Frevler mit dem "Hauch seiner Lippen" töten.

In Ps 33,6 ist die Rede von der Macht des *schöpferischen* Wortes oder des Hauches Gottes. Korrelativ heißt es vom *tötenden* Wort Jahwehs: "Ist mein Wort nicht wie ein Feuer, wie ein Hammer, der Felsen zertrümmert?" (Jer 23,29). Die Propheten "töten durch den Hauch meines (Jahwehs) Mundes" (Hos 6,5).

Der *'äbäd Jahweh* bekennt, daß Gott seinen Mund zum scharfen Schwert gemacht habe (Jes 49,2). Jesaja hat die Vorstellung vom "kraftgeladenen" Wort des Herrn auf den Messiaskönig (Jes 11,4) und den *'äbäd Jahweh* (Jes 49,2) übertragen. All diese Wendungen verraten ein Verständnis des Wortes als einer dynamischen Macht, weil es von der *rûach Jahweh* getragen wird. Die *rûach* verleiht dem *dabar* ihre Macht, der *dabar* gibt der *rûach* einen Sinn (vgl. Jdt 16,15-17; Jes 55,11; Weish 18,14-16; Ps 147,18)[43].

---

[42] L. DÜRR, *Ursprung und Ausbau...,* 86.

[43] Das Neue Testament hat das Bild übernommen. Am Ende der Zeiten wird der Herr Jesus mit dem Hauche seines Mundes den Antichristen vernichten (2 Thess 2,8; vgl. die Apokryphen Ps Sal 17,26-27: "Er zerschlage des Sünders Übermut wie Töpfergeschirr, mit eisernem Stab zerschmettere er all ihr Wesen, vernichte die Gottlosen mit dem Worte seines Mundes"; siehe noch 4 Esdr 13,3-5.9-10). Die Vorstellung von der alles durchdringenden Schärfe des Wortes Gottes oder des Messias hat den Vergleich mit einem scharfen Schwert angeregt (Ps Sal 12,5; Eph 4,12; Hebr 4,12). Schließlich hat sich das "Wort des Mundes" oder der "Stab des Mundes" (Jes 11,4; Ps 2,9) in ein "zweischneidiges, scharfes Schwert" gewandelt, das im Weltgericht

Vers 5 unterstreicht das in V.3 und V.4 Gesagte: *Gerechtigkeit* und *Treue* sind *Gürtel und Lendenschurz* des Heilskönigs (Jes 11,3-5). Der *'ezôr* (2 mal) ist "das innerste, zuletzt ausgezogene Schenkeltuch, Hüftschurz"[44], das mit einem Gürtel festgehalten wird. Wie ein Mann mit so einem Kleidungsstück eng umgürtet ist, so wird der Messiaskönig mit Treue und Gerechtigkeit umgürtet sein, d.h. aufs engste mit diesen sozialen Tugenden.

Die Gerechtigkeit ist einer der hervorstechendsten Züge im Bilde des Messiaskönigs, ja ein Wesenszug. In so hohem Maße wird er vom Gerechtigkeitssinn durchdrungen sein, daß er gar einen eigenen Namen tragen wird: "Jahweh ist unsere Gerechtigkeit" (Jer 23,6; vgl. 23,5; 33,16)[45].

Wie Jes 7,14 und 9,1-6 ist auch 11,1-5 in der Königsideologie des Alten Testamentes und des Alten Orients beheimatet. In der Herzmitte des Immanuelbuches ragt die alles beherrschende Gestalt des kommenden Königs empor: der *Immanuel*, das *Kind* und der *Sohn* sowie das *Reis aus dem Baumstumpf Isais*, alle drei aus dem Geblüt des Davidshauses.

Der Abschnitt Jes 11,1-5 ist im Gegensatz zu Jes 5,19-23; 10,1-3; 10,5-14 und 10,33-34 verfaßt worden.

2) Der überströmende Paradiesesfrieden (11,6-8)

Mit V.6 wird ein neues Thema angeschlagen: das friedliche Miteinander von Tier und Tier, von Mensch und Tier.

(6)*Da wird der Wolf beim Lamm zu Gaste sein,*
und der Leopard beim Böcklein lagern.
Da werden Kalb und Jungleu beieinander weiden,
und ein kleiner Knabe hütet sie.
(7)*Da werden Kuh und Bärin sich befreunden*
und ihre Jungen werden zusammen lagern.
Da frißt der Löwe Strohhäcksel wie das Rind,
(8)*Und der Säugling wird spielen am Loch der Viper,*
und nach der Höhle der Otter streckt das kleine Kind die Hand aus.

Welch lebendiges Bild! Was für eine anschauliche Sprache! Der Wolf wird beim Lamme lagern (so auch Jes 65,25)! Der Leopard wird beim Böcklein liegen! Jungleu und Kalb werden miteinander weiden! Bärin und Kuh werden sich befreunden! Der Löwe wird wie das Rind Strohhäcksel fressen! Der Säugling wird am Loch der Viper spielen, und das Kleinkind nach der Otter die Hand ausstrecken!

1) Nach dem Zeugnis des Alten Testamentes, vor allem der älteren Texte, herrscht in der ganzen Tierwelt eine grimmige Feindschaft zwischen den Raubtieren und Mensch.

---

aus dem Munde des Weltenrichters (Offb 1,16; 2,12.16) oder des apokalyptischen Reiters (Offb 19,51) hervorgehen wird. Vgl. R. KOCH, *Geist und Messias*, 88 Anm. 47 und 48.

[44] L. KÖHLER, *Lexikon in VT Libros*, 24.

[45] Jeremia verwendet den Terminus im Gegensatz zum regierenden König Zidkija ("Jahweh ist meine Gerechtigkeit"), der den schönen Inhalt seines königlichen Namens leider zuschanden gemacht hat. Vgl. R. KOCH, *Geist und Messias*, 455.

Hier kommt besonders der Löwe, der König der Tiere, zum feindlichen Zuge (vgl. Ri 14,5; 1 Sam 17,34; 2 Sam 13,20 = 1 Chr 11,22; 1 Kön 13,24; 20,36; Hld 4,8). Zu den Erzfeinden des Menschen zählen auch der Wolf (Gen 49,27; Hab 1,8), der Panther (Hab 1,8), der Leopard (Jer 13,23), die Schlange (Gen 3,14-15). Manchmal sinnbilden die wilden Tiere die Werkzeuge des strafenden Gottes. "Ich bin für Ephraim wie ein Löwe, wie ein junger Löwe für das Haus Juda. Ich, ich reiße die Beute..., ich schleppe sie weg, und keiner kann sie mir entreißen" (Hos 5,14; vgl. Am 3,8; Mi 5,7). Der Herr wird für sein untreues Volk zu einem Löwen, zu einem Panther, der am Wege lauert; zu einer Bärin, der man die Jungen geraubt hat und dem sündigen Israel Brust und Herz zerreißt (Hos 13,7-8). Die heranstürmenden assyrischen Heere gleichen einem brüllenden Löwen: "Es ist ein Lärm wie das Brüllen des Löwen, wie wenn ein Jungleu brüllt. Er knurrt und packt seine Beute, er schleppt sie fort, und niemand reißt sie ihm weg" (Jes 5,29).

Der Löwe hat sich aus dem Hinterhalt erhoben, um das Land zur Wüste zu machen (Jer 4,7). Weil Israel den Bund gebrochen, schlägt es der Löwe des Waldes, der Steppenwolf überwältigt sie. Vor den Städten lauert der Panther, alle, die herauskommen, werden zerfleischt werden (Jer 5,6). Israel war ein zersprengtes Schaf, vom Löwen gehetzt (Jer 50,17).

Der Prophet Ezechiel vergleicht die verkommenen Beamten Jerusalems mit Wölfen, die auf Beute aus sind, Blut vergießen und Menschenleben zugrunde richten (Ez 22,27).

2) In Jes 11,6-8 schlägt der Prophet einen ganz anderen Ton an.

Mit dem "Reis aus dem Baumstumpf Isais" wird eine paradiesische Zeit überströmenden Friedens anbrechen, eine Rückkehr zum paradiesischen Tierfrieden, da alle Tiere des Feldes und alle Vögel des Himmels sich mit grünen Pflanzen nährten (Gen 1,30). Der Verfasser von Jes 11,6-8 dürfte wohl das Bild des Priesterkodex von den pflanzenfressenden Tieren weiter ausgemalt haben, mit hoher dichterischer Phantasie!

Die altorientalischen Mythen kannten ähnliche Bilder. Im sumerischen Gedicht *Enki und Nimhursag* schildert der Dichter das paradiesische Land, wo der Löwe nicht tötet, das Lamm nicht reißt[46]!

Der biblische Verfasser hat wohl diese mythische Vorstellung von einem außergewöhnlichen Tierfrieden übernommen, zumal solche Bilder in der nachexilischen Zeit umliefen. In einer düsteren Zeit sehnte sich das gedemütigte Volk nach dem Idyll eines Tier- und Völkerfriedens! Man harrte einer schöneren Zukunft entgegen.

Der Fluch über die verführerische Schlange (Gen 3,14-15) wird aufgehoben. "Du schreitest über Löwen und Nattern, trittst auf Löwen und Drachen" (Ps 91,13). Der Dichter Ijob entwirft ein ähnliches Gemälde: "Von Raubtieren hast du nichts zu fürchten. Die Tiere des Feldes werden Frieden mit dir halten" (Ijob 5,22-23). Im messianischen Reich wird der Knecht David einen Friedensbund schließen mit dem erneuerten Gottesvolk: "Ich schließe mit ihnen einen Friedensbund: Ich rotte die wilden Tiere im Lande aus. Dann kann man in der Steppe sicher wohnen und in den Wäldern schlafen" (Ez 34,25). In dieser seligen Zeit wird die Herrschaft von Recht und Gerechtigkeit eine wunderbare Umwandlung der Natur herbeiführen (Jes 32,15-20).

---

[46] "The lion kills not, the wolf snatches not the lamb. Unnown is the kind-devouring wild dog", *ANET*, Princeton ²1955, 37-41, hier Zeile 15-17.

Für unsern Propheten gründet der überströmende Tierfrieden in der vollkommenen Gotteserkenntnis, die auf die radikale Überwindung von Bosheit und Unrecht hinausläuft.

3) Die vollkommene Gotteserkenntnis (11,9)

Nichts Böses und nichts Verderbliches wird man tun
auf meinem ganzen heiligen Berge;
Denn voll ist das Land von Erkenntnis des Herrn
wie von Wassern, die das Meer bedecken (11,9).

Es besteht kein Grund, V.9 dem Verfasser von V.6-8 abzusprechen. Gewiß, zwischen V.8 und V.9 liegt ein Einschnitt vor. Aber in V.9 deckt der Prophet den letzten und tiefsten Grund auf, warum auf dem Gottesberg das Böse überwunden, Unsicherheit und Angst gebannt wird: Das Land wird erfüllt sein von der *Kenntnis des Herrn*[47].

In konzentrischen Kreisen rundet der Prophet das Idealbild des endzeitlichen Herrschers ab.

Der "Immanuel" wird "verstehen ('$eda^{ce}tô$, Infin. von $jada^c$), das Böse zu verwerfen und das Gute zu wählen" (Jes 7,15-16).

Das "*Kind*" auf Davids Thron wird sein Königreich "festigen und stützen durch Recht und Gerechtigkeit" (Jes 9,6-7).

Das "*Reis aus dem Baumstumpf Isais*" wird erfüllt sein vom "Geist der *Erkenntnis*" (*rûach da^cat*) und der "Furcht des Herrn" (11,2) und ein Reich der Gerechtigkeit und der Treue aufrichten (11,3-5), in dem ein überschwänglicher Tierfrieden herrschen wird (11,6-8).

Der "Geist der Erkenntnis" von V.2 wird nun ausdrücklich als "*Erkenntnis Jahwehs*" bezeichnet, der nun nicht mehr bloß in siebenfacher Fülle auf dem Mesiaskönig ruhen wird, sondern "wie Wasser, die das Meer bedecken" (11,9).

Am Schluß des Immanuelbuches sei kurz die Frage gestreift: *Was für eine Persönlichkeit hatte Jesaja wohl im Auge?* Ewig alte und ewig neue Frage!

Eines lehrt der heilsgeschichtliche Abriß dieser Kapitel. Jedes Mal, wenn das Südreich in tödlicher Gefahr schwebte, verhieß Jesaja im Namen Gottes ein "*Heilszeichen*": im syrisch-ephraimitischen Krieg (um 736/735) die Geburt des *Immanuel* (Jes 7,14); beim Feldzug des Tiglat-Pileser gegen Jerusalem (um 734: 2 Kön 15,29) das königliche Geschenk eines "*Kindes*", eines "*Sohnes*", der eine wunderbare Befreiung durchführen, eine laute Freudenzeit einleiten und eine glorreiche Herrschaft der Gerechtigkeit aufrichten wird (Jes 9,1-6); bei der Belagerung Jerusalems unter Sanherib (um 701) ein Wunderzeichen: "*das Reis aus dem Baumstumpf Isais*", der Wurzelsproß aus dem Hause Isais, der mit der Fülle höchster Herrschergaben geschmückt ein Reich vollkommener Gerechtigkeit und überströmenden Tierfriedens auf Grund einer unabdingbaren Gotteserkenntnis aufrichten wird[48].

---

[47] "In 11,9 ergreift wirklich Jesaja selbst das Wort und spricht seine eigene Sprache", H. WILDBERGER, *Jesaja I*, 458.

[48] Vgl. P. AUVRAY, Isaïe, 140-141. - H. WILDBERGER, Jesaja I, 433. - O. KAISER, Das Buch des Propheten Jesaja. Kap. 1-12 (ATD 17), Göttingen ⁵1981, 240. - H. RENARD, Le messianisme dans la première partie du Livre d'Isaïe, in Sacra Pagina I, Paris-Gembloux 1959, 405.

Wie hätten die drei "Heilszeichen" dem Volk in tiefster Not und höchster Gefahr neue Hoffnung einflößen können, wenn Jesaja nur einen Retter in fernster Zukunft verheißen hätte? Sie hatten dem Volke, das um die nationale Unabhängigkeit bangte, nur dann etwas zu sagen, wenn die Geburt des Ezechias *hic et nunc* die tödlichen Gefahren bannte! Der Gott der Heilsgeschichte ist nie ein bloßer *deus ex machina*!

Allerdings, einige Charakterzüge überragen in so hohem Maße die zeitgenössischen, die herrschenden Königsgestalten, vor allem in Jes 11,1-9, daß sie nur in Jesus Christus voll zum Leuchten kommen werden. Jesaja hebt das Messiasbild weit über das alttestamentliche Königsideal hinaus. Er stellt einen unscheinbaren "Wurzelsproß" aus dem Baumstumpf Isais in Aussicht, der mit der glänzendsten Amtsausrüstung geschmückt sein wird und beseelt vom leidenschaftlichen Dienst an der Gerechtigkeit[49].

Man darf auch die Tatsache nicht übersehen, daß kriegerische Züge im jesajanischen Königsbild gänzlich fehlen. "Der Messias ist kein Schlachtenheld und auch nicht ein Welteroberer mit religiösem Anstrich... Der Messias ist ein F r i e d e n s f ü r s t"[50]. Die himmlische Engelschar wird über Bethlehems Fluren Gott loben und preisen für die Geburt des "Kindes in den Windeln": "Ehre sei Gott in den Höhen und *Friede* auf Erden unter den Menschen, an denen Gott Wohlgefallen hat" (Lk 2,14).

II. Der geisterfüllte 'äbäd Jahweh (Jes 42, 1-4)

Trägt der kommende Retter im Protojesaja die Züge eines idealen Friedenskönigs, tritt er im zweiten Teil des Buches Jesaja, dem Deuterojesaja (Jes 40-55), als *'äbäd Jahweh* auf[51].

Wenn auch die ÄJ-Lieder viel später niedergeschrieben worden sind, verbindet sie doch eine Brücke mit dem Immanuelbuch: Jes 42,1 greift zurück auf Jes 11,2; Jes 42,3b-4 auf Jes 11,3-5; Jes 42,4b auf Jes 11,9; Jes 53,2a auf Jes 11,1.

---

[49] P. AUVRAY, *Isaïe*, 145; vgl. noch S. 108-109, 125-127. - "Le Messie du moment devient le prototype du Messie parfait. Le règne du présent dauphin est promis comme une ébauche et un commencement du grand règne qu'on attend", J. STEINMANN, *Le prophète Isaïe. Sa vie, son oeuvre et son temps* (Lectio divina, 5), Paris 1950, 126.

[50] H. WILDBERGER, *Jesaja* I, 460.

[51] Die Literatur ist uferlos. Außer den Kommentaren von J. FISCHER (HSAT, 1939), A. PENNA (La Sacra Bibbia, 1958), C. WESTERMANN (ATD, 1966), J.M. McKENZIE (The Anchor Bible, 1968), K. ELLIGER (BKAT XI, 1971) führen wir einige wichtige Einzelstudien über die ÄJ-Lieder an: R. TOURNAY, *Les chants du Serviteur dans la seconde partie d'Isaïe*, in *RB* 59 (1952) 355-384, 481-512. - W. ZIMMERLI-J. JEREMIAS, *pais Theou*, in *ThWNT* V (1954) 657-713. - H. CAZELLES, *Les poèmes du Serviteur: leur place, leur structure, leur théologie*, in *RSR* 43 (1955)5-55. - C.R. NORTH, *The Suffering Servant of Deutero-Isaiah. An Historical and Critical Study*, London ²1956. - J. COPPENS, *Le Serviteur de Yahvé. Vers la solution d'une énygme*, in *Sacra Pagina I*, Gembloux 1959, 434-454. - Ders., *Les origines littéraires des poèmes du Serviteur de Yahvé*, in *Bib* 40 (1959) 248-258. - R. PRESS, *Der Gottesknecht im A.T.*, in *ZAW* 67 (1965) 67-99. - H. GROSS, "*Knecht Gottes*" *im A.T.*, in: *Seine Rede geschah zu mir* (Hrsg. F. LEIST), München 1965, 409-433. - P.E. DION, *Les chants du Serviteur de Yahvé et quelques passages apparentés d'Is. 40-55*, in *Bib* 51 (1970) 17-38. - S. VIRGULIN, *Il Deuteroisaia*, in: *Introduzione alla Bibbia* II/2, Torino 1971. - P.E. BONNARD, *Le Second Isaïe. Son disciple et leurs éditeurs* (Etudes Bibliques), Paris 1972. - P. AUVRAY, *Le Livre de la Consolation d'Israël*, in *BJ*, Paris ²1973, 1130-1148 (vgl. 1079). - P. GRELOT, *Les Poèmes du Serviteur. De la lecture critique à l'herméneutique* (Lectio Divina, 103), Paris 1981. Vgl. noch H. HAAG, *Die Ebed-Jahweh-Forschung 1948-1958*, in *BZ* 2 (1959) 174-204.

Das Bild, das Protojesaja im "Immanuelbuch" vom kommenden Retter entwirft, stammt aus einer Zeit, da die Könige Achaz und Ezechias durch ihre verwerfliche Bündnispolitik eine tödliche Gefahr für das Südreich heraufbeschworen. Gott selber wird durch ein dreifaches "Heilszeichen" in die Geschicke Judas eingreifen. Im Auftrage seines Gottes rief Jesaja die Bewohner Jerusalems und Judas zu unbedingtem Glauben an den Gott der Geschichte auf, der auch in dunkelster Stunde die Geschicke des Volkes lenkt und leitet.

Jesaja wandte seine Blicke beim drohenden Untergang Judas auf den charismatischen Träger einer glanzvollen Königsherrschaft, auf einen neuen David, der in der Kraft des ihn erfüllenden und leitenden Gottesgeistes über ein erneuertes Israel in vollkommener Gerechtigkeit herrschen, paradiesisches Glück und ewigen Frieden bringen sollte (Jes 7,10-17; 9,1-6; 11,1-9).

In eine ganz andere Welt versetzt uns Jes 40-55. Beim Deuterojesaja hebt sich das Bild einer geheimnisvollen Gestalt vom düsteren Hintergrund des Exils ab (587-538), als das davidische Königszepter zerbrochen am Boden lag. Naturgemäß tritt das glänzende Königsbild völlig zurück. Die vier ÄJ-Lieder schildern nun Ausrüstung und Sendung des *Gottesknechtes*[52].

Das erste Lied, das hier allein in Frage kommt, spricht von der außergewöhnlichen Geistesbegabung des ÄJ und seiner weltweiten Aufgabe.

(1)*Siehe da mein Knecht, an dem ich festhalte,*
mein Erwählter, an dem meine Seele Wohlgefallen hat[53]*.*
Ich habe meinen Geist auf ihn gelegt,
daß er die Wahrheit unter die Völker hinaustrage.
(2)*Er wird nicht schreien noch lärmen,*
noch seine Stimme hören lassen auf der Gasse.
(3)*Geknicktes Rohr wird er nicht zerbrechen*
und glimmenden Docht nicht auslöschen;
in Treue trägt er die Wahrheit hinaus.
(4)*Er selbst wird nicht matt und bricht nicht zusammen,*
bis er auf Erden die Wahrheit begründet
und die Inseln seines Gesetzes harren.
(Jes 42,1-4).

---

[52] Durchwegs nimmt die Forschung heute vier ÄJ-Lieder an, deren Abgrenzung umstritten ist: Jes 42,1-4(5-7); 49,1-6(7-9a); 50,4-9(10-11); 52,13-53,12. Ursprünglich bildeten sie eine Sammlung für sich. Die drei ersten Lieder stammen sehr wahrscheinlich von Deuterojesaja selber, das vierte dürfte auf einen Schüler zurückgehen, der dann nachträglich alle vier Gesänge in Jes 40-55 eingereiht hat. Die Naht ist noch gut erkennbar. Ohne die Lieder würde der Fluß der Kapitel nicht gestört.

[53] Wörtlich: "Electus meus, complacet sibi in illo anima mea" (Neo-Vulgata). Das Wort *näfäs* bezeichnet hier die erste Person des persönlichen Fürwortes. Richtig die Einheitsübersetzung.

Erwählung und Geistesgabe (42,1abc)

Unvermittelt und feierlich, gleichsam mit dem Finger auf ihn zeigend, stellt Jahweh *seinen* '*äbäd* vor: "Siehe da mein Knecht!"[54] In den Kap. 40-55 verwendet Deuterojasaja den hebr. Terminus '*äbäd Jahweh* 21 mal: 41,8.9; 42,1-19 (2 mal); 43,10; 44.1.2.21 (2 mal).26(Plural); 45,4; 48,20; 49,3.5.6; 50,10; 52,13; 53,11; 54,17(Plural)[55].

In den ÄJ-Liedern kommt das Wort 6 mal vor: 42,1; 49,3.5.6; 52,13; 53,11.

Wer verbirgt sich unter diesem rätselhaften Namen? Ist außerhalb der vier Gesänge von einem andern ÄJ die Rede? Um diese *crux interpretum* zu lösen, gilt es, den näheren und weiteren Zusammenhang zu untersuchen.

Im alttestamentlichen Sprachgebrauch kann '*äbäd* einen *Sklaven* (Gen 9,25; 12,16; Ez 21,2; Jes 49,7) bezeichnen wie einen hohen *königlichen Beamten* (2 Sam 10,2; 2 Kön 22,12). Über dieser sozialen und politischen Bedeutung steht die *religiöse*.

Im Alten Testament werden mit Vorliebe Männer, die nicht im Dienst eines irdischen Herrschers stehen, sondern des höchsten Gott-Königs mit diesem Ehrennamen geschmückt. Es sind Männer, die sich durch ihre Gottverehrung besonders hervorgetan haben oder Werkzeuge in der Hand des Geschichtsgottes sind, wie Abraham (Gen 26,24; Ps 105,6), Josua (Jos 24,29; Ri 2,8), David (2 Sam 3,18; 7,5.8.19; 15,34; 1 Kön 3,6; 8,66; 11,13; 14,8; Jes 37,35; Jer 33,21-22.26; Ps 18,1; 36,1; 78,70), Serubbabel (Hag 2,23), Kyrus (Jes 44,26).

Mit diesem Ehrentitel werden aber vornehmlich die *Propheten* geschmückt, die in einem ganz innigen Verhältnis zu Jahweh stehen und mit dem Auftrag betraut werden, Gottes heiligen Willen zu verkünden, wie z.B. Mose (Ex 14,31; Num 12,7; Dtn 34,5; Jos 1,2.7; 9,24; 11,15; Mal 3,22; Ps 105,26; Neh 1,7.8; 9,14), Elija (2 Kön 9,36; 10,10), Jesaja (Jes 20,3), oder Jakob-Israel (Jes 41,8.9; 42,19 (2 mal); 43,10; 44,1.2.21 (2 mal); 45,4; 48,20; 49,3.5.6)[56].

An 5 Stellen wird der ÄJ nicht näher bestimmt: Jes 42,1; 44,26; 50,10; 52,13; 53,11.

1) Der '*äbäd* Kyrus

Einmal wird Kyrus ausdrücklich erwähnt (Jes 44,26).

In dem "Trostbuch" (Jes 40-55) gliedert Deuterojasaja die Jahre der babylonischen Gefangenschaft (587-538) in zwei Abschnitte: in 40-48 herrscht in Babylon Aufbruchstimmung unter den Verbannten; in 49-55 harrt die exilische Gemeinde der Wiederherstellung Zions entgegen. In Kap. 40-48 räumt der Prophet dem jungen Perserkönig *Kyrus* einen hervorragenden Platz ein. In Kap. 49-55 ist Kyrus von der Bühne der Geschichte abgetreten.

---

[54] Unter 18 Fällen in Jes 40-55 ist 42,1 der einzige, in dem die Partikel "Siehe"(hen) nicht einen ganzen Satz einleitet, sondern nur ein einzelnes Wort. Damit soll die ganze Aufmerksamkeit auf den ÄJ gelenkt werden. Vgl. K. ELLIGER, *Jesaja* II, 201.

[55] Eine Zusammenstellung siehe bei P.-E. BONNARD, *Le Second Isaïe*, 39-44. - W. ZIMMERLI, *pais Theou*, in *ThWNT* V, Stuttgart 1954, 660-661.

[56] Vgl. W. ZIMMERLI, *a.a.O.*, 655-664.

a) Im *Streitgespräch* mit den heidnischen Göttern (Jes 41,1-29) berichtet der Prophet von der *Berufung* des jungen Perserkönigs (Jes 41,1-5):
(1)*Höret mir schweigend zu, ihr Inseln,*
und ihr Völker, wartet auf meinen Beweis!
Treter herzu und alsdann redet!
Zusammen laßt uns zum Rechtsstreit nahen!
(2)*Wer hat ihn im Osten geweckt,*
der den Sieg erringt auf Schritt und Tritt?
Wer gibt ihm die Völker preis
und unterwirft ihm die Könige?
Sein Schwert macht sie zu Staub,
sein Bogen macht sie zu Spreu, die verweht...
(Jes 41,1-2).
Am Schluß des Streitgesprächs kommt Jahweh auf das Thema der Befreiung zurück, als wollte er die Skepsis der Verbannten überwinden:
Vom Norden her habe ich ihn erweckt, und er kam;
im Osten habe ich ihn beim Namen gerufen;
und er zertrat Fürsten wie Lehm,
dem Töpfer gleich, der den Ton zerstampft...
(Jes 41,45).
b) In einem Zwischenstück verkündet Jahweh den Auszug aus Babel, den neuen Exodus als Großtat des mächtigen Gottes (Jes 42,10-44,23).
c) Im dritten Teil, dem sog. *Kyrus-Zyklus* (Jes 44,24-48,22), teilt Jahweh mit, daß die Befreiung vor der Türe steht. Die Verbannten wollten ihren Ohren nicht trauen, als Jahweh ein ums andere Mal auf einen *Heiden* als den Retter von morgen hinwies:
(24)*So spricht der Herr, dein Erlöser,*
der dich vom Mutterleib an gebildet hat:
Ich bin der Herr, der alles gemacht,
der die Himmel ausgespannt ganz allein,
der die Erde gegründet - wer war bei mir? ...
(28)*der zu Kyrus sagt: "Mein Hirte!",*
alles, was ich will, wird er vollenden!
Der zu Jerusalem sagt: "Werde gebaut!"
und zum Tempel: "Werde gegründet!"
(Jes 44,24.28).
Jahweh betraut den Perserkönig mit dem Auftrag, weit über die Grenzen hinaus Königreiche zu erobern:
(1)*So spricht der Herr zu Kyrus, seinem Gesalbten,*
den er bei der Hand gefaßt hat,
um ihm die Völker zu unterwerfen,
um die Könige zu entwaffnen...
(2)*Ich selbst gehe vor dir her*
und ebne die Berge ein.

Ich zertrümmere bronzene Tore
und zerschlage die eisernen Riegel
(Jes 45,1-2).

Nur um Israels willen hat Jahweh den *Kyrus* erwählt und das Schicksal des kleinen geläuterten "Restes" in die Hände des heidnischen Königs gelegt:

(4)*Um meines Knechtes Jakob,*
um Israels, meines Erwählten, willen
habe ich dich bei deinem Namen gerufen,
dir einen Ehrennamen gegeben,
ohne daß du mich kanntest.
(5)*Ich bin der Herr, und keiner sonst;*
außer mir ist kein Gott.
Ich habe dich gegürtet,
ohne daß du mich kanntest
(Jes 45,4-5).

Die Bedenken der Verbannten, daß *Kyrus* sie aus der Knechtschaft herauszuführen imstande sei, zerstreut Jahweh mit dem Hinweis auf seine göttliche Schöpfermacht (Jes 45,11-12). Weil Schöpfer Himmels und der Erde, ist Jahweh auch Erlöser aus der Not des Exils:

(13)*Ich habe ihn (Kyrus) erweckt in Treue und*
ebne alle seine Wege.
Er wird meine Stadt aufbauen
und meine Gefangenen freilassen,
ohne Kaufpreis und ohne Geschenk,
spricht Gott der Heerscharen
(Jes 45,13).

Der *Kyrus-Zyklus* endet mit einem erneuten Hinweis auf die Schöpfertat Gottes, der auch den Perserkönig zum Siege führen wird:

(14)*Versammelt euch alle und höret -*
wer unter ihnen hat solches verkündet?
Er, den der Herr liebhat,
wird meinen Willen an Babel vollstrecken
und seine Macht an den Chaldäern.
(15)*Ich, ich habe geredet, habe ihn auch berufen,*
habe ihn kommen heißen
und ihm Erfolg gegeben
(Jes 48,14-15)

Es sticht in die Augen, wie Jahweh den jungen Perserkönig mit Ehrennamen überhäuft: "Mein Hirte" (Jes 44,28), "Gesalbter des Herrn" (Jes 45,1), "Mann des göttlichen Planes" (Jes 46,1), "Freund Jahwehs" (Jes 48,14).

Da Kyrus in Jes 40-48 eine so bedeutende Rolle spielt und wenigstens einmal ausdrücklich als "'äbäd Jahweh" genannt wird (Jes 44,26), darf er füglich auch in Jes 42,1 in Frage
kommen[57].

Daß Kyrus mit der Gabe des *Gottesgeistes* ausgerüstet wird (Jes 42,1), um seinen hohen
Auftrag der Befreiung ausführen zu können, darf nicht verwundern; auch der Heide Bileam
ist mit dem Geist des Herrn erfüllt worden, um in die Geschicke Israels einzugreifen (Num
24,2). Wenn Jahweh selbst den brutalen Nebukadnezzar als "meinen Knecht" vorstellt (Jer
27,6), a fortiori den toleranten Perserkönig Kyrus in seiner Eigenschaft als "'äbäd Jahweh"
(Jes 44,26) und als "Gesalbter des Herrn" (Jes 45,1) in der Kraft der *"rûach Jahweh"* das große
Befreiungswerk ausführen (Jes 42,1).

Der Herr kann seine Charismen zum Wohle seines Volkes austeilen, wem und wann er
will[58].

Der Auftrag für Kyrus wird in Jes 42,1 umrissen: "Er wird den Völkern den *mispat* bringen" (auch V.3c.4b), d.h. das "Rechtsurteil" oder den "Rechtsentscheid" Jahwehs im Streitgespräch mit den Götzen (C. WESTERMANN), oder eher "die ganz persönliche Entscheidung des göttlichen Weltregenten, der ohne Gerichtsverfahren von sich aus 'Recht' setzt,
Recht im weiteren Sinn, das die Ordnung der Dinge im Wandel der Zeit, den Lauf der Geschichte bestimmt"[59]. Dieses "Recht" meint den harten Entscheid, den Jahweh getroffen hat
beim Untergang Jerusalems (vgl. Jes 51,4), den freudigen jetzt bei der Befreiung der Verbannten durch das Dekret des Kyrus (538). Der *"mispat* hat primär nicht zum Inhalt, wie
Menschen leben oder was sie glauben sollen, aber auch nicht, was Gott *ist*, sondern was Gott
tut, jetzt tut. Das schließt nicht aus, daß er in gewissem Sinne einem Strafurteil gleich-
kommt, soweit er nämlich Babylon, und zugleich einem Begnadigungsurteil, soweit er Israel und seine Leidensgenossen unter den Völker betrifft. Aber er hat einen umfassenderen
Inhalt, eben die Neuordnung der Welt, die sich jetzt durch den Siegeszug des Kyrus an-
bahnt und die dann auch nicht ohne Auswirkung auf Glauben und Leben der den Um-
schwung Erfahrenden bleiben kann"[60].

Die Verse 2-4 schildern die Wirkungsart des Kyrus: ohne Kriegsgeschrei, ohne rohe Ge-
walt. Das geknickte Rohr Israel (vgl. 1 Kön 15,14), d.h. die gebrochenen Herzen der Ver-
bannten wird er nicht vollends zerbrechen und den glimmenden Docht nicht auslöschen.
Diese milde Art seiner Regierung entspricht einem Zylindertext: "Marduk hat den Namen
'Kyrus' ausgesprochen, er hat ihn zum Richter der Welt ernannt..., ohne Kampf ist er in
Babylon eingezogen, keinen Schaden hat er der Stadt zugefügt... Alle Bewohner Babylons

---

[57] Nach P.-E. BONNARD ist von *Kyrus* sicher die Rede in Jes 41,1-5; 41,25-42,9; 44,24-45,13; 46,8-13;
48,12-15; wahrscheinlich in Jes 51,5 und 54,16 (*Le Second Isaïe*, 41 Anm. 1). - "Vielleicht steht hier der Perserkönig im Hintergrund", H. GROSS, *Knecht Gottes im A.T.*, in *Seine Rede geschah zu mir* (Hrsg. F. LEIST),
München 1965, 413 (409-433). - H. CAZELLES neigt auch zu dieser Auslegung: "Diese 'Lieder' schreiben dem
Knecht sogar die Befreiungsmission zu, die im Rest der Kapitel *Kyrus* zuzukommen scheint. So haben manche
auch in *Kyrus* den Knecht Gottes sehen wollen", *Knecht Gottes*, in *Bibeltheol. Wörterbuch* II, Graz ³1967, 842.
[58] Vgl. K. ELLIGER, *Deuterojesaja* I, 204-205.
[59] K. ELLIGER, *a.a.O.*, 206.
[60] K. ELLIGER, *a.a.O.*, 207.

preisen freudig Kyrus als einen Herrscher, dem sie es zu verdanken haben, vom Tode zum
Leben wiedergekehrt zu sein"[61].

Bei aller Milde und Herzensgüte für die unterdrückten und verzweifelten israelitischen
Verbannten und die unterjochten Völker wird er unerschrocken das "Recht", den Entscheid Jahwehs im Gerichtsprozeß so erfolgreich in die Tat umsetzen, daß die Bewohner
der entfernsten Inseln[62] auf sein Gesetz harren werden[63].

2) 'äbäd Israel

Vom zeitgenössischen Hintergrund des Exils hebt sich das Bild des siegreichen Perserkönigs Kyrus ab. Aber im Laufe der Zeit wurde dieser *'äbäd* schon früh in einen weiteren
heilsgeschichtlichen Rahmen hineingestellt.

In 14 Texten redet der Herr der Geschichte in Jes 40-48 direkt oder indirekt den ÄJ als
Jakob-Israel an: Jes 41,8.9; 42,19 (2 mal); 43,10; 44,1.2.21 (2 mal); 45,4; 48,20; 49,3.5.6.

Auf Grund einer *"relecture"* hat die LXX schon früh im ÄJ ein Porträt Israels gezeichnet:
Jakob, mein 'äbäd
Israel, mein Erwählter...(Jes 42,1)
Weil die zwei Namen nicht im hebr. Text vorkommen, hat man kurzerhand auf eine
Glosse getippt. Es geht aber nicht an, die Überlieferung der LXX einfach zu ignorieren. Wir
haben es mit einer *"relecture"* zu tun, mit einer weiter entwickelten Leseart[64].

Im zweiten ÄJ-Lied bietet der gesicherte hebr. Text: "Du bist mein *Knecht Israel*" (Jes
49,3). Alle hebr. MSS, die alten Übersetzungen, Qumrân enthalten das Wort "Israel". Es ist
einfach nicht erlaubt, das Wort zu streichen, nur um die individuelle Deutung durchbrin-
gen zu können[65].

Jahweh hält Israel an der Hand und stützt es und findet Gefallen an ihm (Jes 42,1; 41,10;
vgl. Lk 1,54). Jahweh legt seine *rûach* auf seinen Knecht Israel (Jes 42,1; vgl. Jes 44,3; 59,21;
63.11.14). Ausgerüstet mit dem prophetischen Charisma wird Israel die
"Rechtsentscheidung" des Herrn zu den Völkern tragen (Jes 42,1d.3c.4b; vgl. Hos 9,7; Joel
3,1-2; Jes 48,16; 61,1).

Der *'äbäd Israel* wird nicht schreien wie auf dem Jahrmarkt, sondern das scharfe Schwert
seines Wortes in den Schatten von Gottes Hand legen, den spitzen Pfeil in den Köcher
Jahwehs stecken (Jes 49,2). Diese zwei Bilder deuten die Prosa von Jes 42,2 aus. Wie ein Ge-
sandter Gottes wird Israel sich der Kleinen und Armen annehmen (Jes 66,2). Bei aller Milde
wird der stille Zeuge von Gottes Geschichtsmächtigkeit nicht müde und nicht zusammen-

---

[61] Siehe den Text des Zylinders bei *ANET*, 315-316 und bei P.-E. BONNARD, *Le Second Isaïe*, 125.
[62] Kyrus wird mit den "Inseln" in Verbindung gebracht in 41,1.2.5 und 45,1.
[63] Vgl. P.-E. BONNARD, *Le Second Isaïe*, 45.
[64] "Dans la *relecture* qui applique 42,1 à *Israel*, on verra ce dernier doté *par l'Esprit*... du charisme *prophétique*: Os 9,7; Nb 11,24-30; 24,2; Jl 3,1-2", P.-E. BONNARD, *Le Second Isaïe*, 128 Anm. 1.
[65] "Der Blick auf den heutigen Text von Jes 49,3 und auf die sonst vorwiegende Verwendung der ebed-Be-
zeichnung bei Deuterojesaja mußte die *kollektive* Deutung auf Israel nahelegen", W. ZIMMERLI, *pais Theou*,
in *ThWNT* V, 1954, 665.

brechen, bis er die ganze Welt zum Gesetze Gottes, zur wahren Religion bekehrt hat (Jes 42,4; 41,4)[66].

3) 'äbäd Jesus Christus

Im Zuge einer endgültigen "*relecture*" werden die Verfasser der neutestamentlichen Schriften den zeitgeschichtlichen Rahmen des *'äbäd Kyrus* und des *'äbäd Israel* aufs äußerste sprengen. Sie werden Christus als den vollkommenen ÄJ preisen.

Dem ersten ÄJ-Lied haben sie einige Grundzüge für das Porträt Jesu entlehnt. Sie begrüßen im ÄJ von Jes 42,1-4 den "Knecht des Herrn" schlechthin, den "Knecht Jesu" (Apg 3,13.21; Phil 2,7-9), den Erwählten Jahwehs (Lk 23,35), den Gott Vater mit seiner Huld überschüttet (Mt 3,17; 17,5; 2 Petr 1,17) und mit seinem Geist erfüllt hat (Mt 3,16; Joh 1,32; 3,34).

Der *'äbäd Jesus* lehnt jede laute Werbung ab. Er beugt sich über die Not der Kleinen und Armen und Kranken, über die Not der Sünder. Er hütet sich, den glimmenden Docht auszulöschen und das geknickte Rohr zu zerbrechen (Mt 11,28-30; 12,15-17 und 18-21)[67].

Der *'äbäd Jesus* ist der Prophet, der weit mehr als ein Deuterojesaja mit der Verkündigung der "Entscheidung" des göttlichen Weltenlenkers beauftragt wird und der die Verheißung empfängt, daß die Heiden seine Frohbotschaft aufnehmen werden. "Wenn der Evangelist Matthäus im ersten ÄJ-Lied Jesus vorausgesagt findet (Mt 12,17-21), so jedenfalls mit Recht, als da wieder einer auftrat, der zwar mehr war als ein Prophet, aber doch auch ein Prophet, der in seinen Tagen die entscheidende weltgeschichtliche Tat Gottes zu verkünden hatte und als der Auferstandene den Auftrag weiter gab, 'alle Völker zu Jüngern zu machen'" (Mt 28,19)[68].

Antworten wir noch einmal kurz auf die Frage: Wer ist mit dem ÄJ gemeint? Das Geschenk des ÄJ war für die Verbannten keine *Fata Morgana*. Wie bei den Wirren des syro-ephraimitischen Krieges Jahweh selber durch seinen Propheten den bedrängten Einwohnern Jerusalems ein handfestes "Zeichen" in der Geburt Hiskija (Jes 7,10-17) angeboten, so hat der Herr den Verbannten Babylons einen ÄJ in der Person des jungen Kyrus geschenkt, der sie aus der Gefangenschaft Babels befreien und in die Freiheit führen sollte.

Weiter oben wurde gezeigt, daß theologische Querverbindungen zwischen dem ÄJ und Jakob-Israel bestehen: von beiden sagt der Herr, daß er sie erwählt habe (Jes 42,1; 41,8), daß er sie festhalte (Jes 42,1; 41,10), daß er sie vom Mutterleibe an berufen habe (Jes 49,1; 48,12), daß er sie "zum Licht für die Völker" macht (Jes 42,6; 49,6). Auf Grund der Korporativpersönlichkeit dürfte der ÄJ die Gemeinschaft Jakob-Israel bezeichnen, aus der ihr erlesenstes Mitglied, der *'äbäd Jahweh per excellentiam*, Jesus Christus, aufragt, wie die neutestamentlichen Verfasser es richtig gesehen und gedeutet haben[69]. GERHARD VON RAD hat den Kern der ÄJ-Lieder getroffen: "Die Aussagen der Lieder transzendieren doch auf Schritt und

---

[66] Vgl. P.-E. BONNARD, *Le Second Isaïe*, 41-44.
[67] Vgl. P.-E. BONNARD, *Le Second Isaïe*, 128-129.
[68] K. ELLIGER, *Deuterojesaja* II, 221.
[69] Vgl. *La Bible de Jérusalem*, Paris ²1973, 1079: "La première prédication chrétienne a reconnu en lui (Jésus) le Serviteur parfait annoncé par le Second Isaïe, Mt 12,17-21; Jn 1,29".

Tritt das Biographische ebenso wie alles im geschichtlichen oder gegenwärtigen Raum Mögliche. Das Bild von dem Gottesknecht, von seinem Auftrag an Israel und an der Welt und von seinem sühnenden Leiden ist Weissagung und gehört, wie alles, was Deuterojesaja weissagt, in den Bereich der äußersten Wunder, die sich Jahweh vorbehalten hat"[70].

III. Der geisterfüllte Prophet von Jes 61,1-3

Einige Zeit nach dem Erlaß des Kyrus (538) trat in Jerusalem ein nicht näher bestimmter Prophet auf, der uns in Jes 61,1-3 ein Stück Autobiographie geschenkt hat. Es gehört zum Buch des Tritojesaja (Jes 56-66), hebt sich aber klar von diesen Kapiteln ab, besonders vom "Zionsbuch" (Jes 60-62); denn unser Prophet redet in der ersten Person von seinem Leben und Wirken. Er weiß sich mit Gottesgeist gesalbt und mit einer charismatischen Sendung betraut, genau wie die großen Propheten[71].

(1)Der Geist des Herrn Jahweh ist auf mir,
weil Jahweh mich gesalbt hat.
Frohe Botschaft den Armen zu bringen hat er mich
gesandt,
zu verbinden, die zerbrochenen Herzens sind,
auszurufen für die Gefangenen die Freilassung
und für die Gefesselten die Öffnung[72],
(2)auszurufen ein Jahr der Huld Jahwehs,
einen Tag der Vergeltung unseres Gottes,
zu trösten alle Trauernden[73]
(3)ihnen zu bringen Kopfschmuck statt Asche.
Öl der Freude statt Trauerhülle,
Lobgesang statt Verzagtheit.
Man wird sie nennen "Eichen der Gerechtigkeit",
eine "Pflanzung Jahwehs" zur Verherrlichung
(Jes 61,1-3).

Wer ist der Prophet?

Das Bild, das der namenlose Prophet von sich selbst zeichnet, weist etliche Züge auf, die unwillkürlich an die ÄJ-Lider erinnern.
Der Prophet und der ÄJ sind beide mit dem "Geist des Herrn" erfüllt (Jes 61,1a = 42,1b).
Die Verkündigung der Frohbotschaft ähnelt ums Haar der Aufgabe des ÄJ: "die Entlassung der Gefangenen verkünden und die Befreiung der Gefesselten" (61,1c) = "Gefangene aus

---

[70] G. VON RAD, *Theologie des Alten Testamentes* II, München 1960, 272.

[71] Vgl. C. WESTERMANN, *Das Buch Jesaja*. Kapitel 40-66 (ATD, 19), Göttingen 1966, 290-292. - ST. VIRGULIN, *L'Unto di Jahve Is 61,1ss.*, in: *Introduzione alla Bibbia* II/2, Torino 1971, 191-194. - J. VERMEYLEN, *Du Prophète Isaïe à l'Apocalyptique*. Tome II, Paris 1978, 478-483.

[72] Lies mit 1QIsᵃ, einigen Handschriften, LXX, Syr., Vulg. ein einziges Wort: "*pᵉqachqôach*": "*Apertio* sc.carceris, vel vinculorum *solutio*", FR. ZORELL, *Lexicon hebr. et aram. V.T.*, Roma 1961, 664.

[73] In V.3a sind "die Trauernden Zions" und "latet" (fehlt in LXX) zu streichen. Vgl. J.L. McKENZIE, *Second Isaiah* (AB), New York 1968, 181. - *BHS*, ad 1.

dem Kerker holen und alle, die im Dunkel sitzen, aus ihrer Haft befreien" (Jes 42,7; vgl. 49,9). "Alle verbinden, die zerbrochenen Herzens sind" (61,1b) = "Das geknickte Rohr nicht zerbrechen und den glimmenden Docht nicht auslöschen" (Jes 42,3; vgl. Jes 50,4b). Auf Grund dieser sprachlichen und gedanklichen Verwandtschaft hat man in Jes 61,1-3 ein fünftes ÄJ-Lied vermutet[74]. Doch abgesehen davon, daß der Titel "ÄJ" dabei nicht vorkommt, gebricht es Jes 61,1-3 vor allem am weltweiten Charakter der ÄJ-Lieder. Bei unserem Propheten dürfte man es wohl mit einem Schüler Deuterojesajas zu tun haben, der im Sinn und Geist seines großen Meisters die trauende nachexilische Zionsgemeinde aufzurichten berufen war[75].

Die Geistessalbung

Die Sendung des Prophetenschülers beruht ganz und gar auf dem "Geist des Herrn Jahweh", wie beim ÄJ (Jes 42,1), beim *'äbäd Jakob-Israel* (Jes 42,1 LXX), beim Protojesaja (Jes 30,1; 31,1-8), beim Deuterojesaja (Jes 48,16), beim Tritojesaja-Israel (Jes 59,21), bei Hosea (Hos 9,7), bei Micha (Mi 3,8).

Der "Geist des Herrn Jahweh" ist *auf mir* (*ᶜalaj*, V.1a), genau wie er sich niederläßt auf dem Messiaskönig (*nûach ᶜal*, Jes 11,2) oder wie Jahweh ihn auf seinen Ebed gelegt hat (*natan ᶜal*, Jes 42,1. Die *rûach Jahweh* kommt also von oben und von außen. Das Charisma ist göttlichen Ursprungs. Es wird nicht geschenkt für eine Unheilspredigt wie zur Königszeit (Mi 3,8), sondern für eine Trostbotschaft (Jes 11,2; 42,1; 59,21). Der geschichtliche Hintergrund des VIII. und VI. Jahrhunderts bedingt den Charakter der Botschaft.

Parallel zur Geistesgabe steht die Salbung. Durch sie wurden die Könige (1 Sam 9,16; 16,13; 1 Kön 1,34; 2 Kön 11,12; 23,20)[76] und später auch die Priester (Ex 29,7; Lev 7,35; Num 3,3) in ihr Amt eingeführt und Gott geweiht. Nie wird aber der Geist durch eine körperliche Salbung vermittelt. Die Worte "er hat mich gesalbt" sind daher bildlich zu verstehen in der Bedeutung von "berufen, bevollmächtigt sein", wie übrigens aus dem parallelen "er hat mich gesandt" hervorgeht[77].

Die Frohbotschaft des Propheten

Die Sendung des Propheten wird mit dem Zeitwort *salach* ausgedrückt, von dem 6 Infinitive abhängen, die bis zum Ende von V.3 entfalten, wozu er gesandt ist: zu *verkünden... zu heilen... auszurufen... auszurufen...zu trösten... zu geben.*

---

[74] So W.W. CANNON, *Isaiah 61,1-3 an Ebed Jahweh poem*, in ZAW 47 (1929) 284-288. - O. PROCKSCH, *Christus im AT*, in NKiZ 44 (1933) 72.

[75] "The echoes of the Servant Songs indicate that the prophet thinks of himself as fulfilling the mission of the Servant, and thus becomes an early interpreter of the Servant Songs", J.L. McKENZIE, *Second Isaiah*, 181.

[76] "Wie an den eben genannten Stellen ist die Salbung auch sonst im Alten Testament fast ganz den Königen vorbehalten", C. WESTERMANN, *Das Buch Jesaja*, 291.

[77] "Der zweite Satz gebraucht das Wort 'salben' in einem uneigentlichen, übertragenen Sinn, etwa wie 'bevollmächtigen'; an einen körperlichen Akt des Salbens ist jedenfalls nicht gedacht", C. WESTERMANN, *Das Buch Jesaja*, 291.

Seine Aufgabe läuft wesentlich auf eine *Verkündigung* hinaus. Durch sein "kraftgeladenes" (L. DÜRR) Wort wird die armselige Lage seiner Zuhörer in eine schönere Zukunft sich wandeln. Nach der Wort- und Geisttheologie des Alten Testamentes ist der *dabar* getragen von der *rûach Jahweh*: das Wort verwirklicht, was es aussagt. Das Heil verkünden bedeutet also so viel wie das Heil verwirklichen. Sein Wort hat heilende und rettende Kraft[78].

1) Zuerst ist der Prophet gesandt, die "*Frohbotschaft zu verkünden*": *basser* (Piel) meint immer eine gute, eine fröhliche Nachricht (vgl. Jes 40,9; 52,7)[79]. Die LXX hat diesen Sinn meisterhaft getroffen mit "*euaggelisasthai*", das unsterblich weiterlebt im "euanggelion", "evangelizzare", "Evangelium", "Buona Novella", "Frohbotschaft", "Good News", "Heureuses Nouvelles". Hier sprudelt fort und fort der lautere Quell der christlichen Freude.

Diese "Frohbotschaft" ist an allererster Stelle den *ᶜanawîm* gewidmet, den gedemütigten Israeliten, die in der Notlage der nachexilischen Gemeinde von Gott allein Hilfe und Heil und Befreiung erwarten.

Wegen des synonymen Parallelismus sind die "Armen" und die "zerbrochenen Herzen" passende Bilder für die seelisch niedergedrückten, der Verzweiflung und dem Zweifel ausgelieferten Israeliten (vgl. Jes 42,3; Ps 51,19; Jes 57,15; Ps 147,3).

Die Wendungen "Freilassung der Gefangenen" und die "Befreiung der Gefesselten" haben nichts zu tun mit den in der babylonischen Verbannung schmachtenden Israeliten, die ja bereits frei sind; sondern es geht um den "Rest", um die nachexilische Gemeinde der *ᶜanawîm*, deren soziales Los dem der Verbannten gleicht (vgl. Jes 42,7; 49,9; 58,6.9). Das Heil wird verglichen mit der Befreiung aus der babylonischen Knechtschaft und dem babylonischen Kerker[80].

2) Mit dem "Jahr der göttlichen Huld" stellt Tritojesaja eine Wende in der religiösen Geschichte der nachexilischen Gemeinde in Aussicht. Der Ausdruck erinnert an das *Jubeljahr*, in dem die Sklaven freigelassen und alle Schuld erlassen wurden (vgl. Ex 23,10-11; Lev 25,10-17; Jer 34,8-10; Ez 46,7), aber nicht nur alle 50 Jahre, sondern für eine unbeschriebe Dauer, für immer[81].

Mit dem "Jahr der Huld Gottes" geht Hand in Hand der "*Tag der Rache unseres Gottes*". In der vorexilischen Zeit haben die Propheten dem verstockten Israel einen "Tag des Zornes" angedroht: Tage des Schreckens, der Trauer, der Verwüstungen, der Massaker (vgl. Am 2,16; 15,18-20; 8.9-10.13; Jes 2,6-21; Zef 1,14-18; Jer 30,5-7).

Während des Exils ändern die Propheten ihre Sprache. Der Zorn Jahwehs wendet sich nun gegen die Feinde Israels: gegen Babel (Jer 50,27; 51,2), gegen Ägypten (Jes 19,16; Jer 46,10; Ez 30,2), gegen das Land der Philister (Jes 47,4), gegen Edom (Jes 63,4). Nach dem

---

[78] "Heil verkünden ist... fast so viel wie Heil aufbieten, bewirken", TH. H. ROBINSON, angeführt bei C. WESTERMANN, *Das Buch Jesaja*, 291.

[79] "Laeto nuntio exhilaravit, laeta annuntiavit", F. Zorell, *Lexicon hebr. et aram. V.T.*, Roma 1961, 132.

[80] "The poor, the brokenearted, the captives, and the imprisoned designate the Israelites of the post-exilic community", J.L. McKENZIE, *Second Isaiah*, 181.

[81] Siehe die Erklärung zu Lev 25,1, in *La Bible de Jérusalem*, Paris ²1973, 154 f.

Exil wird der "Tag des Herrn" zu einem "Tag der Rache" für die traditionellen Feinde des Gottesvolkes, für die *canawîm* Israels zu einem Tag des Triumphes[82].

3) Aus einer elenden und verzweifelten Lage führt die kraftgeladene "Frohbotschaft" zu Glück und Segen.

Tritojesaja liebt es, diesen Übergang kontrastreich zu schildern: Turban - Asche, Freudenöl - Trauergewand, Jubel - Trauer. Die Zeichen der *Trauer*: Asche (vgl. Jes 58,2; 2 Sam 13,19), Sackgewand (Jes 3,24; 50,3) und Verzagtheit werden den Sinnbildern der *Freude* weichen: prunkvollem Kopfschmuck (Jes 61,10), Salbung mit Öl (Ps 23,5; 45,8; Lk 7,46) und Jubelhymnen des Herrn.

Mit aller Trauer und aller Not bannt der geisterfüllte Prophet auch die *Sünde*. "*Eichen der Gerechtigkeit*" wird man sie nennen, d.h. ihre Heiligkeit wird sozusagen die Fülle und die Kraft der Eichen besitzen.

Das Bild der "*Pflanzung Jahwehs*" ist der prophetischen Literatur geläufig, um die religiössittliche Erneuerung der messianischen Zeit zu bezeichnen. Der neue Zion wird aus lauter Gerechten bestehen. "Sie werden für immer das Land besitzen, als aufblühende Pflanzung des Herrn, als das Werk seiner Hände, durch das er seine Herrlichkeit zeigt" (Jes 60,21).

Der charismatische Verkündigungsauftrag unseres Tritojesaja beschränkt sich auf die nachexilische Gemeinde der *canawîm*. Mit keiner Silbe wird der *universale* Zug der ÄJ-Lieder erwähnt noch das stellvertretende Leiden des ÄJ (Jes 53).

Nicht ohne Grund hat Lukas das Porträt mit den rührenden Zügen des geistgesalbten Tritojesaja als Typus Christi in sein Evangelium aufgenommen (Lk 4,18-19); denn vornehmlich in seiner "Frohbotschaft", dem "Evangelium mansuetudinis Christi" (Dante), erstrahlt die erbarmende Liebe Christi und seine wortmächtige Verkündigung in hellstem Lichte. Das um so mehr, als Christus in der hebräischen Lesung den Satz "Einen Tag der Vergeltung unseres Gottes" verschwieg[83]!

---

[82] Siehe die Anmerkung zu Am 5,18, in *La Bible de Jérusalem*, 1348g.
[83] Vgl. P.-E. BONNARD, *Le Second Isaïe*, 46-47. - J. VERMEYLEN, *Du Prophète Isaïe à l'Apocalyptique* II, Paris 1978, 478-481.

Viertes Kapitel

DIE GEISTESWIRKUNGEN IN DER MESSIANISCHEN HEILSGEMEINSCHAFT

Der "Evangelist des Gottesgeistes" hat Schule gemacht. Gleich einem Adler zieht *Protojesaja* im Immanuelbuche (Jes 6-12) immer weitere Kreise, bis ein wunderbares in sich abgerundetes *Königsbild* aufstrahlt und den Leser in seinen Bann schlägt (Jes 7,10-17; 9,1-6; 11,1-5).

Für eine königlose Zeit hat Deuterojesaja etwa 150 Jahre später die rührende Rettergestalt des *'äbäd Jahweh* gezeichnet (Jes 42,1-4).

Auf den Spuren seines Meisters wandelnd hat schließlich Tritojesaja (Jes 56-66) sich selbst als Herold Gottes und als Prophet vorgestellt, berufen, die "Frohbotschaft" den $^{ca}nawîm$ der nachexilischen Gemeinde zu verkünden (Jes 61,1-3). Es ist wohl "in der Geschichte Israels das letzte Mal, daß ein Prophet so frei und so sicher die Gewißheit ausspricht, daß Gott ihn mit einer Botschaft zu seinem Volk gesendet hat"[1].

Alle drei Gestalten stehen unter dem bleibenden Einfluß des Gottesgeistes.

Aber auch die ganze *messianische Heilsgemeinschaft* - das ist das große Neue! - wird in der kommenden gnadenvollen Zeit reichen Anteil an der Geistesgabe haben.

Für das neue Gottesvolk stellt *Protojesaja* mannigfache Geisteswirkungen in Aussicht: geistgewirkte Amtsausrüstung des Richterstandes, eine ungeahnte Verklärung der Natur. *Deuterojesaja* verheißt seinerseits vollkommene Läuterung von aller Schuld und staunenerregendes Wachstum des neuen Israel.

Diese stark betonte allgemeine Geistesausgießung gehört, vom Alten Testament aus gesehen, zu den kühnsten Hoffnungen der prophetischen Heilserwartung.

I. Das Amtscharisma der endzeitlichen Richter (Jes 28,5f)

Protojesaja wie alle andern Propheten (vor allem Amos) beschreiben die Umgestaltung des neuen Gottesvolkes mit den Farben und Formen des Alten Orients als Herrschaft vollkommener Gerechtigkeit.

Auf die Weissagungen wider Juda-Jerusalem (Kap. 1-12), die Drohreden gegen die Heidenvölker (Jes 13-34) und "jesajanische Apokalypse" (Jes 24-27) folgt der "assyrische Zyklus", der die Kapitel Jes 28-33 umfaßt. Letztere Kapitel stammen aus der Zeit des anti-assy-

---

[1] C. WESTERMANN, Das Buch Jesaja. Kapitel 40-66 (ATD 1), Göttingen 1966, 292.

rischen Aufstandes und entfalten Strafdrohungen wegen der gottwidrigen Bündnispolitik mit Ägypten aus den Jahren 705-701[2].

Kapitel Jes 28 bietet Drohreden gegen *Samaria*, das mit Riesenschritten dem Untergang entgegeneilt:

(1)*Wehe der prachtvollen Krone der Trunkenen Ephraims*
und dem welkenden Kranz von prächtigen Blumen
auf dem Haupte der vom Weine Berauschten!
(2)*Siehe, da kommt ein Starker und Gewaltiger des Herrn*
wie Hagelwetter, wie ein verheerender Sturm,
wie ein Wolkenbruch mit seinen mächtigen Fluten
wirft er alles gewaltsam zu Boden.
(3)*Mit Füßen zertritt er die stolze Krone*
der Trunkenen Ephraims!
(4)*Dann geht es dem verwelkten Kranz von*
prächtigen Blumen
zu Häupten des fetten Tales
wie einer frühreifen Feige im Sommer:
kaum sieht sie einer, noch ist sie in seiner Hand
da hat er sie schon verschlungen.
(5)*An jenem Tage wird der Herr der Heerscharen*
dem Rest seines Volkes
zur herrlichen Krone
und zum glänzenden Stirnreif
(6)*und zum Geist des Rechts dem, der zu Gericht sitzt*
und zur Heldenkraft denen, die den Kampf zum
Tore zurücktreiben (Jes 28,1-6)[3].

Unmißverständlich sagt der Prophet den Fall des stolzen Samarias voraus. Samaria, die Hauptstadt des Nordreiches, das wie eine herrliche Krone auf gewölbtem Hügel glänzt, wird bald von den assyrischen Heeren erobert werden. Wie eine verheerende Flut werden sie Nordreich und Hauptstadt überschwemmen (vgl. Jes. 5,30). Der König von Assur wird die stolze Krone mit Füßen zertreten. Ohne Schwertstreich wird die Stadt auf dem Berge in seine Hände fallen. Dem bereits welkenden Blütenkranz auf dem "Haupte des fetten Tales" wird es ergehen wie einer Frühfeige im Sommer: man pflückt sie und verschlingt sie, kaum daß man sie in der Hand hat (vgl. Nah 3,12).

In den Versen 5-6 schlägt der Prophet einen ganz andern Ton an. Die herkömmliche Deutung sieht in Jes 28,1-6 eine geschlossene literarische Einheit[4]. Das stimmt wohl mit Jes 28,1-4, aber nicht mehr mit den Versen 5-6.

---

[2] Vgl. A. WEISER, *Einleitung in das AT*, Göttingen [4]1957, 157. - J. FISCHER, *Das Buch Isaias* I, Bonn 1937, 184.
[3] Vulg. mit "Revertentibus de bello" las Kal anstatt "avertentibus bellum" im Hifil. Neo-Vulgata: "Vertentibus proelium usque ad portam".
[4] So z.B. J. FISCHER, *Das Buch Isaias* I, Bonn 1939, 186. - P. AUVRAY, *Isaïe 1-39*, 247. - E. OSTY, *La Bible*, Paris 1973, 1580.

Diese zwei Verse sind wegen des schroffen Übergangs von der Androhung der Zerstörung Samarias (V.1-4) zum göttlichen Segen (V.5-6) wohl viel später hier eingefügt worden. Die einleitenden Worte "An jenem Tage" (*bajjôm hahû'*, V.5) und das Thema vom glorreichen "Rest" weisen in die nachexilische Zeit. Ferner, das Bild vom "glänzenden Kranz" ist bei Tritojesaja gang und gäbe (vgl. Jes 60,7.19; 62,3; 63,12.14.15; 64,10). Mit einem bezeichnenden Unterschied. Nach 62,3 ist die jüdische Gemeinde eine "prächtige Krone in der Hand des Herrn", während nach Jes 28,5 *Jahweh selber* zu einer "herrlichen Krone und zu einem prächtigen Kranz wird".

Das Gemälde von Jes 28,5-6 weist verwandte Züge mit Jes 4,2-6 und mit Jes 11,1-5 auf. Einleitung und Aufbau von V.5 stimmen wörtlich und sachlich fast mit Jes 4,4 überein. Der "Geist des Gerichts und der Läuterung" in Jes 4,4 und der "Geist des Herrn" mit der Übung des Rechts in Jes 11,2-4 dürften wahrscheinlich den Tritojesaja bei der Niederschrift vom göttlichen "Geist des Rechts" in 28,6 inspiriert haben. Die "Kraft" (*g^ebûrah*, 28,6) erinnert an den "Geist der Stärke" (*rûach g^ebûrah*) des Friedenskönigs in Jes 11,2[5].

An "jenem Tag" wird Jahweh selber für den "Rest" seines Volkes (vgl. Jes 4,2; 10,20-22; 11,11.16) zu einer herrlichen Krone und zu einem prächtigen Kranz (28,5). Dieses Bild deutet V.6 in Prosa aus. Jahweh wird sich dadurch als des heiligen "Restes" Ehre und Ruhm erweisen, daß er auserlesene Männer mit seinem *Geiste des Rechts* und der *Stärke* ausrüsten wird zur Verwirklichung der idealen Herrschaft von Gerechtigkeit und Frieden.

1) Dem, der zu Gericht sitzt am Tore der Stadt, wird Jahweh selber zum "*Geiste des Rechts*".

Nach P. VOLZ ginge es hier um den geistigen Regenten der Endzeit, den Messias selber, dessen Tätigkeit durch gerechte Regierung und heldenhaften Einsatz der Krieger gekennzeichnet sein werde[6].

Doch unsere Stelle bezieht sich kaum ausschließlich auf den König der Endzeit. Der "zu Gericht Sitzende" dürfte in erster Linie den Richterstand seiner Zeit bezeichnen, der dann im Messias die höchste Vollkommenheit erreichen wird (vgl. Jes 1,26; 32,1).

In der nachexilischen Zeit wird Jahweh seinem Volke wieder Richter geben wie zu Anbeginn (Jes 1,26), zur Zeit der unmittelbaren Theokratie, als die Gerichtsbarkeit ausschließlich Sache Jahwehs war, der seine Stellvertreter mit seinem Geiste erfüllte (vgl. Ex 18,15-16; Num 11,17; Dtn 1,17). Jahweh wird den Gehilfen des Messiaskönigs seinen Sinn für das Recht einflößen, so daß sie bei Ausübung ihres richterlichen Amtes die objektiven göttlichen Normen anwenden werden. Die führenden Männer des Volkes werden dann nur noch nach Recht und Gerechtigkeit das Urteil fällen (Jes 32,1). Darum wird das neue Zion den Ehrennamen "Stadt der Gerechtigkeit" (Jes 1,26; vgl. Jes 35,5) erhalten.

Der "Geist des Rechts" bezeichnet demnach hier nicht den "Geist der Vertilgung" (wie Jes 1,27; 4,4) noch das Prinzip von Religion und Sittlichkeit, sondern die charismatische Richtergabe, die die Mitarbeiter des Königs heute und morgen bei Ausübung ihres richterlichen Amtes lenken und leiten wird.

---

[5] Vgl. O. KAISER, *Der Prophet Jesaja*. Kapitel 13-39 (ATD 18), Göttingen 1973, 192-193. - J. VERMEYLEN, *Du Prophète Isaïe à l'Apocalyptique* I, Paris 1977, 388-389.
[6] Siehe P. VOLZ, *Der Geist Gottes und die verwandten Erscheinungen im AT und im anschließenden Judentum*, Tübingen 1910, 88.

2) Jahweh wird auch zur "Stärke" ($lig^eb\hat{u}rah$)[7] für jene, die den Kampf zum Tore zurückdrängen werden. Wie den "Richtern" im alten Israel wird in der kommenden Heilszeit auch den Mitarbeitern des Königs der Gottesgeist zur Quelle heldischer Kraft, um alle Feinde des Gottesvolkes aus den Toren der heiligen Stadt zurückzuschlagen, um der Gerechtigkeit zum Sieg zu verhelfen und den Krieg aus dem Lande zu bannen.

II. Die Ausgießung des Gottesgeistes auf Volk und Land
(Jes 32,15-20)

Das idyllische Gemälde von Jes 32,15-20[8] nimmt die Themen von Jes 9,1-6; 11,1-8 und 28,1-6 wieder auf: die Gabe des "Geistes aus der Höhe" für die Aufrichtung einer gerechten und friedvollen Heilsgemeinschaft sowie für eine wunderbare Verklärung der Natur.

Wird in Jes 28,6 nur der Stand der Richter als Träger des Gottesgeistes dargestellt, so enthält Jes 32,15-20 die Verheißung der Geistesausgießung auf das *ganze Volk* der Endzeit und die herrliche Schilderung der dann vom Gottesgeist bewirkten Umwandlung von Land und Leuten[9].

(15)*Bis über uns ausgegossen wird der Geist aus der Höhe.*

Dann wird die Wüste zum Baumgarten werden und der Baumgarten wird zum Wald gerechnet.

(16)*In der Wüste wird das Recht (mispat) wohnen und Gerechtigkeit (s^edaqah) im Baumgarten weilen.*

(17)*Und das Werk der Gerechtigkeit wird Friede sein und die Frucht der Gerechtigkeit Ruhe und Sicherheit auf ewig.*

(18)*Da wird mein Volk auf einer Aue des Friedens wohnen,*

in sicheren Wohnungen, und an stillen Ruheplätzen...

(20)*Wohl euch! An allen Wassern könnt ihr säen und dem Rind und dem Esel freien Lauf gewähren*

(Jes 32,15-18.20).

---

[7] Vgl. *'el gibbôr* (Jes 9,5) und *rûach... g^ebûrah* (Jes 11,2).

[8] Vgl. J. FISCHER, *Das Buch Isaias* I, Bonn 1937. - A. PENNA, *Isaia* (La Sacra Bibbia), Torino - Roma 1958. - D. LYS, *Rûach. Le Souffle dans l'Ancien Testament*, Paris 1962. - O. KAISER, *Der Prophet Jesaja. Kapitel 13-39* (ATD, 18), Göttingen 1973. - J. VERMEYLEN, *Du prophète Isaïe à l'Apocalyptique. Isaïe I-XXXV I* (Etudes Bibliques), Paris 1977. - H. WILDBERGER, *Jesaja 3. Halbband Jesaja 28-39* (BKAT X/3), Neukirchen 1982.

[9] Obwohl die Verse 15-20 eng mit V.9-14 verbunden sind, stammen sie wohl nicht vom Protojesaja. Die Weissagung knüpft an ein Wort an, das die völlige Zerstörung Jerusalems voraussagt. Im Munde des Jerusalemer Jesaja schwer denkbar. "Unjesajanisch ist vor allem die Erwartung der Ausgießung des Geistes aus der Höhe, bei Jesaja fährt Jahweh selbst herab und greift in den Lauf der Geschichte ein", H. WILDBERGER, *Jesaja*, 1277. Exilischen Ursprung nehmen auch an z.B. *La Bible de Jérusalem*, 1124d. - O. KAISER, *Der Prophet Jesaja*, 263-264. - J. VERMEYLEN, *Du prophète à l'Apocalyptique*, 427-428. Jetzt auch R. PENNA, *Spirito Santo*, in *Nuovo Dizionario di Teologia Biblica*, Ed. Paoline, Torino 1988, 1507.

Auf die Drohrede gegen die hochmütigen Frauen (32,9-14) im Stile von Jes 3,16-4,1 folgt die Ankündigung des "Geistes aus der Höhe" (32,15). Das Stück gehört zum *assyrischen Zyklus* (Jes 28,1-35,10), in dem die göttlichen Strafgerichte (vgl. Jes 28,1-4: 29,9-16; 30,8-17; 33,7-9) der Begnadigung und Segnung vorausgehen.

In Kap. 32 schlagen die leichtsinnigen Frauen an die Brust und klagen um die prächtigen Felder, auf denen nur noch Dornen und Disteln wachsen. Die fröhliche Stadt, die Stadt des Wohllebens, ist zu einem Ruinenfeld geworden, wo Wildesel und Herden sich tummeln (vgl. 2,9-14; siehe 5,6; 7,23-25).

Für immer?

1) "Bis der Geist aus der Höhe ausgegossen wird" (V.15).

Die Gabe des "Geistes aus der Höhe" ist das unfehlbare Zeichen für den Anbruch der neuen Zeit (vgl. Jes 11,2; 28,6). Die "*rûach mimmarôn*" wird ausgegossen von Jahweh, der "in der Höhe thront" (Jes 33,5; 57,15; 58,4; vgl. Lk 2,14; 24,49)[10].

Jahweh ist darum der "Gott der himmlischen Höhe" (Mi 6,6). Von seiner "heiligen Höhe, vom Himmel her" (Ps 102,20-21) sendet Jahweh Hilfe und Heil den Bedrängten. "Aus der Höhe" kommen die Güter und Segnungen Jahwehs (2 Sam 22,17; Ps 18,17; 144,7).

Wie ein befruchtender und belebender Regen wird der "Geist aus der Höhe" ausgegossen "über uns", das ist über die kommende Heilsgemeinschaft[11].

Von der Ausgießung der *rûach Jahweh* spricht auch Ezechiel (Ez 11,19-20; 36,26-27; 39,29), ebenso Deuterojesaja (Jes 44,3) und Joel (3,1-5), wenn auch in einem andern Sinn.

2) Als erste wunderbare Wirkung des "Geistes aus der Höhe" nennt der Prophet die Umwandlung der Natur. Erneuert wird zuerst die Erde (V.15b). Wenn auch nicht ausdrücklich hervorgehoben, ist doch die physische Erneuerung des Landes eine Folge der Geistausgießung[12].

"*Dann wird die Wüste zum Garten*". Es ist ein Anklang an die "*rûach 'ᵃlohîm*" von Gen 1,2, die über dem formlosen Chaos schwebte und es in Himmel und Erde, in Meer und Land schied, auf dem Pflanzen grünten und Fruchtbäume wuchsen[13].

Ähnlich wird der *schöpferische* Geist die baum- und pflanzenlose Wüste in einen üppigen Paradiesgarten verwandeln (vgl. Gen 2,8-9; Jes 11,5-8). Wüste und Steppe werden dann jubeln und sprossen, weil sie durch Gottes allmächtigen Geist mit Herrlichkeit und Pracht, d.h. mit dem reichen Baum- und Pflanzenwuchs des Libanon, des Karmel und Sarons bekleidet werden (Jes 35,1-2.6-7; vgl. Jes 43,19; 49,10).

Dem Propheten schwebte wohl auch das Bild vom befruchtenden "Gottesodem" vor Augen, der im Frühling über die ganze schlummernde Natur dahinweht, sie zu neuem Sprießen und Blühen erweckt und das Antlitz der Erde wundersam erneuert (vgl. Ps 104,30; Jes 40,5-8). In der messianischen Zeit wird durch die erneuernde Kraft des Gottesgeistes die öde und kahle Wüste in eine grüne Au und in einen Fruchtgarten verwandelt.

---

[10] "Gewaltiger als das Tosen vieler Wasser, gewaltiger als die Brandung des Meeres ist der Herr in der Höhe", Ps 93,4.

[11] Vgl. R. KOCH, *Geist und Messias*, 156-158.

[12] Die in V.15b-18 geschilderten Zustände werden genügend durch das "*wᵉhajah*" von V.15b und V.17a mit dem "Geist aus der Höhe" in kausalen Zusammenhang gebracht.

[13] Die Beziehung zu Gen 1,2 nimmt auch P. VAN IMSCHOOT, *L'Esprit de Yahvé source de vie dans l'Ancien Testament*, in *RB* 44 (1935) 491.

"*Und der Garten ist wie ein Wald*". In der messianischen Zeit wird eine derartige Umgestaltung vor sich gehen, daß die Fruchtgärten dann nur noch als Wildnis gelten werden im Vergleich zu den in verschwenderischer Fülle und herrlicher Pracht prangenden Paradiesgärten. Fast mit den gleichen Bildern beschreibt auch Jes 29,17 die wunderbare Wandlung. 3) Mit der paradiesischen Verklärung der Natur (vgl. Am 9,13; Ez 34,26; 36,8; Sach 4,18) wird der "Geist aus der Höhe" in weit höherem Maße die *religiös-sittliche Erneuerung* des endzeitlichen Gottesvolkes herbeiführen. Der Gottesgeist wird *Recht* und *Gerechtigkeit* zum Siege verhelfen. Die zwei sozialen Tugenden werden aber nicht bloß *en passant* Gast sein in der Wüste und im Baumgarten, sondern für immer sich da niederlassen. Die Bilder von der "Wüste" und vom "Fruchtgarten" hat der Prophet dem altorientalischen Paradiesesmythus entlehnt, der zu einem Lieblingsmotiv der prophetischen Zukunftshoffnung geworden ist (vgl. Jes 7,14-17; 9,6; 11,4-8; 33,5; siehe noch Gen 2,4b-17; Ez 34,23-31).

Mit *mispat* bezeichnen die Propheten der Königszeit die objektive Norm, das Gesetz, mit *sᵉdaqah* das normgemäße Handeln des Bundespartners[14]. Das Wortpaar sprengt den streng rechtlichen Rahmen. Darunter sind die sozialen Werte der Eintracht und Wohlfahrt zu verstehen. Enttäuscht von den Königen, die unfähig waren, dieses Ideal zu verwirklichen (vgl. Jes 1,17-23; 3,14; 5,7; 9,15), erwartet der Prophet vom endzeitlichen Heilskönig allein die Verwirklichung seines glühenden Wunsches nach Eintracht und Glück (vgl. Jes 32,1-5; 5,16-17; 9,6; 10,24-27)[15].

Der Mensch wird "gerecht" genannt, wenn er dazu beiträgt, das Ideal des sozialen Wohlstandes zu fördern. Die Pflege von Recht und Gerechtigkeit drängt ihn, das gemeinsame Wohl der Gesellschaft mit allen Mitteln zu fördern.

"*Und das Werk der Gerechtigkeit wird Friede sein..., da wird mein Volk auf einer Aue des Friedens wohnen*" (V.17a, 18a). Wo Recht und Gerechtigkeit herrschen, ist auch *Friede* zuhause. Ewig alte und ewig neue Tatsache! Das endzeitliche Königskind wird den Ehrentitel "*Friedensfürst*" tragen, weil es eine gerechte Herrschaft aufrichten wird (vgl. Jes 9,5-6; vgl. Ps 72,3.7), die kein Ende nehmen wird.

"*Und die Frucht der Gerechtigkeit Ruhe und Sicherheit auf ewig..., in sicheren Wohnungen und an stillen Ruheplätzen*" (V.17b, 18b).

Diese sozialen Errungenschaften werden Sicherheit und Ruhe bringen. Im Gegensatz zur trügerischen Sicherheit der vertrauensseligen Frauen Jerusalams (Jes 32,9.11) werden die Bewohner des neuen Zion an sorglosen Ruheplätzen sich niederlegen können (vgl. Jes 11,6-8). Wohlfahrt und Glück, innerer und äußerer Friede: die goldene Frucht des Sozialstaates! In V.20 wird das paradiesische *Friedensbild* wieder aufgenommen. Der alttestamentliche Begriff von *salôm* schließt stets auch den Begriff großer Fruchtbarkeit in sich. Da im reich bewässerten Land allüberall der Same ausgestreut werden kann, so werden die Felder über-

---

[14] Vgl. besonders F. NÖTSCHER, *Die Gerechtigkeit Gottes bei den vorexilischen Propheten* (AtlAbh VI, 1), Münster i.W. 1915. - A. DESCAMP, *Justice*, in *DBS* IV, Paris 1949, 1425-1438. - H. CAZELLES, *A propos de quelques textes difficiles relatifs à la justice de Dieu dans l'Ancien Testament*, in *RB* 58 (1951) 168-188. H. CAZELLES spricht von "éléments de félicité, de stabilité et de grandeur", *l.c.*, 184. Diese Schattierungen des objektiven und subjektiven Begriffspaares drückt die deutsche Sprache mit einem einigen Wort aus: recht-schaffen, Rechts-tat, Rechts-verhalten.

[15] "Es ist der *Geist aus der Höhe*, der die neue Zeit herausführt und ... die Menschen so umwandelt, daß Recht und Gerechtigkeit ... volle Wirklichkeit werden", H. WILDBERGER, *Jesaja* X/3, 1279.

reiche Frucht abwerfen. Ja, die Bauern können dann sogar Rind und Esel, das Großvieh, frei aufs Feld ziehen lassen, da die Wiesen einen derart üppigen Graswuchs aufwerfen, daß trotz des angerichteten Schadens immer genügend Weideland vorhanden sein wird (V.20; vgl. Jes 30,23-24; 35,6-7).

Nach Jes 32 wird die große Wende in der nachexilischen Heilszukunft die Neugestaltung von Natur und Volk durch die *allgemeine Geistesausgießung* herbeiführen (V.15; vgl. Jes 11,1-8; 28,6). Der "Geist aus der Höhe" wird die durch die Sünde verletzte Natur (vgl. Gen 3,17-19) in ein neues Paradies umwandeln, in dem Recht und Gerechtigkeit, die unerläßliche Voraussetzung des Friedens, oberstes Gesetz sein wird.

Fassen wir kurz die Steinchen dieses Mosaikbildes von Jes 32 zusammen:
1) Neugestaltung der Bühne für den neuen Menschen (V.15).
2) Herrschaft des gerechten Königs (V.1) und Sieg der zwei sozialen Tugenden (V.3-5, V.16).
3) Folge: Überströmender Friede (V.17a, V.18a).
4) Folge: Sicherheit und Ruhe (V.2, V.17b, V.18b).
5) Makarismen (V.20).

Der jesajanische Sozial-Begriff von "Recht und Gerechtigkeit" wird sich im Laufe der Zeit vergeistigen. Von der sozialen Ebene wird er sich zur geistigen erheben: bei Deuterojesaja wird sich damit das Heil, die Errettung aus der Not des babylonischen Exils zur neutestamentlichen "Heiligkeit und Gerechtigkeit" (Lk 1,75) entwickeln.

III. Der Gottesgeist und die Läuterung Jerusalems
   (Jes 4,2-6)[16]

Unser Stück gehört zur kleinen Sammlung von Weissagungen, die die Kapitel Jes 2,1-4,6 umfassen. Es wird eröffnet mit der Verheißung der Heidenbekehrung und des ewigen Friedensreiches (Jes 2,2-5). Daran schließt sich die Androhung gewaltiger Strafgerichte an, die über die verbrecherischen Fürsten und das sündige Volk hereinbrechen werden (Jes 2,6-4,1).

An diese Drohreden schließt sich die Heilsweissagung von Jes 4,2-6 an. Ein Mosaik, das die unverhoffte geistgewirkte Erneuerung Jerusalems und Zions beschreibt.
(2)*An jenem Tage wird der Sproß des Herrn*
zur Zierde und zur Ehre,
und die Frucht des Landes zur Hoheit und zum Schmucke
für die Geretteten in Israel.
(3)*Und was übrig bleibt in Sion und was noch da ist in Jerusalem, soll heilig heißen: alles,*
was in Jerusalem zum Leben aufgeschrieben ist.
(4)*Wenn der Herr den Kot der Töchter Zions abgewaschen und die Blutschuld Jerusalems aus*
seiner Mitte weggespült hat durch den Geist des Gerichts und den Geist der Läuterung(5)*, schafft*

---

[16] Vgl. R. KOCH, *La théologie de l'Esprit de Yahvé dans la Livre d'Isaïe*, in *Sacra Pagina* I, Paris-Gembloux 1959, 419-433. - D. LYS, *Rûach. Le Souffle dans l'Ancien Testament*, Paris 1962. - H. WILDBERGER, *Jesaja. 1. Halbband. Jesaja 1-12* (BKAT XXX/1), Neukirchen 1972. - P. AUVRAY, *Isaïe 1-38* (Sources Bibliques), Paris 1972. - J. VERMEYLEN, *Du Prophète Isaïe à l'Apocalyptique Isaïe* I-XXXV, Paris 1977. - O. KAISER, *Das Buch des Propheten Jesaja. Kapitel 1-12* (ATD 17), Göttingen 1981.

Jahweh[17] über jeder Stelle des Berges Zion und über seinen Versammlungen eine Wolke bei Tage und Rauch und flammenden Feuersglanz bei Nacht; denn über allem ist die Herrlichkeit des Herrn ein Schutz(6) *und Schirm[18]; und sie wird zum Schatten (bei Tag) vor der Hitze und Zuflucht und Obdach vor Unwetter und Regen.*

1) Die Verse 2-3 nehmen eine Sonderstellung ein. V.2 enthält hier eine in Versmaß gefaßte Verheißung wunderbarer Fruchtbarkeit: Stolz und Schmuck für die Entronnenen Israels.

Nach einigen Erklärern würden sich zwei kurze Stücke an V.2 anschließen: V.3-5a und V.5b-6[19].

Doch V.3 ergänzt den Restgedanken von V.2. Die "Entronnenen Israels" (V.2) und "was übrig bleibt in Zion" (V.3) werden Zeugen der physischen und moralischen Erneuerung sein.

Die zwei Verse scheinen sich geschichtlich auf die Geburt Hiskijas zu beziehen, den "Sproß Jahwehs" aus der Dynastie Davids, zu ihrer Zierde und Ehre. Er ist der König des heiligen "Restes": ein Lieblingsthema Protojesajas (vgl. Jes 7,3; 10,19-21; 11,11.16; 28,5; 37,4-32).

Jahweh wird die Namen der "Übriggebliebenen" in Zion-Jerusalem in das *Buch des Lebens* eintragen (vgl. Dan. 12,1; Ps 69,29 - Phil 4,3; Offb 3,5; 13,8; 17,8; 20,12.15; Henoch 47,3; 108,3), in das *Buch des Lammes* (Offb 13,8; 21,27), deren Namen im "Himmel geschrieben sind" (Lk 10,20).

Im letzten und tiefsten ist Christus der wahre "Sproß des Herrn", der das "Israel Gottes" (Gal 6,16) erneuern und heiligen wird[20].

Das "Buch des Lebens" wird im Vollsinn des Wortes all die Namen der Gerechten umfassen, die im Weltgericht auferstehen werden[21].

2) Anders verhält es sich mit V.4-6 in Prosa, deren Text verdorben ist und aus nachexilischer Zeit stammt. Nach einigen Erklärern spielt V.4 auf den Fall Jerusalems (587) an. Ist dem so, dann sind die Verse 4-6 zwischen 587 und 538 entstanden und rühren von zwei verschiedenen Verfassern her: V.4-5a und V.5b-6[22].

a) Jes 4,4-5a

1) Die Drohreden des Protojesaja über die strafbare Eitelkeit und den Hochmut der Frauen Jerusalems (Jes 3,16-4,1) haben den Propheten des Exils wohl angeregt, vom "Kot"

---

[17] Statt des gut bezeugten "*úbara' jehôwah*" las LXX "*úba' wᵉhajah*" = "er wird kommen und wird sein..." So *BHS, ZB.* Dem hebr. Text folgen *BJ,* OSTY, *TOB,* AUVRAY, WILDBERGER, KAISER.
[18] "Schirm" gehört zu V.5.
[19] So H. WILDBERGER, *Jesaja* 1., 152-153.
[20] "En fait, ce sera le Christ qui se ra le véritable 'Germe' de l'Israël nouveau et sanctifié (Is 11,1.10)", in *La Bible de Jérusalem,* Paris ²1973, 1097b.
[21] "Il ne sera pas nécessaire d'élargir beaucoup ses expressions pour y trouver une affirmation du jugement dernier", J. STEINMANN, *Le Prophète Isaïe. Sa vie, son oeuvre et son temps* (Lectio Divina, 5), Paris 1950, 128. Die Echtheit der Verse 4,2-3 wird von den meisten Verfassern angenommen.
[22] Siehe J. VERMEYLEN, *Du prophète Isaïe...*I, Paris 1977, 154-155.

der "Töchter Zions" (Jes 3,16.17; 4,4) zu reden, ohne die sittlichen Vergehen Zions (Jes 3,8.9), die große Sünde des Götzendienstes (Jes 1,2.4.29; 2,6.20) und den herausfordernden Stolz der Männer (Jes 2,10-11.17) auszuschließen. Die "Töchter Zions" als pars *pro toto* bezeichnen die Gruppe der schlechten Juden, die nach der Zerstörung Jerusalems (587) zurückgeblieben waren und durch die Berührung mit den Fremden heidnische Sitten angenommen hatten.

Die *Blutschuld* meint die groben Rechtsverletzungen, die himmelschreienden Ungerechtigkeiten, deren sich Fürsten und Richter durch Unterdrückung und Ausbeutung der Armen, der Witwen und Waisen (Jes 1,17.23; 3,14-15) schuldig gemacht hatten. Ja, selbst vor Mord und Gewalt sind sie nicht zurückgeschreckt (Jes 1.15.21; 5,7; 59,3). Der bitteren Enttäuschung Jahwehs verleiht der Prophet schmerzhaften Ausdruck: "Er hoffte auf Rechtsspruch, aber siehe da: Rechtsbruch" (Jes 5,7)[23].

2) Darum muß der Tag des Gerichts kommen. Ein rächendes und läuterndes Strafgericht wird über die unbußfertige Stadt hereinbrechen. Die nachexilische Gemeinde wird dann durch die *rûach des Gerichts* und die *rûach der Läuterung* gereinigt und geheiligt.

Was hat man unter *rûach* hier zu verstehen?

Die *rûach* ist ein schillernder Begriff. Sie kann sowohl "Geist" als auch "Odem, Wind, Sturmwind" bezeichnen.

Gestützt auf Jes 28,6 und die späte Abfassung nehmen eine Reihe von Erklärern *rûach* im Sinne von "Geist", von "souffle": "*Geist des Gerichts* und *Geist der Läuterung*"[24].

Andere denken eher an den "Wind", den "Sturmwind", dem zerstörende Kraft zugeschrieben wird[25].

So beschreibt *Jes 11,15* die Heimkehr aus der Verbannung: "Dann wird Jahweh die Meereszunge Ägyptens austrocknen und seine Hand wider den Strom (Euphrat) schwingen mit der Gewalt seines Sturmes (*rûach*) und ihn in sieben Bäche zerteilen, so daß man in Sandalen hindurchgehen kann".

In *Jes 27,8* schildert der Prophet, wie Jahweh durch seine *rûach* das treulose Volk in die Verbannung trieb: "Vertrieben, verstoßen hat er sie...; durch seinen *Sturm* (*rûach*), den starken, jagte er sie am Tage des Ostwinds davon".

Nach *Jes 17,13* floh das assyrische Heer weit in die Ferne, wie Spreu auf den Bergen vom *Sturme* (*rûach*) gejagt (vgl. Jes, 41,14-16; Ps 1,4).

Nach *Jes 30,28* wird Jahweh seine *rûach* gleich einem wilden Bergbach über das stolze Assur dahinbrausen lassen: "Seine *rûach* ist wie ein reißender Bach, der bis an den Hals reicht".

Nach *Jes 49,7* ist es der Schirokko, der glühend heiße Wüstenwind, der Gras und Blüten ausdorrt: "Das Gras verdorrt, die Blume verwelkt, wenn die *rûach* des Herrn darüberweht".

---

[23] *mišpat - mišpach, s^edaqah - s^eaqah*. Das hebr. Wortspiel wird mehr oder weniger glücklich in den Übersetzungen nachgeahmt, z.B. von B. DUHM: "Er hoffte auf gut Regiment, und siehe da: ein Blutregiment, auf Rechtssprechung, und siehe da: eine Rechtsbrechung. CONDAMIN übersetzt: "Il a compté sur un peuple innocent, et le voici couvert de sang! Sur la justice il a compté pour sa récolte, et voici la révolte".
[24] So H. WILDBERGER, *Jesaja* I, 159. - O. KAISER, *Das Buch des Propheten Jesaja*, 94-95. - D. LYS, *Rûach*, 80-81. BJ, OSTY, TOB, RSV, NEB...
[25] Vgl. P. AUVRAY, *Isaïe* 1-39, 71-72. - ZB, Einheitsübersetzung.

Gegen die Heidenvölker wird Jahweh im Gericht aufstehen wie ein tosender Strom, dessen Wasser von der *rûach* des Herrn vorwärtsgetrieben werden: "Ja, er kommt wie ein reißender Strom, den die *rûach* Jahweh vor sich hertreibt" (Jes 59,19).

Fast all diese Texte sind aus der Feder des Protojesaja geflossen. Sie bezeichnen *Sturmwind*, den Jahweh über Mensch und Welt kommen läßt, und dessen gewaltiger Macht alle Hindernisse weichen müssen. Wie aus den Texten hervorgeht, werden dem Sturmwind lauter *physische* Wirkungen zugeschrieben, wie in Gen 1,2 die Überwindung des Chaos in der Schöpfung.

In unserem Text Jes 4,4 wird die Abwaschung aller *moralischen Schuld* von der göttlichen *rûach* erwartet. In nachexilischer Zeit ist der Begriff wohl vergeistigt worden, wie es in Jes 44,22 heißt:

"Ich fege deine Vergehen hinweg wie eine Wolke,
und deine Sünde wie Nebel".

Durch seine kraftgeladene *rûach*, durch den strafenden "Geist des Gerichts"[26] und den radikalen "Geist der Läuterung"[27] wird Jahweh den Kot der Töchter Zions und die Blutschuld Jerusalems wegspülen.

Wie Schmutz- und Blutflecken mit Abwaschung völlig beseitigt werden, so wird in der kommenden Heilszeit die *rûach* des Gerichts und die *rûach* der Läuterung das jede menschliche Kraft übersteigende Wunder vollbringen: die gründliche Tilgung allen Sündenschmutzes, ja selbst der größten Blut- und Gewalttaten.

Hier dürfte wohl der Ausgangspunkt für die später von Sacharja (Sach 4,6; 13,2) und besonders von Ezechiel (Ez 36,25-26) so stark betonte Lehre vom reinigenden Wasser und vom heiligenden Gottesgeist liegen (vgl. Mk 1,8).

3) Hat Jahweh einmal Zion-Jerusalem von aller Schuld gereinigt, wird er über dem "Berge Zion" mit den gleichen Zeichen erscheinen wie einst bei der Theophanie am Sinai. Bei der Wüstenwanderung zog der Herr vor den Israeliten einher, des Tags in einer Wolkensäule, des Nachts in einer Feuersäule (Ex 13,21). Ähnlich wird der Herr in der endzeitlichen Gemeinde über dem neuen Berg-Zion schweben als Wolke bei Tag und als Feuerglanz bei Nacht. Ohne Bild: Der Herr wird dem neuen geläuterten Gottesvolk nahe sein wie zur Zeit des Exodus. Das Stück spielt wohl auch auf die liturgische Feier der Gemeinde auf dem Berge Zion an.

b) Jes 4,5b-6

V.5b-6 dürfte wohl von einem andern Verfasser herrühren, der das Bild von der Wolken- und Feuersäule des Exodus aus dem Auge verloren hatte. Die "Herrlichkeit Jahwehs" wird den Bewohnern Jerusalems als Laubdach dienen, das Schutz und Schirm vor Hitze und Unwetter gewähren wird. "Wer die Hitze eines Sommertages oder die Gewalt eines Sturz-

---

[26] *mišpat* bezeichnet hier wie 1,27 und 5,16 wegen des parallelen ca^car das strafende Eingreifen Gottes.

[27] *rûach* ba^cer von ba^car im Piel mit dem Sinn von "tilgen", "auskehren", "Unrecht wegfegen" (1 Kön 14,10; Dtn 13,6; Jes 6,13), "übertragen den Gottlosen" (2 Sam 4,11; 1 Kön 22,43; 2 Kön 23,24) und "die Sünden" (Dtn 13,6; Ri 20,13). Vgl. F. ZORELL, *Lexicon hebr. et aram.*, 122: "*Spiritus abolitionis*". - Vulg. und Neo-Vulg. "*spiritus ardoris*" = LXX: "pneúma kaúseos". Das Verb kann diesen Sinn haben, z.B. Jes 9,17; 50,11.

regens in den Gassen einer der Städte des Vorderen Orients erlebt hat, wird am Ende verstehen, daß sich der Ergänzer die Gottestadt im luftigen Schatten eines Laubdaches wünschte"[28].

IV. Gottesgeist und Wachstum des neuen Gottesvolkes
(Jes 44,1-5)[29]

Jes 44,1-5 ist durch "Aber nun" (V.1) mit dem vorhergehenden Stück Jes 43,22-28 eng verbunden[30]. Auf die Drohrede von 43,22-28 folgt die Heilsverheißung, die in V.25 bereits vorausgenommen wird (Jes 44,1-5).

Die Verse 3-5 reden nun nicht von der Heimkehr der Exulanten, wie man das im Trostbuch (Jes 40-55) erwarten sollte, sondern vom Wachstum des neuen Gottesvolkes.

Das neue Heil wird nicht dem Vater Jakob-Israel verheißen, sondern dessen Nachkommen (V.3-4).

Von Jakob erfahren wir bloß, daß Gott den sündigen Vater der Nation: "Dein Vater hat als erster gesündigt" (V.27) dem Banne preisgegeben hat (V.28; vgl. Jes 43,22-24; Gen 25,22; 27,36; Hos 12,4; Jer 9,31).

Aber um seiner Ehre willen hat Jahweh die entscheidende Wende herbeigeführt: Er nennt Jakob wieder seinen 'äbäd, Israel seinen Erwählten. Ja, er erinnert ihn daran, daß er ihn erschaffen, schon vom Mutterleib an geformt hat, wie er bereits den Esau überlistet hat (Gen 25,19-26). Besonders seit Jeremia pflegt man die markanten Gestalten der Bundesgeschichte darzustellen, wie Gott sie schon im Mutterschoß für seine Heilspläne auserwählt hat[31].

Darum muß das neue Israel alle Furcht ablegen. Der Herr wird das Werk seiner Hände nicht ewiger Vernichtung überantworten. Auf wunderbare Weise wird Gott das neue Israel durch seinen schöpferischen Geist mehren:

(1)*Aber nun höre, Jakob, mein 'äbäd,*
Israel, den ich erwählte.
(2)*So spricht der Herr, der dich gemacht hat,*
der dich gebildet vom Mutterleib an, der dir hilft:
"Fürchte dich nicht, mein 'äbäd Jakob,
und Jeschurun[32], *den ich erwählt!*

---

[28] O. KAISER, *Das Buch des Propheten Jesaja*, 95.

[29] Vgl. außer den Jesaja-Kommentaren R. KOCH, *Geist und Messias*, 141-149. - P.-E. BONNARD, *Le Second Isaïe*, 148-154.

[30] K. ELLIGER faßt Jes 43,22-44,1-5 als redaktionelle Einheit auf, weil die Gerichtsrede mit einer Frohbotschaft zusammengespannt ist. Vgl. K. ELLIGER, *Deuterojesaja* (BKAT XI,1), Neukirchen 1978, 364-365.

[31] Vgl. Jer 1,5; Ijob 10,8-12; Ps 22,10; 71,6; 139,13. Vor ihm haben die Schriftsteller die wunderbare Geburt Isaaks (Gen 18 und 21), Simsons (Ri 13) und Samuels (1 Sam) besungen. Siehe P.-E. BONNARD, *Le Second Isaïe*, 152-153 Anm. 5.

[32] Jeschurun ist dichterischer Ehren- und Kosename für Israel (Dtn 32,15; 33,5.26; Sir 37,25) und bedeutet den Ehrlichen, den Redlichen, vielleicht im Gegensatz zu Jakob, der nach Hos 12,3 den Esau überlistet und betrogen hat (vgl. Gen 27,36). - "*Rectissimus*, amicus rectitudinis, appellatio Israel blanda et honorifica", F. ZORELL, *Lexicon hebr. et aram.*, 340.

(3)*Denn ich gieße Wasser auf den dürstenden Boden*
und rieselnde Bäche auf das trockene Land.
Ich gieße meinen Geist über deinen Samen
und meinen Segen über deine Sprößlinge.
(4)*Und sie werden sprossen wie Gras zwischen Wassern[33],*
wie Weiden an Wasserbächen.
(5)*Da wird der eine sprechen: "Ich bin des Herrn",*
ein anderer wird sich mit dem Namen Jakobs nennen;
und wieder einer schreibt auf seine Hand: "Dem Herrn eigen!" und empfängt den Ehrenna-
men Israel (Jes 44,1-5).

Um seiner Ehre willen (Jes 43,45) wird Jahweh den Bann, der auf Israel lastet, aufheben. Durch seinen *schöpferischen Geist* wird Jahweh das Gottesvolk zu neuem blühenden Wachstum bringen: durch wunderbare Vermehrung der endzeitlichen Gemeinde und durch den Anschluß der Heiden.

1) Die Verbannten hatten alle Hoffnung auf Rückkehr und Nachkommenschaft aufgegeben. "Zion sagt: der Herr hat mich verlassen, Gott hat mich vergessen!" (Jes 49,14; vgl. Ez 37,11).

In dieser dramatischen Stunde tritt nun Deuterojesaja auf den Plan. Er rüttelt die verzweifelten Verbannten auf. Er zieht alle Register seiner Schöpfungstheologie und seiner glänzenden Sprachkunst. Wie könnte Jahweh seines 'ābād Jakob und seines erwählten Israel vergessen (vgl. 41,8-9; 42,1; 43,10; 45,4)! Hat er es doch erschaffen (Jes 44,2.21; vgl. 42,5; 43,1-7.15; 51,13; 54,5), ja bereits im Mutterschoß geformt (Jes 44,2.24; vgl. 49,5). Der 'ābād Jakob hat nichts zu befürchten; mit mütterlicher Sorge beugt sich der Schöpfergott über seinen Jeschurun!

Vom Himmel her wird Jahweh kostbaren Regen ausgießen (*jesaq*) über den dürren Boden und das trockene Land (V.3a). Diese Bilder spielen nicht an auf eine wunderbare Umwandlung der Natur, der Wüste beim zweiten Exodus aus Babylon (vgl. Jes 41,17-18), wie R. AUGE meint[34]; sie beschreiben das zu neuem Wachstum und Gedeihen erwachende Gottesvolk. Wie das infolge der Dürre gleichsam ausgestorbene Leben der Natur durch die Wunderkraft des Regens zu neuem Leben und üppigem Wachstum gedeiht, so wird das im Exil tote Volk Israel (vgl. Ez 37,11) zu neuem nationalem Leben erwachen und immerfort wachsen und gedeihen[35].

Ohne Bild sagt V.3b das nämliche. Jahweh wird *seinen Geist* auf Israels Samen ausgießen (*jesaq*), auf seine Nachkommen (vgl. Jes 48,19; 61,9; 65,23). Die *rûach Jahwehs* meint hier den göttlichen *Lebensodem*, der von Jahweh ausgeht, den Menschen zum Leben erweckt und am Leben erhält (vgl. Jes 42,5; 57,16; Ez 37,1-14; Sach 12,1; Ijob 27,3; 34,1; Ps 146,4; Koh 3,21; 12,7). Jahweh ist der "Gott des *Lebensodems*" in allem Fleisch" (Num 16,22; 27,16). Nach

---

[33] Lies mit 1QIs[a], LXX, Targum, Syr., Neu-Vulgata "wie Gras zwischen (*kebîn*) Wassern. - MT "inmitten von Gras".
[34] R. AUGE, *Isaias* II (La Bibbia XII/2), Montserrat 1936, 94.
[35] "Durus ille status in exilio comparatur agro sterili atque arenti", J. KNABENBAUER-F. ZORELL, *Commentarius in Isaiam prophetam* (CSS) II, Parisiis [2]1923, 165. Das Wunder der Oase in Jes 41,17-18 hat wohl die Bilder von der Geistausgießung angeregt. Vgl. *La Bible de la Pléiade* II, Paris 1959, 153.

dem Zusammenhang ist hier nur vom *natürlichen Wachstum* die Rede, von der nationalen Wiederherstellung wie in Ez 37,1-14.

Der "*Segen*" *(b°rekeh)*, den der Herr auf das Gesproß Israels ausgießen wird, bezeichnet den menschlichen Fruchtbarkeitssegen (vgl. Gen 1,22.28). Es geht um die Erneuerung der feierlichen, von Gott dem Stammvater Abraham gemachten Verheißung zahlreicher Nachkommenschaft wie die Sterne am Himmel und der Sand am Meer (Gen 12,3; 13,14-17; 17,1-9, 18,18-20; 22,16-18). Die Prosa von V.3b wird umrahmt von den Bildern in V.3a und in V.4. Jahweh wird seinen *schöpferischen Geist* über die Schößlinge Jakob-Israel ausgießen (V.3b), die wachsen und blühen werden, wie das trockene Land durch Rieselregen (V.3a) und wie Weiden an Wasserbächen (V.4; vgl. Ps 1,3; Jer 17,15).

2) Unvermittelt geht Deuterojesaja vom Thema des geistgewirkten natürlichen Wachstum des neuen Israel über zur Botschaft von der Bekehrung der Heiden zum Gotte Jakobs (V.5), die wie das Buch Jona (3,1-10) alle Schranken Israels durchbricht.

Es liegt auf der Hand, daß das dreimalige *zäh* nur die Heiden bezeichnen kann; denn nur für sie läuft die Benennung vom Herrn Jakob-Israels auf etwas Neues hinaus. Ginge es um die Juden in der Diaspora, müßte V.5 eingeleitet werden mit Wendungen wie "In Wahrheit" oder "Mit Stolz"[36].

Sie machen keinen Hehl aus ihrer Zugehörigkeit zu Jahweh und seiner Gemeinschaft: "Der eine wird sprechen..." Daraus geht hervor, daß ihre Bekehrung neben dem Ruf Gottes auch auf persönlicher Entscheidung beruht[37].

Dabei drängt es die Neubekehrten in ihrem Feuereifer ihre enge Verbundenheit mit Jahweh und dem neuen Israel[38] irgendwie nach außen kundzutun: durch ein öffentliches Bekenntnis oder durch Tätowierung[39].

Die Beziehung zum Geist des Herrn in V.5 ist zwar lockerer als in V.3b. Man sieht aber nicht ein, warum Deuterojesaja nur das natürliche Wachstum des neuen Gottesvolkes vom *lebenspendenden Gottesgeist* erwartet hätte, nicht aber dessen Zuwachs durch die Bekehrung der Heiden. Geht doch der universale Charakter der Religion Israels auf den schöpferischen Gottesgeist zurück, den gerade Deuterojesaja so stark betont (vgl. Jes 42,1.4.6).

Aus V.5 geht auch hervor, daß die Hinwendung zu dem Gott Israels immer auch eine Hinwendung zu Israel ist. "Die Religion Israels ist niemals eine rein geistige Größe gewesen, die man von der Geschichte des Gottesvolkes abstrahieren und ohne Zugehörigkeit zu dieser Geschichte haben könnte"[40].

---

[36] Vgl. P. VOLZ, *Jesaja*, 48.

[37] Vgl. C. WESTERMANN, *Das Buch Jesaja*, 112.

[38] "Mehr und mehr verblaßt dabei die nationale Farbe im Wort Israel und es entsteht die Idee des geistlichen Israel", P. VOLZ, *Jesaja*, 49.

[39] Wie in der Antike der Sklave den Namen seines Herrn, der Soldat den Namen seines Generals, der Götzendiener den Namen seines Schutzgottes auf Arm, Brust oder Stirn einritzte. Auf Krughenkeln aus der israelitischen Königszeit hat man die Inschrift entdeckt: *l°mäläk*, "dem König zu eigen" (Vgl. C. WESTERMANN, *Das Buch Jesaja*, 112). - Wenn der hl. Paulus bekennt: "Ich trage die Malzeichen des Herrn Jesu an meinem Leibe" (Gal 6,17), denkt er wohl an die alte Sitte der Tätowierung, die er bildlich auffaßt: "Ich gehöre dem Herrn Jesus!" Siehe E. OSTY, *La Bible*, Paris 1973, 2440.

[40] C. WESTERMANN, *Das Buch Jesaja*, 112.

V. Der Gottesgeist und die prophetische Sendung der endzeitlichen Heilsgemeinschaft (Jes 59,21)[41]

Die Kapitel 58 und 59 gehören sachlich und stilistisch zusammen. Im Kapitel 58 beschreibt Tritojesaja die wahre und falsche Frömmigkeit. Er wirft der nachexilischen Gemeinde vor, eine rein äußere Frömmigkeit zu hegen, der es an werktätiger Bruderliebe gebricht (vgl. Jes 58,1.10-15). Die Hauptanklage erhebt der Bußpsalm im Kapitel 59.

Tritojesaja entwirft ein düsteres Bild von den schlimmen Rechtszuständen: überall nur Lug und Trug, Gewalt und Mordtaten (V.1-8).

Auf die Sünde folgt das De profundis: der erste Schritt auf dem Wege des Heils ist tiefe Erkenntnis und reumütiges Bekenntnis der Sündenschuld (V.9-15a).

Das Heil kann nicht länger mehr ausbleiben: während über die Heidenvölker Gottes Strafgerichte hereinbrechen werden, wird Jahweh mit dem endzeitlichen Israel einen ewigen Bund schließen (V.15b-20).

V.21 fällt aus der Reihe. Der Vers wird eingeleitet und geschlossen mit der Formel "Es spricht der Herr", wo das Kapitel nur die Formel "Spruch des Herrn" verwendet. Zudem ist der Vers in Prosa gehalten im Gegensatz zur Versform des Kapitels.

V.21 wird allgemein als späterer Zusatz angesehen. Es führt aber doch eine Brücke von 59,1-20 zu Vers 21: mit den Bekehrten Sions wird der Herr den alten Bund für immer erneuern.

(21)*Ich aber, ich schließe diesen Bund mit ihnen*[42], *spricht der Herr: Mein Geist, der auf dir ruht, und meine Worte, die ich in deinen Mund gelegt, sollen aus deinem Munde nimmer weichen, noch aus dem Munde deiner Kinder und deiner Kindeskinder von nun an bis in Ewigkeit, spricht der Herr.*

1) Zuerst erhebt sich die Frage: W e r wird hier angeredet? Der Prophet oder das Gottesvolk?

Da im Alten Testament vorwiegend die Propheten mit dem Gottesgeist ausgerüstet werden, wäre man auf den ersten Blick geneigt, die Aussage "Auf dir ruht mein Geist" auf eine geschichtliche Persönlichkeit zu beziehen, wie etwa Mose (Num 11,17), den Deuterojesaja (Jes 48,16) oder auf eine endzeitliche Prophetengestalt, z.B. den *'äbäd* Jahweh (Jes 42,1) oder den unbekannten Propheten (Jes 61,1).

Es ist aber zu beachten, daß im ganzen Kapitel 59 immer nur vom Volke die Rede ist, dem Gott selber die argen Sünden vorwirft (V.1-8), die das Volk reumütig bekennt (V.9-15a). Dann wird Jahweh für Zion als Erlöser kommen und für alle, in Jakob, die umkehren von ihrer Sünde (V.15b-20)[43].

Der unvermittelte Übergang von der 3. Person Plural zur 2. Singular fällt zwar auf, aber kommt auch sonst, z.B. Jes 42,19-24; 44,7; 57,5-13. Unser Text ist ein Paradebeispiel der

---

[41] Vgl. R. KOCH, *Geist und Messias*, Wien 1950, 162-166. - P.-E. BONNARD, *Le Second Isaïe*, 381-396. - J. VERMEYLEN, *Du prophète Isaïe à l'Apocalyptique*, 467-471.

[42] Lies mit 1QIs^a, vielen Handschriften, Targum, Vulgata und Neo-Vulgata *'ittam* statt *'otam* (Akkusativ).

[43] "The person adressed is the *spiritual Israel*, which is ever now endowed with the divine spirit and word", J. SKINNER, *The Book of the Prophet Isaia*, XL-LXVI, Cambridge 1918, 176.

Korporativpersönlichkeit mit fließenden Linien zwischen kollektiver Deutung und individueller Seite biblischer Gestalten[44].

2) Mit dem neuen nachexilischen Israel wird Jahweh einen ewigen Bund schließen, wie er den Bund mit Noach und der ganzen Schöpfung geschlossen hat (Gen 9,9.12; vgl. Jes 54,9-10), erneuert mit Abraham und seinen Nachkommen (Gen 15,17-18; 17,4), gefeiert mit Mose und Israel (Ex 24,8), fortgesetzt mit David und seinem Geschlecht (Jes 55,3).

3) Der neue Bund wird sich in der göttlichen Gabe des *Geistes (rûach)* und des *Wortes (dabar)* auswirken. Bereits David bekannte: "Der *Geist* des Herrn spricht durch mich, sein *Wort* ist auf meiner Zunge" (2 Sam 23,2; vgl. Jes 49,2; 51,16).

Rûach und *dabar* gehören in der Welt der göttlichen Offenbarung eng zusammen. Der *dabar* gibt der *rûach* einen Sinn; die *rûach* verleiht dem *dabar* eine göttliche Kraft[45]. Deuterojesaja hatte bereits die aus der Verbannung Heimkehrenden beruhigt: "Ich hatte dir meine *Worte* in den Mund gelegt, im Schatten meiner Hand habe ich dich verborgen" (Jes 51,16; vgl. Jes 49,2).

Nicht nur jeder einzelne Prophet wird das *Wort* Gottes im Munde führen (vgl. Jer 1,9; Jes 50,4), sondern die ganze Nachkommenschaft Israels (Jes 44,3; 51,16).

Das *Neue* in Jes 59,21 bricht auf: Wort und Geist werden nimmer mehr vom "Israel Gottes" (Gal 6,16) weichen. Mit dem neuen Sion wird Gott einen *ewigen* Bund schließen. "Auch wenn die Berge von ihrem Platz weichen und die Hügel zu wanken beginnen, meine Huld wird nie von dir weichen und der Bund meines Friedens nicht wanken" (Jes 54,10; vgl. 61,8-9).

Schließlich, Deutero- und Tritojesaja pochen auf der Universalität des Bundesschlusses. Jahweh hat seinen *'äbäd* bestimmt, Bund für Israel zu sein und Licht für die Völker (Jes 42,6; vgl. 49,6). Jahweh wird einen ewigen Bund mit Israel schließen, um es zum Zeugen für die Völker zu machen (Jes 55,3-5). Die Fremden werden sich der endzeitlichen jüdischen Heilsgemeinschaft anschließen (Jes 56,4-6; 44,5)[46].

Der Geist des Herrn ist hier nicht als Quelle des religiös-sittlichen Lebens zu verstehen, sondern als Charisma, durch das das endzeitliche Israel berufen und befähigt wird, Gottes "Wort", das heilige Evangelium durch alle Jahrhunderte zu tragen und zu verkünden. Durch alle Jahrhunderte bis ans Ende der Zeiten wird das "Israel Gottes" kein Jota preisgeben von der ihm anvertrauten Frohbotschaft. Das umso mehr als auch hier das Axiom des heiligen Augustinus zutrifft: "Novum Testamentum in Veteri latet, Vetus Testamentum in Novo patet!" In dieser Endzeit hat Gott nicht mehr durch die Propheten zu uns gesprochen, sondern durch seinen Sohn, der das All durch sein *Wort* trägt (Hebr. 1,2.3) und in der Feier der Eucharistie den Bund immer wieder erneuert: "So bitten wir dich, Vater: der *Geist* heilige diese Gaben, damit sie uns werden Leib und Blut unseres Herrn Jesus Christus, der uns die Feier dieses Geheimnisses aufgetragen hat als Zeichen des *ewigen Bundes*"[47].

---

[44] Vgl. J. DE FRAINE, *Adam und seine Nachkommen*, Köln 1962, 174-175.

[45] "Il y a dans le monde une présence de Dieu par la *rûah*. Par le *davar* Dieu coopère avec l'homme", A. NEHER, *L'essence du prophétisme*, Paris 1972, 85-110 (hier 110).

[46] "Le pacte par lequel Dieu veut s'unir Israël et par Israël l'humanité dure toujours et durera toujours, de génération en génération", P.-E. BONNARD, *Le Second Isaïe*, 396.

[47] Viertes Hochgebet der Eucharistiefeier.

VI. Gottesgeist und Auferweckung Israels (Ez 37,1-14)

Wo die Not am größten, da ist Gott am nächsten! In der königs- und trostlosen Zeit des Exils hatten die Verbannten alle Hoffnung auf eine Rückkehr begraben: "Verdorrt sind unsere Gebeine, und dahin ist unsere Hoffnung! Wir sind verloren! (Ez 37,11).

Da hat Gott vier große Prophetengestalten erweckt, von denen jeder auf seine Art die nationale Wiederherstellung Israels verkündete: Deuterojesaja, Tritojesaja, Ezechiel und Jeremia. Die drei ersten erwarten das Wunder der Wiederherstellung von der schöpferischen Macht des Gottesgeistes; Jeremia von der "Hand Gottes".

Ezechiel hat die Auferweckung des toten Israel (Ez 37,1-14) eingeschoben zwischen der religiös-sittlichen Erneuerung der Israeliten (Ez 36) und der nationalen Wiederherstellung von Israel und Juda (37,15-28).

Die Vision von den Totengebeinen ist "von so gewaltiger Dramatik", daß man sie an die Seite der großen Visionsberichte von Kap. 1-3, von Kap. 8-11 und von Kap. 40-48 stellen möchte[48].

Ezechiel führt das Thema von der Wiederbelebung des toten Volkes durch den schöpferischen Gottesgeist in der klassischen Vision von den Totengebeinen aus (37,1-14): V.1-10 enthalten das Symbol, V.11-14 dessen Deutung.

1) In einer Talebene schaut der Prophet in einer Vision eine unübersehbare Menge von weißen, längst verdorrten menschlichen Gebeinen (V. 1-2).

Auf die Frage Jahwehs: "Menschensohn, können wohl diese Gebeine wieder lebendig werden?" antwortet der Prophet durchdrungen von einem tiefen Glauben an die Allmacht Gottes und an die Ohnmacht des Menschen: "O Herr, mein Gott, du weißt es" (V.3).

Darauf sprach der Herr zu Ezechiel: "Weissage über diese Gebeine und sprich zu ihnen: 'Ihr dürren Gebeine, höret das Wort des Herrn!'" (V.4). So spricht Gott der Herr zu diesen Gebeinen: "Siehe, ich bringe Lebensodem (*rûach*) in euch, damit ihr wieder lebendig werdet. Ich schaffe Sehnen an euch und lasse Fleisch an euch wachsen, ich überziehe euch mit Haut und lege Odem (*rûach*) in euch, daß ihr wieder lebendig werdet, und ihr werdet erkennen, daß ich der Herr bin" (V.5-6).

Während der Prophet noch weissagte, wie ihm befohlen war, siehe, da entstand ein Rauschen, und die Gebeine rückten eines ans andere. Und siehe, da bekamen sie Sehnen, und es wuchs Fleisch an ihnen, und sie wurden mit Haut überzogen (V.7-8a). Aber noch sind sie tote Körper, da das belebende Prinzip sie noch nicht beseelt: "Odem aber war noch nicht in ihnen" (V.8b).

In feierlicher Weise befiehlt Jahweh dem Propheten: "Menschensohn, weissage über den Geist (*rûach*), weissage und sprich zum Geiste (*rûach*): 'So spricht der Herr Jahweh: Geist, komme von den vier Winden (*rûchôt*) und hauche diese Erschlagenen an, daß sie wieder lebendig werden'" (V.9).

---

[48] Vgl. R. MARTIN-ACHARD, *De la mort à la résurrection d'après l'Ancien Testament*, Neuchâtel-Paris 1956, 78-85. - W. EICHRODT, *Der Prophet Hesekiel* (ATD 22/2), Göttingen 1966, 353-358. - W. ZIMMERLI, *Ezechiel* (BKAT XIII/2), Neukirchen 1969, 885-902. - D. LYS, *Rûach. Le Souffle dans l'Ancien Testament*, Paris 1962, passim.

Und Ezechiel weissagte, wie Gott ihm befohlen hatte. "Da kam Odem (*rûach*) in sie, und sie wurden lebendig und stellten sich auf die Füße, ein überaus großes Heer" (V.10).

2) In den Versen 11-14 gibt Jahweh selber des Symbols Deutung: "Menschensohn, diese Gebeine sind das ganze Haus Israel" (V.11a). Der nämliche Geist, der die toten Körper zu neuem Leben erweckt, wird auch den toten Volkskörper aus den Gräbern steigen lassen: "Siehe! Nun öffne ich eure Gräber und lasse euch aus euren Gräbern steigen und bringe euch heim ins Land Israels... Ich werde meinen Odem (*rûach*) in euch legen, daß ihr wieder lebendig werdet, und ich werde euch wieder in euer Land versetzen, damit ihr erkennet, daß ich der Herr bin. Ich habe es geredet, und ich werde es tun" (V.12.14).

In dieser dramatischen Szene bezeichnet die *rûach* den Lebensodem, der als Luft- oder Windhauch im Weltenraum vorgestellt wird. Solange in die durch das allmächtige Gotteswort gebildeten Körper keine *rûach* dringt, sind sie starr und leblos. Die *rûach* ist Sitz und Träger des physischen Lebens. Und es ist Jahweh selber, der den lebensspendenden Odem den Körpern einhaucht (V.5 und 6); ja, im Grunde ist es *Jahwehs Lebensodem* (V.14; vgl. V.6 in LXX), der das durch den politischen Zusammenbruch des Südreiches (587) als Nation gestorbene und in das Grab des Exils gesenkte jüdische Volk zu neuem nationalem Leben erweckt hat. Mit Recht kann Jahweh diese *rûach* s e i n e n Odem nennen, da er ihn für die Lebensdauer schenkt, bzw. leiht (Ps 104,29-30; Ijob 33,4; 34,14).

Mit der Auferweckung des toten Israel nach den Leiden des Exils hat sich die Theologie fast zwangsläufig nach der individuellen Auferstehung der Toten orientiert[49].

Zum ersten Mal wird sie ausdrücklich erwähnt in den späten Schriften des zweiten Makkabäerbuches (2 Makk 7,9.11.14.23.29) und des Propheten Daniel (Dan 12,2-3)[50].

Es könnte sein, daß die Auferstehung des Fleisches im letzten und tiefsten dunkel auf die Auferstehung Christi hingewiesen hat. "In der Auferweckung des Mannes, dessen Kreuzesaufschrift ihn als den König seines Volkes auswies, ist die neutestamentliche Gemeinde dieser Wirklichkeit, die mehr ist als ein bloßer göttlicher Plan, begegnet und hat die Gültigkeit des Lebensversprechens Gottes über seinem Volk erfahren, gewiß in einer neuen überraschend verwandelten Art. Aber doch zugleich so, daß sie, was vom Propheten seinem Volk verheißen war, in seiner tiefsten Intention, weltweit gültig gemacht hat, zum Ausdruck hat kommen lassen"[51].

[49] "Nous sommes avec Ezéchiel à la veille de l'éveil de la foi en la résurrection", R. MARTIN-ACHARD, *De la mort à la résurrection...*, 83.
[50] Vgl. *La Bible de Jérusalem*, Paris 1973, 628d, 1283e.
[51] W. ZIMMERLI, *Ezechiel* II, 902.

Fünftes Kapitel

DIE GEISTESWIRKUNGEN IN DEN MITGLIEDERN DER MESSIANISCHEN
HEILSZEIT

In den bisher untersuchten *rûach Jahweh*-Stellen (Jes 4,2-6; Jes 28,5-6; Jes 32,15-20; Jes
44,1-5; Jes 59,21; Ez 37,1-14), die durchwegs exilischen Ursprungs sind, tritt das *Volk* Gottes
als Träger des Gottesgeistes auf den Plan.

Bei den Propheten der nachexilischen Zeit verlagert sich die Geistbegabung von der messianischen Gemeinschaft zu deren *einzelnen Mitglied.* In diesen Texten rückt der Einzelne
als Subjekt der Geisteswirkungen in den Vordergrund.

Zweierlei Wirkungen erwarten diese Propheten von der rûach Jahweh: rein *charismatische* (Joel) und besonders *religiös-sittliche* (Ezechiel und Jeremia).

*I. Gottesgeist und prophetische Begeisterung
(Joel 3,1-5)*[1]

Das Büchlein des Propheten Joel wird von zwei Themen beherrscht, der Heuschrecken-
plage mit der Trauer- und Bußliturgie (Kap. 1-2) und dem kommenden Heil (Kap. 3-4)[2].

Unser Stück (Joel 3,1-5) gehört auf Grund der Einleitungsformel und der literarischen
Art zweifellos zum zweiten Teil und bildet ein geschlossenes Ganzes. Joel schließt sich der
Überlieferung an, wonach Fruchtbarkeit des Landes und Geistausgießung zusammengehö-
ren (vgl. Jes 32,15-20; 44,2-5)[3].

---

[1] Vgl. J. STEINMANN, *Remarques sur le Livre de Joël,* in *Etudes sur les prophètes d'Israël* (Lectio Divina, 14),
Paris 1954, 147-173. - R. KOCH, *Geist und Messias,* 169-178. - A. GELIN, *L'annonce de la Pentecôte,* in *Bib-
VieChr* 27 (1959) 15-19.- A. WEISER, *Das Buch der zwölf kleinen Propheten* I (ATD 24), Göttingen 1959³, 104-
105, 119-121. - P. G. RINALDI, *I Profeti Minori* Fasc. II, 123-168. - M. DELCOR, Joël, in A. DEISSLER-M.
DELCOR, *Les Petits Prophètes* (La Sainte Bible) T.VIII lʳᵉ partie, Paris 1961, 133-173. - D. LYS, *Rûach...,* Paris
1962, 247-250. - H. W. WOLFF, *Dodekapropheton Joel und Amos* (BKAT XVI/2), Neukirchen-Vluyn 1969, 64-
68. - S. VIRGULIN, *Gioele,* in *Introduzione alla Bibbia* II/2, Torino 1971, 553-555. - C. A. KELLER, *Joël Ab-
dias Jonas,* in *Commentaire de l'Ancien Testament* XIa, Neuchâtel-Paris 1965, 140-143. - TH. CHARY, *Le Prophétisme à l'époque perse (538-332),* in *Introduction à la Bible* (éd. nouvelle) T.II., Paris 1973, 458-462.

[2] Die meisten modernen Exegeten treten für einen nachexilischen Ursprung ein, um das Jahr 400: es werden keine Könige erwähnt noch die Erzfeinde Assur und Babylon. Andererseits trifft man die Priester an, die
öffentliche Fasttage ausrufen im wiederaufgebauten Tempel (Joel 1,13-14; 2,12-17). Nach dem Exil förderten
Tritojesaja (Jes 58), Jona (Jon 3,5.7), Esra (Esr 8,21), Nehemia (Neh 9,1), Ester (Est 4,3) diese Bußübung.

[3] Es geht nicht an, aus Joel 2,18-3,5 eine literarische Einheit zu machen. Der Vers 2,27 schließt den ersten
Teil ab.

In der Reihe der Weissagungen des 3. und 4. Kapitels kommt der Verheißung der Geist-ausgießung überragende Bedeutung zu:

(1)*Danach werde ich meinen Geist ausgießen*
über alles Fleisch;
und eure Söhne und Töchter werden weissagen,
eure Greise werden Träume träumen,
eure Jünglinge werden Gesichte sehen.
(2)*Auch über die Knechte und über die Mägde*
will ich in jenen Tagen meinen Geist ausgießen.
(3)*Ich werde Wunderzeichen geben*
am Himmel und auf Erden,
Blut, Feuer und Rauchsäulen.
(4)*Die Sonne wird sich in Finsternis wandeln*
und der Mond in Blut,
ehe der Tag des Herrn kommt,
der große und furchtbare.
(5)*Ein jeder aber, der den Namen des Herrn anruft, wird gerettet. Denn auf dem Berge Zion*
und in Jerusalem wird es Rettung sein,
wie der Herr verheißen hat,
und bei den Entronnenen,
die der Herr beruft (Joel 3,1-5).

In der *ersten* Person verheißt der Herr eine allgemeine *Geistausgießung* (V.1-2) und den Ausbruch kosmischer Umwälzungen (V.3-4: V.4 geht über in die *dritte* Person). V.5 bietet eine theologische Reflexion des Propheten.

Unser Augenmerk gilt vor allem den Versen 1-2, der ersten der zwei Strophen. Da berichtet Joel über *Zeit, Mitteilung, Subjekt* und *Wirkungen* der *rûach Jahweh.*

1) Daß das Geschenk des Gottesgeistes für die *messianische* Zeit in Aussicht gestellt wird, geht eindeutig aus der Zeit-Formel "danach", "in seguito", "méta taúta" (LXX), "post haec" (Neo-Vulg.) hervor. Sie ist gang und gäbe in den geschichtlichen Büchern (z.B. 2 Sam 2,1; 8,1; 10,1; 13,1; 21,18; 2 Kön 6,24), wird aber bei den Propheten nur von Jeremia benützt (Jer 16,16; 21,7; 26,26; 49,6). Die landläufige Formel "Am Ende der Tage" (vgl. Jes 2,2; Hos 3,5; Mi 4,1) verweist am deutlichsten auf den endzeitlichen Charakter einer Weissagung[4].

2) Die Verse 1 und 2 sind chiastisch aufgebaut. Der Beginn von V. 1 "Ich werde meinen Geist ausgießen" wird am Schluß von V.2 wieder aufgenommen.

Das Zeitwort "*safak*" kommt auch bei Ezechiel vor (Ez 39,29), wo die "Ausgießung" des Gottesgeistes, das neue Gottesvolk religiös-sittlich erneuern wird. Hier aber werden der *rûach Jahweh* nur *charismatische* Wirkungen zugeschrieben.

3) In der alttestamentlichen Heilsordnung standen Künstler und Dichter, vor allem aber die großen politischen und religiösen Führergestalten des Volkes, Könige und Propheten: ein Saul und David, ein Mose, ein Elija, ein Jesaja, ein Jeremia, ein Ezechiel ganz und gar unter der Leitung des Gottesgeistes. Die Gabe der *rûach* blieb einer Elite vorbehalten.

---

[4] Mit Recht hat Petrus die Wendung "én taís eschátais hemérais" auf das erste Pfingstfest angewandt (Apg 2,17).

In der Endzeit wird die Gabe des Gottesgeistes nicht mehr das Vorrecht besonderer charismatischer Männer und Frauen sein, sondern Allgemeingut werden. Dann wird der Herr seinen Geist "*über alles Fleisch*" (*kôl-basar*) ausgießen. Der Ausdruck kann die ganze Menschheit bezeichnen (Gen 6,12; Num 16,22; Jes 40,5; 66,23), die Menschen als schwache, sterbliche Geschöpfe, auch Menschen und Tiere zusammen (Gen 6,17; Num 18,15; Jer 12,12; Ps 136,25). Nach dem ganzen Zusammenhang bezieht sich die Formel auf die *Israeliten* allein (vgl. Jer 12,12; Ez 21,9); denn V.1 spricht von *Söhnen* und *Töchtern*, von *Jungen* und *Alten*; V.2 von *Knechten* und *Mägden*. Die Verheißung richtet sich an das jüdische Volk ohne Unterschied des Geschlechts, des Alters und der sozialen Stellung. Die Abschaffung der sozialen Ungleichheit wird die Endzeit kennzeichnen. Diese unerhörte Neuheit wird das Werk des Gottesgeistes sein. Hätte die Christenheit das Wirken des Heiligen Geistes auf theologischem und sozialem Gebiet ernstgenommen, wäre ihr die Schmach und die Schande alter und neuer Sklaverei, der haarsträubenden Hexenprozesse und der lichterloh brennenden Scheiterhaufen erspart geblieben!

4) Eine der kühnsten *Wirkungen* der Geistausgießung wird im "prophezeien" *(nibbᵉ'û)* gipfeln. Das Zeitwort im Nifal hat den gleichen Sinn wie der *terminus technicus hitnabbe'* oder *hinnabe'* und bezeichnet die prophetische Ekstase oder Begeisterung. Beim Klang der Harfen, Pauken, Flöten und Zithern gerieten die Prophetenscharen in Verzückung, ganz außer sich (vgl. 1 Sam 10,6.10; 19,20.23; 1 Kön 18,12; 22,10-12)[5]. Der glühende Wunsch des Mose: "Wollte Gott, daß alle im Volke des Herrn Propheten wären, daß der Herr seinen Geist auf sie legte!" (Num 11,29) sollte sich durch Joel in eine göttliche Verheißung wandeln, die am ersten Pfingsten sich erfüllte und ihren Lauf durch die Jahrhunderte nahm!

Als besonders auffällige Geisteswirkungen erwähnt Joel noch die *Träume* und die *Gesichte*.

Die *Träume* galten als vorzügliche Offenbarungsmittel, die im Pentateuch einen Ehrenplatz einnehmen (vgl. Gen. 15,1; 20,3.3; 28,12; 31,11; 37,5; 40,6-19; 41,1-36; Num 12,6; 24,6; Dtn 13,2-6). Jeremia, ein Zeitgenosse Joels, stellt die Träume der falschen Propheten, die keinen Auftrag von Jahweh erhalten haben, den Träumen der wahren Propheten gegenüber, die von Gott seine Worte und Weisungen empfangen haben (Jer 23,32; 29,8)[6].

Die *Gesichte* fehlen nie in Israel (1 Sam 3,1; Hos 12,11), aber besonders in der nachexilischen Zeit waren sie an der Tagesordnung (Ez 7,26; 12,22; Dan 8,1.13; Obd 2,9; Sach 1,7).

Für Joel äußert sich die *rûach Jahweh* in erster Linie im Charisma der Prophetie wie in alter Zeit. Als geisterfüllter Schriftausleger sah Petrus in der Gabe der "fremden Zungen" den *punctum saliens* von Joels Weissagung, die am ersten Pfingstfest zum Ausbruch kam (vgl. Apg 2,14-21). "Ein Reden in ekstatischem Zustand, ein Sprechen aus geisterfülltem Innern heraus, das sich nicht der gewöhnlichen Sprachformen bedient"[7].

---

[5] Vgl. R. KOCH, *Geist und Messias*, 30-32, 173-174. - G. RINALDI, *I Profeti Minori*, 158.
[6] Das NT erwähnt ebenfalls dieses auffällige Offenbarungsmittel; vgl. Mt 1,20; 2,13.
[7] A. WIKENHAUSER, *Die Apostelgeschichte*, Regensburg 1938, 29.

II. Gottesgeist und Neuschöpfung (Ez 36,25-29)

Stellt Joel die Verleihung der charismatischen Prophetenrede in Aussicht, leitet sein Zeitgenosse Ezechiel rein *religiös-sittliche* Wirkungen von der *rûach Jahweh* ab: Reinigung von aller Schuld und göttliche Kraft für eine Neuschöpfung durch die Erneuerung der Herzen.

Mehr noch als die Rückkehr in die Heimat, mehr noch als die nationale Auferstehung (Ez 37) und die Wiederherstellung des Kultes lag dem großen Seelsorger die Bekehrung der Volksglieder am Herzen.

Ezechiel, der sich gern auf seine Vorgänger beruft, hat auch die Heilsverheißung von Jeremia 31,31-34 verwertet, aber auf ganz eigene Art. Da die Jeremia-Stelle dem Propheten Ezechiel als Vorlage gedient hat, sei sie nachher kurz gedeutet.

Der Gottesgeist und das neue Herz (Ez 36,16-38)

Die Wirksamkeit des Propheten Ezechiel zerfällt in zwei scharf geschiedene Abschnitte. Von 598-587 tritt er als Unheilsprediger auf, nach dem Fall Jerusalems (587) als geisterfüllter Seelsorger.

Der erste Teil umfaßt die Kapitel 1-32 und enthält vor allem *Unheilsweissagungen* gegen Juda-Jerusalem (Kap. 3-24) und gegen die Heidenvölker (Kap. 25-32).

Nach der Katastrophe von 587 schlägt Ezechiel einen ganz andern Ton an. Er verkündet nun die *Froh- und Trostbotschaft* von der Neuschöpfung Israels (Kap. 33-39, Kap. 40-48).

Seine Predigttätigkeit erreicht in Ez 36,16-38 einen Gipfel der prophetischen Geisttheologie. Zuerst wirft er einen Blick in die trostlose Vergangenheit und lüftet danach den Schleier über die Herrlichkeit der kommenden Neuschöpfung. So bietet der Prophet einen gedrängten Aufriß der ganzen Heilsgeschichte[8].

Blick in die Vergangenheit (Ez 36,16-21)

Ezechiel erinnert zuerst das Volk daran, daß es wegen seines lasterhaften Wandels und vor allem wegen der Sünde des Götzendienstes das Heilige Land geschändet hat. Darum hat Gott seinen Zorn über sie ausgegossen. "Der göttliche Zorn ist das Werk... einer allzu heftigen Liebe, um nicht in Eifersucht umzuschlagen, einer allzu reinen und edlen Liebe, um nicht die gleiche Würde von denen zu verlangen, über die er ausgeschüttet ward"[9]. (V.16-18).

Mit Fug und Recht hat der Herr das Volk des Bundesbruchs in die Verbannung gejagt. Aber in den Augen der Heidenvölker hat dann das nationale Unglück die Ohnmacht und

---

[8] Vgl. H. HAAG, *Ezechiels Beitrag zur messianischen Theologie*, in *Miscellanea A. Miller*, Romae 1951, 276-283. - R. KOCH, *Geist und Messias*, 192-204. - A.-M. DUBARLE, *Le don du coeur nouveau* (Ezéchiel 36,16-38), in *BibVieChr* n. 4, mai-juillet 1956, 57-66.

[9] A.-M. DUBARLE, *Le don du coeur*, 57.

Schwäche Jahwehs vor aller Welt bloßgelegt und seinen heiligen Namen mißachtet und entweiht (V.19-21; vgl. Jes 10,10-11; 36,18-20).

Blick in die endzeitliche Neuschöpfung (Ez 36,22-38)

Um seines *heiligen Namens* willen wird Jahweh der Bundesgeschichte eine unerhörte Wende geben. Aber wie? "Nicht um euretwillen schreite ich ein, Haus Israel, sondern für meinen heiligen Namen, den ihr entweiht habt unter den Völkern, zu denen ihr gekommen seid" (V.22; vgl. Dtn 9,5; Jes 43,22-24; 48,8-11).

Wie hat doch das treulose Volk den *Namen* Gottes mißachtet, mit Füßen getreten. Als dem Mose am Berge Horeb der Name "*JHWH*" (das Tetragramm vom Zeitwort "*hajah*" "sein") geoffenbart wurde, gewann er keinen Einblick in die Natur, in das Wesen Gottes, wohl aber in seine *An-Wesenheit*, in seine helfende, dynamische, macht- und weisheitsvolle, erbarmungsreiche Gegenwart, die bald die Großtat des ersten Exodus durchführen sollte (vgl. Ex 3,12-15). Jetzt im Exil, wo die Verbannten in eine Sackgasse geraten waren und keinen Ausweg sahen (vgl. Ez 37,11), wird Gott in der Kraft seines geschichtsträchtigen Namens "*Jahweh*" noch stauenerregendere Großtaten vollbringen wie damals am Sinai. Der Zweite Exodus wird den Ersten an Glanz weit übertreffen. Er wird dem Namen "*Jahweh*" zur höchsten Ehre gereichen (V.22-23).

1) Als Ouvertüre zum Wunder der Neuschöpfung wird der Herr den kleinen "Rest" aus der Zerstreuung und der Verbannung heimholen (V.24).

2) Dieser Auftakt wird das Herzstück der wunderbaren Umwandlung einleiten und durchführen: Reinigung von aller Schuld, die Gabe des neuen Herzens und der *rûach Jahweh* (V.25-29a).

3) Im *Finale* klingt das Reuemotiv wieder an (V.31-33a), und neue Themen werden eingearbeitet: eine natürliche ungeahnte Fruchtbarkeit des Landes wie in Jes 32,15-20 (V.29b-30.34-36), Wiederaufbau der verwüsteten Städte (V.33b.35b), und endlich das üppige Wachstum des neuen Israel, gleich einer Schafherde (V.37-38; vgl. Jes 44,3-5).

Der neue Exodus wird den Namen des Herrn wunderbar verherrlichen!

Wir wenden uns ganz kurz nur dem Höhepunkt des neuen Israel zu: die Neuschöpfung durch die Macht der *rûach Jahweh*! Sie entfaltet sich in einer dreifacher Phase:

(25)*Dann werde ich euch mit reinem Wasser besprengen, daß ihr rein werdet; von all eurer Unreinheit und von all euren Götzen werde ich euch rein machen.*

(26)*Und ich werde euch ein neues Herz geben und einen neuen Geist in euer Inneres legen; ich werde das steinerne Herz aus eurem Leibe herausnehmen und euch ein fleischernes Herz geben.*

(27)*Meinen Geist werde ich in euer Inneres legen und machen, daß ihr in meinen Satzungen wandelt und meine Gebote getreulich erfüllt.*

(28)*Und dann werdet ihr wohnen bleiben in dem Lande, das ich euren Vätern gegeben habe, und ihr werdet mein Volk sein, und ich werde euer Gott sein.*

(29)*Ich werde euch befreien von all eurer Unreinheit (Ez 36,25-29a).*

Im Dunkel und in der Bedrängnis des Exils leuchtete kurz ein Licht der Umwandlung auf: Ez 11,19-20; 18,31.

a) Der erste Schritt auf dem Weg zur Neuschöpfung gilt der Reinigung von aller Schuld (V.25).

Der Priester Ezechiel weiß genau, daß der sündige Mensch sich dem Gott aller Heiligkeit nicht nähern kann, daß ein unüberbrückbarer Abgrund das sündige Geschöpf vom ganz Andern trennt. Diese Grundhaltung begleitet den *homo biblicus* vom Buche Genesis (Gen 3,8-10) bis zur letzten Seite der Geheimen Offenbarung (Offb 22,14).

Im Kulte huldigte der fromme Israelit dieser Heiligkeit mit Waschungen und Besprengungen aller Art: mit dem "Entsündigungswasser" (Num 8,7), mit dem "Reinigungswasser" (Num 19,9.31; 31,23).

Solche Besprengungen konnten aber nur die *levitische* Unreinheit abwaschen, nicht aber die schwere Sünde des Götzendienstes und alle anderen sittlichen Vergehen. In der messianischen Zeit wird dann der Herr "reines Wasser" ausgießen über die sündigen Juden des neuen Israel. Auch hier wandelt Ezechiel auf den Spuren seiner Zeitgenossen (vgl. Jes 4,4; Sach 13,1; Ps 51,9)[10].

b) Mit der bloßen Entsündigung jedoch ist es nicht getan. Das ist nur die negative Seite der Begnadigung. V.26 betont als ihre positive Seite die Umwandlung der Herzen und der Gesinnung wie Ez 11,19.

Auch nach Abwaschung der Sünde schlägt in des Menschen Brust ein Herz, dessen Sinnen und Trachten auch weiterhin auf das Böse gerichtet ist (Gen 6,5; 8,12). Nach hebräischer Vorstellung ist das *Herz* (*leb*) Sitz des Verstandes (Ex 31,6; Dtn 29,20) und des Willens (Ex 25,2; Ps 58,3), die Quelle der Gedanken, Neigungen und Entschlüsse. Im Herzen wurzelt vor allem das ganze sittliche Leben (Dtn 6,29; 8,2; 30,6). "Aus dem Herzen kommen böse Gedanken, Mord, Ehebruch, Unzucht, Diebstahl, falsches Zeugnis, Lästerung" (Mt 15,19): diese Lehre Christi entspricht genau der hebräischen Anthropologie. Die Propheten waren alles andere als Romantiker, auch wenn sie oft und gern vom Herzen reden.

In der Endzeit wird der Herr das "Herz aus Stein", das wie Stein kalte, harte und unempfängliche Herz, aus ihrer Brust herausnehmen und ein "Herz von Fleisch" dafür geben, ein weiches, williges Herz, das stets aufgeschlossen ist für das Wort Gottes. "Schaffet euch ein neues Herz und einen neuen Geist" (Ez 18,31). Nach seiner Bekehrung muß der Mensch mit der göttlichen Gnade wirken.

Dem "neuen Herzen" entspricht der "neue Geist". Bei Ezechiel ist *rûach* "zu einem Organ des geistigen Lebens überhaupt geworden, das man mit 'Sinn' oder 'Gemüt' wiedergeben könnte, wobei die ethische Bestimmtheit des Menschengeistes stark mit hereinspielt"[11]. Der Herr wird die innere Gesinnung erneuern, so daß sie nicht mehr den Götzen, sondern einzig allein Jahweh anhangen werden (vgl. Hos 4,12; 5,4; Sach 13,2).

c) Mit dem "neuen Herzen" und mit dem "neuen Geist", d.h. mit der neuen Gesinnung allein ist es aber noch nicht getan. Es muß der *göttliche Geist*, Gottes Kraft, hinzukommen, um den Willen Gottes restlos erfüllen zu können und glücklich zu sein (V.27-28a). Nach dem Vorbild des Protojesaja (Jes 11,2) und des Deuterojesaja (Jes 4,4; 32,15-20) faßt Ezechiel

---

[10] "Die dem Menschen anhaftende und ihn entstellende Unreinheit, die durch das Reinigungswasser abgewaschen werden soll, dient dem Propheten vielmehr als treffendes Bild für die innere Zerrüttung, der das menschliche Wesen durch ein von Gott wegstrebendes und zu andern Herrn und Mächten hindrängendes Verlangen ausgeliefert wird", W. EICHRODT, *Der Prophet Hesekiel* (ATD 22/2), Göttingen 1966, 348.

[11] Vgl. P. VAN IMSCHOOT, *Théologie de l'AT* I, Tournai 1954, 255-258.

die *rûach Jahweh* als Quelle des religiös-sittlichen Lebens auf, als Born aller Tugendhaftigkeit und Heiligkeit in der kommenden Heilszeit.

Diese vollkommene Unterwerfung unter Gottes Bundessatzungen wird das persönliche Verhältnis gegenseitiger Zusammengehörigkeit wieder herstellen, das der Prophet so treffend und schön in die Formel gegossen hat, die aus dem Gebiet der Ehe stammt: "Ihr werdet mein Volk sein, und ich werde euer Gott sein" (V.28b; vgl. Jer 31,33). Für Ezechiel wird die *religiös-sittliche* Neuschöpfung von einem Neuen Bunde geprägt werden, den die *rûach Jahweh* fest und dauerhaft machen wird (Ez 16,60; 34,25; 37,26).

Der Prophet bietet hier in einzigartiger Weise eine auf neutestamentlicher Höhe stehende Geisttheologie. Durch Wasser wird der sündige Mensch von allen Unreinheiten reingewaschen (V.25). Jahweh schafft in seinem Innern ein "neues Herz" und einen "neuen Geist", d.h. eine völlige Sinnesänderung, eine ganz andere Gesinnung (V.26). Das Werk der Erneuerung wird schließlich gekrönt mit der Eingießung des Gottesgeistes, einer bleibend wirksamen Kraft für die vollkommene Beobachtung der Bundessatzungen (V.27-28).

Den Unterschied zwischen dem "neuen Geist" und dem "Geist des Herrn" hat I. HERMANN treffsicher herausgestellt: "Den Gegensatz der notwendigen neuen Gesinnung zu der unbrauchbaren alten hat Ezechiel in unnachahmlicher Weise durch das Bild des Fleischherzens, das für das alte Steinherz dem Menschen in die Brust gelegt wird, anschaulich gemacht... Und dann bedarf es weiter noch der treibenden, tüchtigen Kraft zum Tun des Gotteswillens. Auch die kann der Mensch nicht aus sich selber entwickeln, sondern Gott muß ihm seinen Geist dazu geben, und Gott will das tun"[12].

Die *rûach Jahweh* wird nicht mehr bloß vorübergehend Platz nehmen in den Herzen der Bewohner der neuen Gottesstadt, wie bei den Helden aus alter Zeit, sondern für immer:

Ich werde mein Angesicht nicht mehr vor ihnen verbergen, weil ich meinen Geist über das Haus Israel ausgegossen habe (Ez 39,29).

Es ist bemerkenswert, daß Ezechiel immer und immer wieder sich auf die *rûach Jahweh* beruft: 52 mal. In der öfteren und liebevollen Pflege dieses Lieblingsthemas darf man eine Rehabilitierung des Geistbegriffs erblicken, den die falschen Propheten in üblen Ruf gebracht hatten und der deshalb von Jeremia gemieden wurde.

Mit der Lehre von der inneren Reinigung und Heiligung des sündigen Menschen durch die *rûach Jahweh* erreicht die prophetische Theologie neutestamentliche Höhen. Das Geheimnis der religiös-sittlichen Umwandlung wird Christus lösen, zunächst in seiner Verkündigung von der Wiedergeburt des Menschen durch "Wasser und Geist" (Joh 3,5), die verwirklicht wird in der heiligen Taufe, wo der Sünder in ein "neues Geschöpf" verwandelt wird (2 Kor 5,17; Gal 6,15; 1 Kor 6,11)[13].

---

[12] I. HERMANN, *Ezechiel* (KAT), Leipzig 1924, 230-231.

[13] "Der Prophet verkündet all dieses als die gewisse Zukunft seines verlorenen Volkes. Auch die neutestamentliche Gemeinde, die durch Christus Teilhaber dieser Verheißung geworden ist, weiß, daß solches ihre Zukunft ist. Zugleich aber bekennt sie, daß in der Erfüllung der Zeit (Gal 4,4) diese Zukunft schon angehoben ist, Sünde vergeben, Schuld weggespült, Gehorsam des Glaubens von *Gottes Geist* erweckt worden ist", W. ZIMMERLI, *Ezechiel* (Bd. XIII/2), Neukirchen 1969, 883-884.

III. Neuer Bund und Gesetz des Herrn (Jer 31,31-34)[14]

Ezechiel hat öfters im Schatz der Geistestheologie des Proto- und Deuterojesaja geschöpft. Einen weit tieferen und nachhaltigeren Einfluß noch hat sein Zeitgenosse Jeremia auf ihn ausgeübt, vor allem mit der Segensverheißung vom "Neuen Bund" (Jer 31,31-34)[15]. Darin verheißt er ein *neues Gesetz* im Zuge des Bundesformulars, eine tiefe Gotteserfahrung und die Sündenvergebung. Ezechiel hat diese Elemente aufgenommen, sie logisch strukturiert und erweitert, vor allem aber die entscheidende Rolle des *schöpferischen Gottesgeistes* hervorgehoben. Da die Stelle bei Jeremia dem Propheten Ezechiel sicher als Vorlage gedient hat, sei sie hier kurz erläutert:

(31)*Siehe, es kommen Tage, spricht der Herr, da schließe ich mit dem Haus Israel (und dem Hause Juda)*[16] *einen neuen Bund,*

(32)*nicht einen Bund, wie ich ihn mit ihren Vätern schloß zu der Zeit, da ich sie bei der Hand nahm, sie aus dem Lande Ägypten herauszuführen; denn sie haben meinen Bund gebrochen, obwohl ich ihr Herr war*[17], *spricht der Herr.*

(33)*Nein, das ist der Bund, den ich nach jenen Tagen mit dem Hause Israel schließen will, spricht der Herr: Ich werde mein Gesetz in ihr Inneres legen und es ihnen ins Herz schreiben; ich werde ihr Gott sein, und sie werden mein Volk sein.*

(34)*Da wird keiner mehr den andern, keiner seinen Bruder belehren und sprechen: "Erkennet den Herrn!" sondern sie werden mich alle erkennen, klein und groß, spricht der Herr; denn ich werde ihre Schuld verzeihen und ihrer Sünden nimmer mehr gedenken (Jer 31,31-34).*

Jeremia setzt seine ganze Hoffnung in einer Zeit tiefster Erniedrigung und Auswegslosigkeit auf einen "*Neuen Bund*", der den alten weit hinter sich läßt. Die Größe und die Wucht des Neuen Bundes liegt in der theozentrischen Ausrichtung: Gott steht am Anfang, in der Mitte und am Ende des Neuen Bundes.

1) Gott selber gründet den Neuen Bund.

Wie ein Vater hatte Jahweh einst seine Söhne bei der Hand ergriffen, sie aus Ägypten herausgeführt (vgl. Hos 11,1-4) und mit ihnen einen Bund geschlossen am Sinai (Ex 24,7-8), den sie dann schmählich gebrochen haben (V.32).

---

[14] Außer den bekannten Jeremia-Kommentaren siehe u.a. A. GELIN, *Le sens du mot "Israël" en Jér 30,31,* in *Mélanges J. Chaîne,* Lyon 1950, 161-168. - J. STEINMANN, *Le Prophète Jérémie. Sa vie, son oeuvre et son temps* (Lectio Divina, 9), Paris 1952, 253-257. - R. MARTIN-ACHARD, *La nouvelle alliance selon Jérémie,* in *RThPhil* 12 (1962) 81-92. - J. COPPENS, *La nouvelle alliance en Jér 31,31-34,* in *CBQ* 23 (1963) 12-21. - F. KUHN, *Röm 2,14 f. und die Verheißung bei Jeremia 31,31 ff.,* in *ZNW* 55 (1964) 243-261. - ST. LYONNET, *Röm 8,2-4 à la lumière de Jér 31 et d'Ez 35-39,* in *Mélanges Cardinal Tisserant* I, Rome 1964, 311-323. - Ders., *Présence en l'homme du Christ et de son Esprit,* in *Concilium* 50 (1969) 83-92. - E. VALLAURI, *La Nuova Alleanza,* in *Introduzione alla Bibbia* II/2, Torino 1971, 277-821.

[15] Unser Stück gehört zur "Frohbotschaft" (Jer 30-33), die Jeremia in den tragischen Jahren des Falles von Jerusalem verkündet hat. "Par un de ces étonnants paradoxes dont il est coutumier, Jérémie a reçu la révélation la plus consolante de sa vie au moment même où tout semblait perdu et lorsque la catastrophe était consommée", schreibt J. STEINMANN, *Le prophète Jérémie,* 256.

[16] Das Satzglied "und mit dem Hause Juda" ist wohl ein später Einschub. Ein Abschreiber wollte das Südreich nicht vom messianischen Segen ausschließen. In V.33 ist "das Haus Israel" ein Gesamtname.

[17] LXX las "*ga'al*", "verwerfen" statt das hebr. "*ba'al*". Israel hat die Ehe mit Jahweh treulos gebrochen. Das Zeitwort "*ba'al*" soll den Baalismus treffen (vgl. 3,14).

2) Gott schafft die Möglichkeit, die Forderungen des Neuen Bundes zu erfüllen. Aus reiner, zuvorkommender Liebe wird Jahweh mit dem "Haus Israel" einen neuen Bund schließen (V.33). Das innige Freundschafts- und Liebesverhältnis wird er wieder herstellen, wie das die klassische Ehe-Formel so treffend umschreibt: "Ich werde ihr Gott sein, und sie werden mein Volk sein" (V.33b; vgl. Jer 7,23; 11,4; 30,22; 31,1; 32,38; Ez 11,20; 36,28). Die Neuheit des Bundes wird alle alttestamentlichen Bundesaussagen in den Schatten stellen.

Der Herr wird alle und jede *Schuld verzeihen*, an die Sünde gar nicht mehr denken, sie hinter seinen Rücken werfen (Jes 38,17) Ezechiel wird die Reinigung von der Sünde an die Spitze seiner Heilsweissagung stellen (Ez 36,25). Als Jesus beim letzten Abendmahle die Verheißung des "Neuen Bundes" in seiner Person erfüllt wußte, ging er bewußt von der gleichen Grundlage der Liebe Gottes aus, die der Welt Sünden verzeiht (vgl. Mt 26,28)[18].

3) Das Ziel, auf das der Neue Bund zusteuert, ist die *Erkenntnis Gottes*. Das große Neue aber wird in der Verinnerlichung der Religion gipfeln (V.33). Das neue Gesetz wird nicht mehr auf die Tafeln von Stein eingegraben sein (Ex 24,12; 31,18; 34,28-29; Dtn 4,13) noch im "Bundesbuch" (Ex 24,7 = Dekalog). Der Herr selber wird es in sie hineinlegen und es auf ihre Herzen schreiben. Das neue Gesetz wird, wie Paulus ausführt, nicht mehr auf dem Buchstaben gründen, sondern auf dem "Geiste" (vgl. 2 Kor 3,6-7), "geschrieben nicht mit Tinte, sondern mit dem Geiste des lebendigen Gottes, nicht auf steinerne Tafeln, sondern auf fleischerne Tafeln (des Herzens)" (2 Kor 3,3; vgl. Ez 36,26). Das neue Gesetz wird dann nicht mehr von außen an sie herangetragen werden.

Daraus folgt, daß sich dann ein Lehrmeister erübrigt; denn alle, groß und klein, werden von sich aus den Herrn "*erkennen*" und zwar nicht bloß mit dem Kopfe, sondern auch mit dem Herzen, nicht nur mit einer rein verstandesmäßigen Erkenntnis - *fides quaerens intellectum* -, sondern mit einer praktischen Erfahrung[19].

Es fällt auf, daß Jeremia der *rûach Jahweh* sehr zurückhaltend gegenübersteht. Er verwendet zwar das Wort "*rûach*", aber nur in der Bedeutung von "Wind" (vgl. Ez 2,24; 4,11; 13,24; 22,22; 49,36; 51,16). Er brandmarkt den argen Mißbrauch, den die falschen Propheten mit der "*rûach Jahweh*" treiben: "Die Propheten sind nur Wind" (*jih^ejû l^erûach*) Gottes Wort ist nicht in ihnen (Jer 5,13), d.h. ihre Verkündigung ist "windig", "leere Luft", "eitler Dunst", ein "Nichts". Darum meidet Jeremia das Wort, das sie in Verruf gebracht haben, nicht aber die Sache.

Wenn er verheißt: "Ich lege mein Gesetz in sie hinein und schreibe es auf ihr Herz... Keiner wird mehr den andern belehren..., sondern sie alle, groß und klein, werden mich erkennen" (V.33b; 34a), drängt sich die Erwähnung des Gottesgeistes als Quelle der neuen Gotteserfahrung geradezu auf. Ebenfalls, wenn er verspricht: "Ich gebe ihnen ein Herz, damit sie erkennen, daß ich der Herr bin" (Jer 24,7). "Ich bringe sie dazu, nur eines im Sinn zu haben und nur eines zu erstreben: mich alle Tage zu fürchten, ihnen und ihren Nachkommen zum Heil" (Jer 32,39).

Mit dieser Fachsprache meint Jeremia im Grunde die Ausgießung des Gottesgeistes, der allein imstande sein wird, das Gesetz zu verinnerlichen und zu vergeistigen, ein Herz zu erschaffen für die Erkenntnis und Furcht des Herrn. Damit verheißt der Prophet ein pneu-

---

[18] Vgl. *Nouveau Testament (TOB)*, Paris 1972, 115j.

[19] Pascal hat das tiefsinnig formuliert: "Le coeur a des raisons que la raison ne connaît pas". Vgl. Jes 11,9.

matisches Wissen um Gott und die vollkommene Beobachtung des göttlichen Willens[20]. Ohne Bedenken wird dann Ezechiel nach dem Fall Jerusalems und der "Hofpropheten" die religiös-sittliche Neuschöpfung der *rûach Jahweh* zuschreiben (Ez 36,27).

In einer Zeit der zerbrochenen Hoffnungen und zermürbender Auswegslosigkeit ragen die zwei Exilspropheten mit ihrer zukunftsträchtigen Theologie in einsame Höhen. Das *neue Gesetz* bei Jeremia wird zum *Geist des Herrn* bei Ezechiel. Der heilige Paulus wird beide Begriffe zusammenfügen: "Das *Gesetz* des *Geistes* gibt das Leben in Christus Jesus" (Röm 8,2)[21].

Der unbekannte Verfasser des "Miserere" (Ps 51) hat sich der Erneuerungstheologie Ezechiels verschrieben. Er appelliert offensichtlich an dessen einzigartige Spitzenaussagen: Entsündigung mit Ysop (V.9), die Erschaffung eines "reinen Herzens" und eines "willigen Geistes" (V.12 und V.14) und die Wundergabe des Gottesgeistes (V.13). Die Verwirklichung dieses kühnen Erneuerungsprogramms erwartet der Psalmist nicht für eine ferne Zukunft, sondern bereits für seine Zeit, aber nur für die Gerechten. Er ist aus der Schule eines Jeremia (Jer 24,7; 31,33; 32,39), eines Ezechiel (Ez 11,19; 36,26) und eines Tritojesaja (Jes 59,12; 63,11) hervorgegangen[22].

---

[20] "Mit alledem spricht Jeremia auf seine Weise von der zukünftigen Ausgießung des göttlichen Geistes, denn er meint nichts anderes als ein pneumatisches Wissen und Befolgen des Gotteswillens... Daß bei Jeremia die Vokabel 'Geist' fehlt, ist belanglos angesichts der Konkretheit mit der er den Vorgang der Übereignung beschrieben hat", sagt treffend G. VON RAD, *Theologie des AT* II, München 1960, 227.

[21] Der heilige Thomas deutet Röm 8,2: "Lex nova principaliter ipsa gratia est Spiritus Sancti in corde fidelium scripta", *Sum. Theol.* I.II.q. 106, a.l.

[22] Vgl. A. DEISSLER, *Le Livre des Psaumes* I, Paris 1966, 250.

RÜCKBLICK UND AUSBLICK

Werfen wir einen Blick zurück auf die Geist-Gottes-Theologie des Alten Testamentes. Das ganze Alte Testament atmet die Höhenluft der *rûach Jahweh*, die in der Welt des Charismas und der Theologie lebt und webt. Der Begriff hat eine lange und vielseitige Entwicklung durchgemacht, von der kosmischen über die antropologische bis hinauf zur theologischen Stufe.

1. Luftstrom

In der ältesten Zeit bedeutet *rûach* den Luftstrom, den Wind, der für den Menschen des alten Morgenlandes geheimnisvoll in seinem Ursprung und übermächtig in seinen Wirkungen ist.

Die *rûach* stellt eine Kraft dar, deren sich Jahweh an allen entscheidenden Wendepunkten der stürmischen Bundesgeschichte bedient, um seine Pläne zu verwirklichen.

Verhältnismäßig spät und selten wird der *rûach* eine schöpferische Kraft zugeschrieben. Nach dem priesterlichen Verfasser (P) schwebte über der Urflut die *rûach 'älohîm*, d.h. ein übermächtiger Sturmwind Gottes[1].

2. Atem

Vom "Wind" in der Natur war es nur ein Schritt zur *rûach* "Odem" oder "Atem" in Mensch und Tier. Solange der Mensch ein- und ausatmet, solange lebt er. *Dum spiro, spero!* Die *rûach* ist das den Körper belebende Prinzip, Sitz und Träger des Lebens (Gen 7,22; Ps 104,29-30; Ijob 34,14-15), Sitz der Empfindungen und Affekte, Quelle des höheren geistigen Lebens, der Gedanken und Pläne, der Absichten und Entschlüsse.

3. Gottesgeist

Auf der dritten Stufe führt der Weg vom "Windhauch" und vom "Lebensodem" zur *rûach Jahweh*, die im Leben der Geschöpfe eine Hauptrolle spielt.

Hier bricht ein neues Phänomen auf, das - anders als Wind und Atem - nur noch mit spezifisch religiösen Kategorien erfaßt werden kann. Aber diese *rûach Jahweh* wirkt auf den Menschen nach Art von Windhauch und Odem, als das Belebende, das Dynamische. Das entscheidende Merkmal des Gottesgeist-Begriffes liegt im *absoluten Anschluß an die Persona-*

---

[1] Anspielung an den Kampf zwischen Tiamat und Marduk, der seine Winde in den Rachen der Göttin hineinjagte, durch sie deren Bauch aufblähte, ihn mit seinem Schwerte in zwei Teile zerschnitt, oben das Himmelsgewölbe, unten die Erde. Vgl. *Enuma Elisch*, 4. Tafel, Zeile 93-146. Siehe P. DHORME, *Choix de textes religieux assyro-babyloniens*, Paris 1907, 53-57. - = ANET, Princeton ²1955, 67. - Der Priesterkodex hat die barocke Schöpfungsgeschichte entmythologisiert. Vgl. C. WESTERMANN, *Genesis* (BKAT I/1), Neukirchen 1974, 149-150. - F. FESTORAZZI, *La Bibbia e il problema delle Origini*, Brescia ²1967, 55 Anm. 28.

lität Gottes. Das Alte Testament kennt noch keinen persönlichen göttlichen Geist, wohl aber eine personhafte Gottesmacht mit vielen und verschiedenen Wirkungen[2].

Rückblick

In alter Zeit führte man geheimnisvolle, alle menschliche Einsicht und Kraft übersteigende Worte und Taten auserlesener Männer und Frauen auf die Wundermacht des Gottesgeistes zurück.

Diese Geisteswirkungen waren durchwegs *physisch-psychischer* Art. In alter Zeit wirkten sie nur als *vorübergehende* Gabe, wie in den Kraftmenschen, den Helden, den Kriegern, den Ekstatikern, den Künstlern, den Traumdeutern...

Auf den politischen und religiösen Führern ruhte die *rûach Jahweh* jedoch als *bleibende* Gabe für eine gerechte Königsherrschaft und prophetische Verkündigung.

Bis jetzt sind wir aus der Welt des Charismas nicht herausgetreten. In einigen wenigen exilischen Texten finden sich Spuren der Erkenntnis, daß dem Gottesgeist auch *sittliche* Lebenskraft zukommt.

Wegen seiner einzigartigen Strahlkraft stellt der jesajanische Schriftenkreis den *geistgesalbten Retter der Endzeit* an die Spitze aller messianischen Weissagungen: Protojesaja als charismatischen König, Deuterojesaja als geisterfüllten Missionar und Tritojesaja als Tröster des kleinen "Restes", der Gruppe der *canawîm*.

Mit den höheren Geisteswirkungen tritt auch die messianische Gemeinschaft ins Blickfeld der großen Propheten. Die allgemeine Geistbegabung zeichnen sie als Idealbild der messianischen Zeit. Deuterojesaja verheißt vollkommene Läuterung des neuen Israel von aller sittlichen Schuld und dessen wunderbares Wachstum. Dann werden auch geisterfüllte Richter auf den Plan treten inmitten einer paradiesartigen Verklärung und Umwandlung der Natur.

Bei den großen Gestalten der Exilszeit rückt der Einzelne als Subjekt in den Vordergrund: Joel harrt der charismatischen Gabe der prophetischen Begeisterung, Jeremia und Ezechiel verheißen die Gabe eines religiös-sittlichen Lebens für jung und alt.

Auf der Lehre von der *rûach Jahweh* und dem *dabar Jahweh* ruht wie auf zwei Grundpfeilern das ganze Gebäude der alttestamentlichen Theologie. Die gedrängte Darstellung dürfte in etwa den großen Reichtum dieser Gottesgeist-Theologie aufgezeigt haben. Die *rûach Jahweh* trägt den *dabar* und gibt ihm Kraft und Macht.

Die *rûach Jahweh* wird im Alten Testament nie als Person aufgefaßt und verkündet, sondern nur als unpersönliche göttliche Kraft, geheimnisvoll in ihrem Ursprung und machtvoll in ihren Wirkungen. Es kommt nicht von ungefähr, daß das gleiche Wort "*rûach*" sowohl "Wind" als auch "Geist" ausdrückt. Der Wind ist für einen Morgenländer mächtig und unwiderstehlich, aber auch geheimnisvoll (vgl. Joh 3,8), wie der göttliche Geist.

Auch die semitische Umwelt verehrte in der *rûach* geheimnisumwitterte schöpferische und zerstörende Mächte und Kräfte der Götter, heilbringende und verderbliche göttliche Mächte.

---

[2] Vgl. I. HERMANN, *Heiliger Geist,* in *Handbuch theolog. Grundbegriffe* I, München 1962, 643.

Die klassische Prophetie hat den *rûach*-Begriff dieser Umwelt entzogen. Sie "hat die göttliche *rûach aus der religiös-ethischen Neutralität herausgenommen* und hat sie begriffen als die zielstrebige Willenswirkung der personenhaften Gottesmacht. *Rûach Jahweh* ist der Begriff für das geschichts- und für das schöpfungsmächtige Handeln des alleinigen Gottes... Die *rûach Jahweh* als das machtvolle und unwiderstehliche *Heilshandeln* Gottes wird zur helfenden Kraft"[3]. Der Kirche Jesu Christi gilt das Wort des Propheten: "Mein Geist bleibt in eurer Mitte. Fürchtet euch nicht!" (Hag 2,5). "Nicht durch Macht, nicht durch Kraft, sondern durch meinen Geist soll es geschehen" (Sach 4,6).

Ausblick

Wenn die "Zeichen der Zeit" nicht trügen, ist heute wie in der Urkiche eine "Hoch-Zeit" des Gottesgeistes angebrochen. Heute, da die Kirche "zwischen den Verfolgungen der Welt und den Tröstungen Gottes auf ihrem Pilgerwege dahinschreitet"[4], hat Gott nach einem prophetischen Wort Johannes XXIII. ein "neues Pfingsten" erweckt. Der Heilige Geist "teilt den Einzelnen, wie er will (1 Kor 12,11), seine Gaben aus und verteilt unter den Gläubigen jeglichen Standes auch besondere Gnaden. Durch diese macht er sie geeignet und bereit, für die Erneuerung und den vollen Aufbau der Kirche verschiedene Werke und Dienste zu übernehmen... Solche Gnadengaben, ob sie nun von besonderer Leuchtkraft oder aber schlichter und allgemeiner verbreitet sind, müssen mit Dank und Trost aufgenommen werden, da sie den Nöten der Kirche besonders angepaßt und nützlich sind"[5].

Ganz im Sinn und Geist von Papst Johannes XXIII. und von Vatikanum II hat Paul VI. am 19. Mai 1975 in St. Peter feierlich und offiziell die charismatischen Bewegungen, die ein wenig überall in den christlichen Kirchen wie Pilze aus dem Boden schießen, gutgeheißen und alle ermuntert, auf dem Wege des "aggiornamento" in Gemeinschaft mit dem Heiligen Geist und mit dem höchsten Lehramt der Kirche mutig und vertrauensvoll voranzuschreiten. Eine geschichtliche Stunde[6]!

Von zentraler Bedeutung aber für die Erneuerung von Kirche und Welt ist die schöpferische Macht des Heiligen Geistes.

Auf dem *Internationalen Kongreß für die Evangelisation der Welt* vom 16.-25. Juli 1974 in Lausanne erhob M. GREEN seine mahnende Stimme: "Die Urkirche war sehr offen für die Weisungen des Heiligen Geistes; alle Versuche der Evangelisation, von denen die Apostelgeschichte berichtet, haben ihre Stoßkraft vom Heiligen Geist empfangen. In der Kirche des

---

[3] F. BAUMGÄRTEL, *Geist im Alten Testament*, in ThWNT VI, Stuttgart 1959, 365-366.

[4] AUGUSTINUS, *Civ. Dei*, XVIII, 51,2: PL 41,614, zitiert von *Lumen Gentium*, Nr. 8.

[5] *Lumen Gentium*, Nr. 12.

[6] "Le Pentecôtisme, mouvement charismatique, n'est plus dans l'Eglise catholique un mouvement marginal et un peu suspect. Il a été officiellement reconnu et encouragé par le Pape lui-même (Paul VI.), lundi 19 mai, à l'isue de son troisième congrès international... Ce 'feu vert', accompagné de quelques conseils de prudence, a été salué comme un 'événement historique' par l'ensemble des délégués nationaux. Il pourrait accélérer le développement, déjà bien rapide, du courant charismatique", R. SOLE, *"Evangéliser par la joie"*, in *Le Monde*, 21 mai 1975, 21.

Abendlandes scheinen heute eine geschickt aufgezogene Organisation, Versammlungen von Komitees und endloser Meinungsaustausch zum Wesen der Evangelisation zu gehören; das Gebet und die Unterwerfung unter den Heiligen Geist scheinen oft freier Wahl überlassen zu sein"[7].

In seinem Rundschreiben "*Evangelium Nuntiandi*" vom 8. Dezember 1975 hat Paul VI. für eine wirksame und fruchtbringende Evangelisierung an erster Stelle die Kraft des Heiligen Geistes genannt: "Die Methoden der Evangelisierung sind sicher nützlich, doch können auch die vollkommensten unter ihnen das verborgene Wirken des Hl. Geistes nicht ersetzen. Ohne ihn richtet auch die geschickteste Vorbereitung des Verkündigers nichts aus. Die bezwingendste Dialektik bleibt auf den Menschen wirkungslos ohne ihn. Ohne ihn enthüllen sich auch die höchstentwickelten soziologischen und psychologischen Methoden schnell als völlig wertlos... Durch ihn dringt das Evangelium bis in das Innerste der Welt, denn er ist es, der die Zeichen der Zeit - Zeichen Gottes - erkennen läßt, welche die Evangelisierung entdeckt und innerhalb der Geschichte zur Geltung bringt[8]".

---

[7] M. GREEN, *Méthode et stratégie dans l'évangélisation de l'Eglise primitive*, in *Terre écoute sa voix. Dossiers d'étude pour nos assemblées plénières. Congrès International pour l'évangélisation mondiale*, 16 - 25 juillet, Lausanne 1974, 1.

[8] Nr. 75.

REGISTER

I. KOMMENTIERTE BIBELSTELLEN

Daniel
4-5:   46

Hosea
9,7:   42,56

Joel
3,1-5:   127-129

Amos
3,3-8:   61
7:                       59

Micha
3,8:   56

Sacharja
7,4-14:   66

II. AUTOREN

DATE DUE
